आर० गुप्ता® कृत

पॉपुलर मास्टर गाइड

भारतीय नौसेना

MR & NMR

मैट्रिक रिक्रूट एवं नॉन-मैट्रिक रिक्रूट

स्टीवर्ड • शैफ • हाइजीनिस्ट
रसोइया • टोपाज

भर्ती परीक्षा

2020
EDITION

रमेश पब्लिशिंग हाउस, नई दिल्ली

प्रकाशक

ओ०पी० गुप्ता, **रमेश पब्लिशिंग हाउस**

प्रशासनिक कार्यालय

12-H, न्यू दरियागंज रोड, ऑफिसर्स मेस के सामने,
नई दिल्ली-110002 ✆ 23261567, 23275224, 23275124

E-mail: info@rameshpublishinghouse.com
Website: www.rameshpublishinghouse.com

विक्रय केन्द्र

• बालाजी मार्किट, नई सड़क, दिल्ली-6 ✆ 23253720, 23282525
• 4457, नई सड़क, दिल्ली-6, ✆ 23918938

Book Code: R-985

ISBN: 978-93-88642-26-2

HSN Code: 49011010

SELECTION PROCEDURE

WRITTEN TEST

(A) The question paper will be computer-based with total of 50 questions, each carrying 1 mark.

(B) The question paper will be bilingual (Hindi & English) and objective type.

(C) The question paper will comprise of two sections i.e. Science & Mathematics and General Knowledge.

(D) Duration of examination will be 30 minutes.

(E) The syllabus for the examination is available on website **www.joinindiannavy.gov.in.**

(F) The candidates are required to pass in all sections and in aggregate.

PHYSICAL FITNESS TEST (PFT)

(A) Qualifying in Physical Fitness Test is mandatory for selection.

(B) PFT will consist of 1.6 Km run to be completed in 7 minutes, 20 squats (Uthak Baithak) and 10 Push-ups. Candidates undergoing PFT will do so at their own risk.

Advisory: Proficiency in sports, swimming and extra-curricular activities is desirable.

अनुक्रमणिका

मॉडल पेपर 5-8

- **गणित** 1-144

संख्याएं; भिन्नें और दशमलव; घात, घातांक और मूल; प्रतिशतता; अनुपात और समानुपात; लाभ और हानि; ब्याज; बट्टा; समय, काम और मजदूरी; चाल, समय और दूरी; औसत; साझेदारी; मिश्रण; बीजगणित; घातांक एवं करणी; क्षेत्रमिति; त्रिकोणमिति; ज्यामिति; सारणी एवं आरेख।

- **विज्ञान** 1-48

- **सामान्य ज्ञान** 1-48

इतिहास; भूगोल; भारतीय राजव्यवस्था एवं संविधान; अर्थव्यवस्था; सामान्य विज्ञान; खेल-कूद; पुरस्कार; अन्तर्राष्ट्रीय संगठन; कम्प्यूटर; विविध।

मॉडल पेपर

भारतीय नौसेना

स्टीवर्ड, शैफ एवं हाइजीनिस्ट

भर्ती परीक्षा

1. निम्नलिखित में से कौन-सी मात्रा जड़त्व की माप है?
   A. वेग B. त्वरण
   C. द्रव्यमान D. भार (वजन)

2. रॉकेट की कार्य प्रणाली किस सिद्धांत पर आधारित होती है?
   A. संवेग संरक्षण
   B. संहति संरक्षण
   C. ऊर्जा संरक्षण
   D. कोणीय संवेग संरक्षण

3. तूफान की भविष्यवाणी की जाती है, जब वायुमंडल का दाब–
   A. सहसा बढ़ जाए
   B. क्रमशः बढ़े
   C. सहसा कम हो जाए
   D. क्रमशः कम हो जाए

4. निम्न द्रव्यों में ध्वनि सबसे तेज यात्रा करती है–
   A. स्टील में B. वायु में
   C. निर्वात में D. जल में

5. प्रकाश की किरण को पूर्ण आंतरिक परावर्तन के लिए किससे गुजरना होता है?
   A. कांच से जल B. जल से कांच
   C. वायु से जल D. वायु से कांच

6. मरीचिका एक उदाहरण है–
   A. केवल प्रकाश के अपवर्तन का
   B. केवल प्रकाश के पूर्ण आंतरिक परावर्तन का
   C. प्रकाश के अपवर्तन और पूर्ण आंतरिक परावर्तन का
   D. केवल प्रकाश के परिक्षेपण का

7. दूध के दही के रूप में जमने का कारण है–
   A. माइकोबैक्टीरियम B. स्टैफीलोकोकस
   C. लैक्टोबैसिलस D. खमीर (यीस्ट)

8. पेनीसिलीन का आविष्कार किसने किया था?
   A. विलियम हार्वे B. लुई पास्चर
   C. ए. फ्लेमिंग। D. एडवर्ड जेनर

9. आभासी फल का उदाहरण है–
   A. सेब B. अमरूद
   C. आम D. टमाटर

10. जैव ईंधन किसके बीज से प्राप्त होता है?
    A. जामुन B. जकरांदा
    C. जैट्रोफा D. जूनीपर

11. कोशिका का ऊर्जा गृह किसको कहा जाता है?
    A. गॉल्जीकाय B. न्यूक्लिओलस
    C. माइटोकॉण्ड्रिया D. राइबोसोम

12. पत्तियों को हरा रंग प्रदान करता है–
A. क्रोमोप्लास्ट B. क्लोरोप्लास्ट
C. ल्यूकोप्लास्ट D. टोनोप्लास्ट

13. एक किसान के पास 38 जानवरों के लिए 60 दिनों का चारा था। उसके और ज्यादा जानवर लाने से चारा 40 दिनों में समाप्त हो गया। उसने कितने ज्यादा जानवर लाये थे?
A. 15 B. 16
C. 18 D. 19

14. एक विद्यार्थी को पास होने के लिए 40% अंक चाहिए। वह 178 अंक प्राप्त करता है और 22 अंकों से फेल हो जाता है। परीक्षा के कुल अंक ज्ञात कीजिए।
A. 500 B. 400
C. 300 D. 600

15. A की आय B की आय का $\frac{2}{5}$ भाग का 40% है। यदि B की आय ₹ 4000 हो, तो A की आय क्या होगी?
A. ₹ 640 B. ₹ 560
C. ₹ 486 D. ₹ 800

16. A और B दोनों एक साथ मिलकर किसी काम को 15 दिनों में पूरा करते हैं। यदि A अकेले इस काम को 24 दिनों में पूरा करता है, तो B अकेले इस काम को कितने दिनों में पूरा करेगा?
A. 40 दिन B. 45 दिन
C. 50 दिन D. 55 दिन

17. एक प्लेटफार्म की लम्बाई 80 मीटर है। यदि 120 मीटर लम्बी रेलगाड़ी 90 किमी./घंटा की चाल से चल रही हो, तो वह रेलगाड़ी कितने समय में प्लेटफार्म को पार कर लेगी?
A. 8 सेकेण्ड B. 10 सेकेण्ड
C. 12 सेकेण्ड D. 6 सेकेण्ड

18. एक आयताकार खेत की लम्बाई 50 मीटर तथा चौड़ाई 25 मीटर है। आयताकार खेत का क्षेत्रफल निकालें।
A. 1150 वर्ग मी. B. 1250 वर्ग मी.
C. 1275 वर्ग मी. D. 1280 वर्ग मी.

19. एक वर्गाकार मैदान का परिमाप 580 मीटर है। इस मैदान का क्षेत्रफल है:
A. 21025 वर्ग मी.
B. 20225 वर्ग मी.
C. 30025 वर्ग मी.
D. 19975 वर्ग मी.

20. एक घनाभ की कोरें क्रमशः 4 सेमी., 3 सेमी. तथा 2 सेमी. हैं। घनाभ का आयतन होगा:
A. 20 घन सेमी. B. 22 घन सेमी.
C. 28 घन सेमी. D. 24 घन सेमी.

21. दो संख्याओं का अन्तर 215 है। अगर बड़ी संख्या का मान 827 है, तो छोटी संख्या का मान ज्ञात कीजिए।
A. 512 B. 444
C. 612 D. 630

22. किसी संख्या को 296 से भाग देने पर शेष 75 बचता है। यदि उस संख्या को 37 से भाग किया जाए तो शेष बचेगा।
A. 2 B. 3
C. 4 D. 1

23. $10 \times 10 \times 10 \div (20 \div 10 \times 10 - 10) + 6$ का मान क्या होगा?
A. 106 B. 108
C. 111 D. 114

24. चार संख्याओं का औसत 10 है। यदि इनमें दो संख्याएँ 6 तथा 8 को भी सम्मिलित कर लिया जाए तब नया औसत कितना होगा?
A. 8 B. 9
C. 11 D. 7

25. एक त्रिभुज के तीनों कोण 1 : 2 : 3 के अनुपात में हैं। सबसे बड़े कोण का मान क्या है?
A. 105° B. 120°
C. 90° D. 80°

26. भारत में कुल कितने राज्य हैं?
A. 27 B. 28
C. 29 D. 25

27. दिल्ली में लाल किला किसने बनवाया?
A. अकबर B. बाबर
C. शाहजहाँ D. जहाँगीर

28. 'रामायण' के रचयिता कौन थे?
A. वाल्मीकि
B. तुलसीदास
C. कालिदास
D. वेदव्यास

29. मिजोरम की राजधानी का क्या नाम है?
A. आइजोल B. ईटानगर
C. कोहिमा D. शिलांग

30. नींबू में क्या होता है?
A. खाने का सोडा
B. सिट्रिक अम्ल
C. केवल पानी
D. इनमें से कोई नहीं

31. निम्नलिखित में से कौन-सा खिलाड़ी बैडमिन्टन से संबंधित है?
A. विराट कोहली
B. सायना नेहवाल
C. सानिया मिर्जा
D. अदिति अशोक

32. सबसे छोटा महाद्वीप कौन-सा है?
A. अफ्रीका B. एशिया
C. ऑस्ट्रेलिया D. यूरोप

33. कागज का आविष्कार कहाँ हुआ था?
A. भारत B. चीन
C. जापान D. अमेरिका

34. सबसे पुराना वेद कौन-सा है?
A. ऋग्वेद B. सामवेद
C. यजुर्वेद D. अथर्ववेद

35. पश्चिमी अफ्रीका की घास भूमि (Grassland) को कहा जाता है:
A. प्रेयरी (Prairie)
B. सवाना (Sawana)
C. डाउन्स (Downs)
D. वेल्ड (Weld)

36. भारत में सबसे बड़ा तेल क्षेत्र स्थित है:
A. अरब सागर
B. हिन्द महासागर
C. बंगाल की खाड़ी
D. प्रशान्त महासागर

37. "कम्प्यूटर का जनक" किसे कहा जाता है?
A. चार्ल्स बेबेज
B. जुकरबर्ग
C. बिल गेट्स
D. एलेक्जेंडर ग्राहम बेल

38. 0° अंश अक्षांश रेखा कहलाती है?
A. कर्क रेखा
B. भूमध्य रेखा (या) विषुवत् रेखा
C. मकर रेखा
D. दक्षिणी गोलार्द्ध

39. हड़प्पा सभ्यता कहाँ विकसित हुई?
A. नील नदी
B. सिन्धु नदी
C. पीली नदी
D. गंगा नदी

40. उस देश का नाम बताओ जिसमें लोकतांत्रिक शासन व्यवस्था नहीं है?
A. भारत B. चीन
C. यू.एस.ए. D. फ्रांस

41. उस स्थान का नाम बताओ जहाँ संयुक्त राष्ट्र संघ (UNO) का मुख्यालय स्थित है?
A. कनाडा B. फ्रांस
C. न्यूयार्क (USA) D. इंग्लैण्ड

42. तापमान किस यंत्र से नापा जाता है?
A. बेरोमीटर B. मीटर
C. लीटर D. थर्मामीटर

43. ग्रेट बैरियर रीफ कहाँ स्थित है?
A. ऑस्ट्रेलिया B. एशिया
C. अफ्रीका D. यूरोप

44. पृथ्वी का सबसे बड़ा जीव है:
A. ऊँट B. ब्लू व्हेल मछली
C. शेर D. हाथी

45. महात्मा गाँधी द्वारा सम्पादित समाचार-पत्र का नाम है :
A. पंजाब केसरी B. हरिजन
C. स्वराज D. बंगाल भारती

46. सबसे बड़ा रेलमार्ग किस देश में है?
A. अमेरिका B. रूस
C. भारत D. चीन

47. किन्हें भारतीय संविधान का जनक कहा जाता है?
A. डॉ. भीमराव अंबेडकर
B. पं. जवाहरलाल नेहरू
C. सुभाष चंद्र बोस
D. महात्मा गांधी

48. भारत और इसके पड़ोसी देशों ने मिलकर एक क्षेत्रीय संगठन बनाया है, जिसका नाम है:
A. यूरोपीय संघ
B. दक्षेस (SAARC)
C. आसियान (ASEAN)
D. रेड-क्रॉस

49. पृथ्वी के प्राकृतिक उपग्रह का नाम बताइए:
A. जूनो B. टाइटन
C. चन्द्रमा D. प्लूटो

50. विश्व की सबसे बड़ी खाड़ी है:
A. खंभात की खाड़ी
B. मन्नार की खाड़ी
C. बंगाल की खाड़ी
D. फारस की खाड़ी

उत्तरमाला

1	2	3	4	5	6	7	8	9	10
C	A	C	A	A	C	C	C	A	C
11	**12**	**13**	**14**	**15**	**16**	**17**	**18**	**19**	**20**
C	B	D	A	A	A	A	B	A	D
21	**22**	**23**	**24**	**25**	**26**	**27**	**28**	**29**	**30**
C	D	A	B	C	C	C	A	A	B
31	**32**	**33**	**34**	**35**	**36**	**37**	**38**	**39**	**40**
B	C	B	A	B	A	A	B	B	B
41	**42**	**43**	**44**	**45**	**46**	**47**	**48**	**49**	**50**
C	D	A	B	B	A	A	B	C	C

गणित / संख्यात्मक अभियोग्यता

1

संख्याएं

एक सख्या हमें बताती है कि दी हुई मात्रा में कितनी इकाइयां हैं। अतः यह एक या अधिक इकाइयों को प्रदर्शित करती है या एक ही प्रकार की एक या अधिक भिन्न वस्तुओं को प्रकट करती है। उदाहरण के तौर पर **एक** रुपया, **छः** पेन्सिलें, **नौ** बिल्लियां, **तीस** पैसे, वे शब्द जो मोटे अक्षरों से दिखाये गये हैं संख्याओं को प्रदर्शित करते हैं।

पूर्ण संख्याएं : संख्याएं 0, 1, 2, 3, 4, 5, 6, 7, 8, 9, 10, 11... आदि को पूर्ण संख्याएं या पूर्णांक कहते हैं। इस प्रकार 84 एक पूर्णांक है जबकि $6\frac{1}{4}$ पूर्णांक नहीं है।

सम संख्याएं : वे संख्याएं जो दो से विभाजित हो जाएं, सम संख्याएं कहलाती हैं जैसे 2, 4, 6, 8, 10, 12, 28, 36 आदि।

विषम संख्याएं : वे संख्याएं जो दो से विभाजित न हों, विषम संख्याएं कहलाती हैं जेसे 1, 3, 5, 7, 9, 11, 13, 15, 17, 19 आदि।

अभाज्य संख्याएं : वे संख्याएं जो एक से या केवल स्वयं से विभाजित हों, **अभाज्य** संख्याएं कहलाती हैं जैसे 1, 3, 5, 7, 11, 13 आदि।

भाज्य संख्याएं : वे संख्याएं जो अभाज्य नहीं होतीं, भाज्य कहलाती हैं इस प्रकार भाज्य और अभाज्य संख्याएं मिलकर प्राकृत संख्याओं का समुच्चय बनाती हैं।

वितत संख्याएं : वे संख्याएं वितत सख्याएं कहलाती हैं जिनमें एक संख्या दूसरे की परवर्ती होती है जैसे 4, 5, 6, 7, 8 और 9 वितत संख्याए हैं किन्तु 4, 5, 6, 8, 10 वितत सख्याए नहीं हैं। 6, 8, 10, 12 वितत सम सख्याएं हैं तथा 11, 13, 17, 19 वितत अभाज्य संख्याए है।

> **प्रत्येक पूर्ण संख्या को अभाज्य संख्याओं के गुणनफल के रूप में लिखा जा सकता है।**

एक संख्या के अभाज्य गुणनखंड किस प्रकार लिख सकते हैं?

(*i*) सख्या को दो से भाग करो यदि सम्भव हो, और 2 से भाग करते रहो जब तक ऐसा गुणनखंड न आ जाए जो 2 से भाग न हो।

(*ii*) प्राप्त परिणाम (*i*) को 3 से भाग करो यदि सम्भव हो, और 3 से भाग करते रहो जब तक सम्भव हो सके।

(*iii*) प्राप्त परिणाम (*ii*) को 5 से भाग करो यदि सम्भव हो, और भाग करते रहो जब तक सम्भव हो सके।

(*iv*) प्राप्त परिणाम को इसी प्रकार 7, 11, 13 आदि से भाग करो जब तक सारे गुणनखंड अभाज्य न हो जाएं।

उदाहरण 1. 2310 को अभाज्य गुणनखंडों की गुणा के रूप में प्रकट करो।

हल :

2	2310
3	1155
5	385
7	77
	11

$2310 = 2 \times 3 \times 5 \times 7 \times 11$

उदाहरण 2. 1026 को अभाज्य गुणनखंडों की गुणा के रूप में प्रकट करो।

हल :

2	1026
3	513
3	171
3	57
	19

$1026 = 2 \times 3 \times 3 \times 3 \times 19$

एक संख्या n दूसरी दो संख्याओं a तथा b का सर्वनिष्ठ गुणज कहलाती है यदि यह प्रत्येक की गुणज हो, जैसे 24 संख्यांक 2 तथा 3 का गुणज है क्योंकि $2 \times 12 = 24$ और $3 \times 8 = 24$ परन्तु 21 संख्या 3 और 6 का सर्वनिष्ठ गुणज नहीं है क्योंकि 21, 6 का गुणज नहीं है।

एक संख्या x, दूसरी दो संख्याओं a तथा b का सर्वनिष्ठ गुणनखंड होगी यदि x, a का गुणनखंड है तथा x, b का गुणनखंड है

लघुत्तम समापवर्त्य—दो संख्याओं का लघुत्तम समापवर्त्य वह छोटी-से-छोटी संख्या होगी जो दोनों संख्याओं का सर्वनिष्ठ गुणज है।

दो संख्याओं a तथा b का ल. स. व. ज्ञात करना—

(*i*) a तथा b के अभाज्य गुणनखंड अलग-अलग लिखो।

(*ii*) यदि कोई सर्वनिष्ठ गुणनखंड हों तो उन्हें एक गुणनफल में से काट दो।

(*iii*) ल. स. व. ज्ञात करने के लिए शेष गुणनखंडों को गुणा करो।

संख्याओं के गुण

1. दो वितत संख्याओं का गुणनफल 2 से विभाजित हो सकता है, जैसे

2×3	=	6	दो से विभाजित हो सकता है
3×4	=	12	दो से विभाजित हो सकता है
4×5	=	20	दो से विभाजित हो सकता है
15×16	=	240	दो से विभाजित हो सकता है

2. तीन वितत संख्याओं का गुणनफल 6 से विभाजित हो सकता है, जैसे

$2 \times 3 \times 4$	=	24	6 से विभाजित हो सकता है
$3 \times 4 \times 5$	=	60	6 से विभाजित हो सकता है
$4 \times 5 \times 6$	=	120	6 से विभाजित हो सकता है
$10 \times 11 \times 12$	=	1320	6 से विभाजित हो सकता है
$40 \times 41 \times 42$	=	68880	6 से विभाजित हो सकता है

3. चार वितत संख्याओं का गुणनफल 24 से विभाजित हो सकता है, जैसे

$2 \times 3 \times 4 \times 5 = 120$ 24 से विभाजित हो सकता है

$4 \times 5 \times 6 \times 7 = 24 \times 5 \times 7$

$6 \times 7 \times 8 \times 9 = 3 \times 2 \times 7 \times 8 \times 9$

$= 24 \times 2 \times 7 \times 9$

$10 \times 11 \times 12 \times 13 = 2 \times 5 \times 11 \times 12 \times 13$

$= 24 \times 5 \times 11 \times 13$

4. पांच वितत संख्याओं का गुणनफल 120 से विभाजित हो राकता है, जैसे

$2 \times 3 \times 4 \times 5 \times 6 = 120 \times 6$

$3 \times 4 \times 5 \times 6 \times 7 = 120 \times 21$

$4 \times 5 \times 6 \times 7 \times 8 = 120 \times 56$

5. प्रत्येक वर्ग संख्या 3 की गुणज होती है या 3 की गुणज से 1 अधिक होती है,
जैसे : $3^2 = 9 = 3 \times 3$

$4^2 = 16 = 3 \times 5 + 1$

$5^2 = 25 = 3 \times 8 + 1$

$6^2 = 36 = 3 \times 12$

$7^2 = 49 = 3 \times 16 + 1$

6. दो विषम संख्याओं के वर्गो का अन्तर सदैव 8 से विभाजित हो सकता है,

जैसे : $5^2 - 3^2 = 25 - 9 = 16 = 8 \times 2$

$7^2 - 5^2 = 49 - 25 = 24 = 8 \times 3$

$9^2 - 5^2 = 81 - 25 = 56 = 8 \times 7$

$11^2 - 3^2 = 121 - 9 = 112 = 8 \times 14$

7. एक संख्या 11 से पूरी विभाजित हो सकती है यदि इसके विषम स्थानों तथा सम स्थानों के अकों का अन्तर 0 हो या 11 का गुणज हो।

जैसे : माना संख्या 1569942

विषम स्थानों पर अंकों का जोड़ = 1 + 6 + 9 + 2 = 18

सम स्थानों पर अंकों का जोड़ = 5 + 9 + 4 = 18

विषम तथा सम अंकों के योग का अन्तर = 18 – 18 = 0

अतः 1569942, 11 से विभाजित हो सकती है।

8. दो वितत सम या विषम संख्याओं के गुणनफल में 1 जोडा जाए तो यह संख्या पूर्ण वर्ग होगी।

जैसे : $3 \times 5 + 1 = 16 = 4^2$

$4 \times 6 + 1 = 25 = 5^2$

$5 \times 7 + 1 = 36 = 6^2$

$6 \times 8 + 1 = 49 = 7^2$

9. दो वितत संख्याओं का योग उनके वर्गों के अन्तर के बराबर होता है।

जैसे : $3 + 4 = 7 = 4^2 - 3^2 = 7$

$5 + 4 = 9 = 5^2 - 4^2 = 9$

$7 + 6 = 13 = 7^2 - 6^2 = 13$

10. तीन वितत संख्याओं के घनों का योग, संख्याओं के अपने योग से विभाज्य होता है।

जैसे : $2^3 + 3^3 + 4^3 = 8 + 27 + 64 = 99 = (2 + 3 + 4) \times 11$

$4^3 + 5^3 + 6^3 = 64 + 125 + 216 = 405 = (4 + 5 + 6) \times 27$

प्रश्नमाला

1. 2, 4, 6, 8, 10... हैं :

A. अभाज्य सख्याएं B. विषम संख्याएं

C. सम संख्याएं D. प्राकृत संख्याएं

2. 1, 2, 3, 4... हैं :

A. प्राकृत संख्याएं B. विषम संख्याए

C. अभाज्य संख्याएं D. भाज्य संख्याए

3. 1, 2, 3, 5, 7, 11 और 13 हैं :

A. सम संख्याएं B. विषम संख्याएं
C. अभाज्य संख्याएं D. प्राकृत संख्याएं

4. 1 से 100 के बीच अभाज्य संख्याएं हैं:

A. 20 B. 22
C. 24 D. 30

5. ऐसी अभाज्य संख्या जो केवल सम हैं।

A. 2 B. 67
C. 79 D. 98

6. नीचे की संख्याओं में कौन-सी संख्या अभाज्य नहीं है?

A. 79 B. 83
C. 87 D. 97

7. नीचे की संख्याओं में कौन-सी संख्या अभाज्य है?

A. 117 B. 147
C. 149 D. 159

8. श्रेणी 1, 7, 3, 9, 5, 11... में अगला अंक होगा :

A. 7 B. 13
C. 15 D. 17

9. श्रेणी 4, 9,...., 25, 36 में छूटा हुआ अक है :

A. 14 B. 16
C. 20 D. 21

10. श्रेणी 17,...., 18, 15, 19, 14, 20, 13 में छूटा हुआ अंक है :

A. 5 B. 10
C. 12 D. 16

निर्देश : *प्रश्न 11 से 14 तक संकेत □ का अर्थ है कि पहली संख्या में दूसरी संख्या का दुगना जोड़ो।*

11. 5 □ 4 का मूल्य है :

A. 20 B. 9
C. 11 D. 13

12. 7 □ 0 का मूल्य है :

A. 7 B. 9
C. 14 D. 0

13. [1 □ 2] □ 3 का मूल्य है :

A. 5 B. 7
C. 9 D. 11

14. 3 □ [0 □ 6] का मूल्य है :

A. 18 B. 23
C. 27 D. 29

निर्देश : *प्रश्न 15 से 17 तक संकेत Δ का अर्थ है पहली संख्या के वर्ग में दूसरी संख्या जोड़ो।*

15. 2 Δ 10 का मूल्य है :

A. 12 B. 14
C. 22 D. 102

16. 6 Δ 7 का मूल्य है :

A. 42 B. 43
C. 54 D. 59

17. [3 × 2] Δ 9 का मूल्य है :

A. 42 B. 45
C. 87 D. 91

निर्देश : *प्रश्न 18 से 20 तक संकेत ⊕⊕ का अर्थ है पहली संख्या में 2 जोड़ो और उसे दूसरी संख्या से गुणा करो।*

18. 5 ⊕⊕ 3 का मूल्य है :

A. 15 B. 25
C. 21 D. 17

19. [3 ⊕⊕ 3] ⊕⊕ 4 का मूल्य है :

A. 68 B. 60
C. 54 D. 36

20. [5 ⊕⊕ 0] ⊕⊕ 3 का अर्थ है :

A. 0 B. 6
C. 15 D. 21

21. वह छोटी-से-छोटी संख्या जो 3 से विभाज्य है तथा अगली दो अभाज्य संख्याओं से विभाज्य है :

A. 15 B. 21
C. 60 D. 105

22. एक संख्या पूर्ण कही जाती है जब यह स्वयं को छोड़कर अपने सभी गुणनखंडों के जोड़ के बराबर हो जैसे 6 = 1 + 2 + 3। दूसरी ऐसी पूर्ण संख्या ज्ञात करो जो 32 से कम है :

A. 8 B. 12
C. 16 D. 28

23. चार अंकों की छोटी-से-छोटी संख्या :

A. 1001 B. 0001
C. 0010 D. 1000

24. चार अंकों की बड़ी-से-बड़ी संख्या :

A. 1000 B. 9000
C. 9009 D. 9999

25. यदि a विषम संख्या, b सम संख्या तथा c विषम संख्या हो तो $a + b + c$ है :

A. विषम संख्या B. सम संख्या
C. अभाज्य संख्या D. कोई संख्या

26. दो अभाज्य संख्याओं की गुणा एक संख्या है जो :

A. अभाज्य संख्या है
B. सम संख्या है
C. विषम संख्या है
D. सह भाज्य संख्या है

27. एक संख्या के अभाज्य गुणनखंड 2, 2, 3, 7 हैं तो संख्या है :

A. 14 B. 41
C. 48 D. 84

28. वह बड़ी-से-बड़ी संख्या जो 56 तथा 84 का गुणनखंड है :

A. 2 B. 7
C. 14 D. 28

29. 72, 108, 56 का म. स. व. है :

A. 3 B. 4
C. 6 D. 8

30. 6, 9, 12, 18 का ल. स. व. है :

A. 28 B. 36
C. 38 D. 42

31. यदि x और y विषम संख्याएं हैं तो नीचे लिखी संख्याओं में से कौन सी संख्या सम है?

A. $x + y$ B. $x \times y$
C. $xy + 2$ D. $2x + y$

32. a संख्या b से कम है तो नीचे लिखी कौन सी संख्या 'a' से बड़ी और 'b' से छोटी होगी?

A. $\frac{a+b}{2}$ B. $\frac{ab}{2}$
C. b^2-a^2 D. ab

33. $a + b + c + d$ एक धन संख्या है तथा a, b, c, d सभी धन पूर्णांक हैं और इनसे छोटा पूर्णांक x है तो x का मान है :

A. 1 B. 2
C. 3 D. 4

34. कौन सी संख्या सबसे बड़ी है?

A. $[2 + 2 + 2]^2$ B. $[(2 + 2)^2]^2$
C. $[2 \times 2 \times 2]^2$ D. $[4]^2$

35. यदि दो संख्याओं का जोड़ 84 हो। उनमें से एक संख्या दूसरी से 12 अधिक है तो संख्याएं हैं?

A. 62, 22 B. 36, 24
C. 48, 36 D. 36, 47

36. एक संख्या लो, इसका दुगना करो और इसमें 15 जोड़ो। यदि परिणाम 81 है तो

संख्या है :

A. 30 B. 32
C. 33 D. 66

37. एक संख्या लो, इसका वर्गमूल निकालो और परिणाम में 20 जोड़ो तो प्राप्त संख्या 30 आती है तो मूल संख्या है :

A. 5 B. 15
C. 20 D. 100

38. चार संख्याएं A, B, C और D हैं, इनमें A, B और C की औसत 15 है तथा B, C और D की औसत 16 है। यदि D का मान 19 है तो A का मान है :

A. 15 B. 16
C. 17 D. 18

39. एक संख्या सोचिए। इसे 9 से भाग कीजिए तथा इसमें 9 जोड़िए। यदि परिणाम 27 है तो संख्या है :

A. 18 B. 21
C. 100 D. 162

40. तीन संख्याओं में पहली संख्या दूसरी से दुगनी तथा तीसरी से तिगुनी है। यदि तीनों की औसत 22 है तो संख्याएं हैं :

A. 12, 18, 36 B. 18, 12, 36
C. 36, 12, 18 D. 36, 18, 12

41. यदि किसी संख्या में उसका 10 गुना जोड़ा जाए तो 264 आता है तो संख्या है :

A. 20 B. 22
C. 24 D. 26

42. एक आदमी एक पंक्ति में दोनों सिरों से छठे स्थान पर खड़ा है तो पंक्ति में कुल व्यक्तियों की संख्या है :

A. 9 B. 11
C. 12 D. 13

43. एक संख्या में वही संख्या तथा 5 जोड़ने पर उत्तर 17 आता है तो संख्या है :

A. 2 B. 3
C. 5 D. 6

44. एक संख्या x लो। इसे 4 से भाग दो और 9 जोड़ो। यदि परिणाम 15 है तो x का मान है :

A. 20 B. 24
C. 23 D. 28

45. एक संख्या x को 5 से गुणा करो तथा इसमें $3x$ का मान जोड़ो तो परिणाम 64 आता है। संख्या x है :

A. 8 B. 12
C. 14 D. 18

46. यदि दो संख्याओं x तथा y का जोड़ x से दुगना है तो y का मान है :

A. $> x$ B. $< x$
C. $= x$ D. ऋण संख्या

47. यदि एक संख्या के तिगुने में से 11 घटाएं तो परिणाम 19 आता है, तो संख्या है :

A. 8 B. 9
C. 10 D. 11

48. दो वितत संख्याओं के वर्गों का अन्तर 25 है तो संख्याएं हैं :

A. 13, 12 B. 12, 13
C. 15, 14 D. 14, 13

49. एक संख्या के दो अंकों का योग 15 है। यदि संख्या में 9 जोड़ा जाए तो अंक अपना स्थान बदल लेते हैं तो संख्या है :

A. 78 B. 87
C. 69 D. 96

50. एक संख्या को 11 से गुणा किया जाए

तो गुणनफल 180 से उतना ही अधिक है जितना 180 और संख्या का अन्तर है। संख्या बताओ :

A. 25　　B. 30
C. 40　　D. 45

51. 53 रुपये को x, y, z में इस प्रकार बांटी कि x को y से 7 रु. अधिक मिलें तथा y को z से 8 रु. अधिक मिलें।

A. 10, 15, 18　　B. 18, 10, 25
C. 20, 12, 27　　D. 25, 18, 10

व्याख्यात्मक उत्तर

1. C : वे संख्याएं जो 2 से विभाज्य हैं सम संख्याएं कहलाती हैं जैसे 4, 6, 8, 10 आदि सम संख्याएं हैं।

2. A : वे संख्याएं जो प्राकृत संख्याओं की श्रेणी के रूप में लिखी जाती हैं, प्राकृत संख्याएं होती हैं।

3. C : वे संख्याएं जो 2, 3, 5, 7, 11 और 13 से विभाज्य नहीं हैं (अर्थात् स्वयं और 1 को छोडकर किसी से भाग नहीं होती) अभाज्य संख्याएं कहलाती हैं।

4. C : 1 से 100 तक की अभाज्य संख्याएं ज्ञात करने के लिए पहले 1 से 100 तक की संख्याएं लिखो।

1	(2)	(3)	4	(5)	6	(7)	8	9	10
(11)	12	(13)	14	15	16	(17)	18	(19)	20
21	22	(23)	24	25	26	27	28	(29)	30
(31)	32	33	34	35	36	(37)	38	39	40
(41)	42	(43)	44	45	46	(47)	48	49	50
51	52	(53)	54	55	56	57	58	(59)	60
(61)	62	63	64	65	66	(67)	68	69	70
(71)	72	(73)	74	75	76	77	78	(79)	80
81	82	(83)	84	85	86	87	88	89	90
91	92	93	94	95	96	(97)	98	99	100

(*i*) 1 को काट दो जो अभाज्य नहीं है।

(*ii*) 2 से विभाज्य सभी संख्याओं को काट दो (केवल 2 को छोड़कर)

(*iii*) 3 से विभाज्य सभी संख्याओं को काट दो (केवल 3 को छोड़कर)

(*iv*) 5 से विभाज्य सभी संख्याओं को काट दो (केवल 5 को छोड़कर)

(*v*) 7 से विभाज्य सभी संख्याओं को काट दो (केवल 7 को छोड़कर)

ये शेष संख्याएं 1 से 100 के बीच की अभाज्य संख्याएं होंगी जो वृत्त के अन्दर लिखी गई हैं और कुल संख्याएं 24 हैं।

5. **A :** केवल 2 ही सम तथा अभाज्य संख्या है।

6. **C :** 87 अभाज्य संख्या नहीं है क्योंकि यह 3 से विभाज्य है।

7. **C :** 149 एक अभाज्य संख्या है क्योंकि यह किसी संख्या से भाग नहीं होती।

8. **A :** श्रेणी 1, 7, 3, 9, 5, 11, ... में बारी-बारी से 2 का अन्तर है जैसे पहली और तीसरी संख्या में तथा दूसरी और चौथी संख्या में 2 का अन्तर है अतः अगली संख्या 5 + 2 = 7 होगी।

9. **B :** श्रेणी 4, 9, ..., 25, 36 प्राकृत संख्याओं के वर्गों को प्रकट करती है जैसे $2^2, 3^2, 4^2, 5^2, 6^2$ अतः छूटी हुई संख्या 4^2 अर्थात् 16 है।

10. **D :** श्रेणी 17, ..., 18, 15, 19, 14, 20, 13 में विषम स्थानों पर अगली बारी की संख्या पिछली बारी की संख्या से 1 अधिक है तथा सम स्थानों पर अगली बारी की संख्या पिछली बारी से 1 कम है अतः छूटी हुई संख्या 15 + 1 = 16 है।

[**निर्देशानुसार** □ का अर्थ है कि पहली संख्या में दूसरी संख्या का दुगना जोड़ो]

11. **D :** 5 + 2 [2 × 4] = 5 + 8 = 13]

12. **A :** 7 + [2 × 0] = 7 + 0 = 7

13. **D :** [1 □ 2] □ 3 = [1 + 2 × 2] □ 3 = 5 □ 3 = 5 + 3 × 2 = 11

14. **C :** 3 □ [0 □ 6] = 3 □ [0 + 2 × 6] = 3 □ 12 = 3 + 12 × 2 =27

[**निर्देशानुसार** Δ का अर्थ है कि पहली संख्या का वर्ग करो और इसमें दूसरी संख्या जोड़ो]

15. **B :** 2 Δ 10 = 2 × 2 + 10 = 14

16. **B :** 6 Δ 7 = 6 × 6 + 7 = 43

17. **B :** [3 × 2] Δ 9 = 6 Δ 9 = 6 × 6 + 9 = 45

[**निर्देशानुसार** ⊕⊕ का अर्थ है कि पहली संख्या में 2 जोड़ो और तब इसे दूसरी संख्या से गुणा करो}

18. **C :** 5 ⊕⊕ 3 = (5 + 2) × 3 = 21

19. A : $[3 \oplus\oplus 3] \oplus\oplus 4 = [(3+2) \times 3] \oplus\oplus 4 = 15 \oplus\oplus 4$
$= (15+2) \times 4 = 68$

20. B : $[5 \oplus\oplus 0] \oplus\oplus 3 = [(5+2) \times 0] \oplus\oplus 3 = 0 \oplus\oplus 3 = (0+2) \times 3 = 6$

21. D : संख्या 3, 5, 7 से विभाज्य होनी चाहिए। अतः 3, 5, 7 का ल. स. व. 105 होगा।

22. D : 28 संख्या 1, 2, 4, 7, 14 का गुणज है तथा $1 + 2 + 4 + 7 + 14 = 28$

23. D.

24. D.

25. B : संख्याओं a, b, c में a तथा c विषम संख्याएं हैं तथा b सम संख्या है। अतः a तथा c का योग सम संख्या होगा और इसमें b जोड़ेंगे तो उत्तर सम संख्या आएगी क्योंकि दो सम संख्याओं का योग सम ही होता है।

$\therefore$ $a + b + c =$ सम संख्या।

26. C : दो अभाज्य संख्याओं की गुणा अभाज्य नहीं होगी किन्तु यह सदैव एक विषम संख्या होगी।

27. D : संख्या अभाज्य गुणनखंडों की गुणा के बराबर होगी

$\therefore$ $2 \times 2 \times 3 \times 7 = 84$ अभीष्ट संख्या है।

28. D : 56, 84 का म. स. व. 28 है।

29. B.

30. B.

31. A : दो विषम संख्याओं का योग सदैव सम संख्या होता है अतः अभीष्ट संख्या $x + y$ सम संख्या है।

32. A : दो संख्याओं की औसत सदा उन संख्याओं के बीच की संख्या होती है।

33. A : यदि सब संख्याएं धन संख्या न हों तो योग ऋण भी हो सकता है, अतः कम-से-कम x का मान 1 होना चाहिए।

34. B : $(2 + 2 + 2)^2 = 6^2 = 36$

$$\left[(2+2)^2\right]^2 = \left[4^2\right]^2 = [4 \times 4]^2 = 16 \times 16 = 256$$

$$[2 \times 2 \times 2]^2 = (8)^2 = 64$$

$$(4)^2 = 4 \times 4 = 16.$$

35. C : माना संख्याएं x तथा y हैं

$$x + y = 84$$

$x + (x + 12) = 84$ या $2x + 12 = 84$ या $x = \frac{72}{2} = 36$

$y = x + 12 = 36 + 12 = 48.$

36. C : माना संख्या $= x$

$\therefore 2x + 15 = 81$ या $2x = 81 - 15 = 66$

$$x = \frac{66}{2} = 33.$$

37. D : माना संख्या x है

$\therefore \sqrt{x} + 20 = 30$ या $\sqrt{x} = 30 - 20 = 10$

$\left(\sqrt{x}\right)^2 = (10)^2 = 100.$

38. B : $\frac{A+B+C}{3} = 15$ या $A + B + C = 15 \times 3 = 45$ ...(*i*)

$\frac{B+C+D}{3} = 16$ या $B + C + D = 16 \times 3 = 48$ ...(*ii*)

$D = 19$

$B + C + 19 = 48$ या $B + C = 48 - 19 = 29$

किन्तु $A + B + C = 45$, इसमें $B + C = 29$ का मान रखने पर

$A + 29 = 45$

या $A = 45 - 29 = 16$

39. D : माना संख्या x है।

$$\frac{x}{9} + 9 = 27$$

या $\frac{x}{9} = 27 - 9 = 18$

$\therefore x = 9 \times 18 = 162$

40. D : माना तीसरी संख्या $= x$

$\therefore$ पहली संख्या $= 3x$

$\therefore$ दूसरी संख्या $= \frac{3x}{2}$

$\therefore \frac{1}{3}\left[x + 3x + \frac{3x}{2}\right] = 22$ या $\frac{11}{2}x = 66$

या $x = \frac{66 \times 2}{11} = 1$ तीसरी संख्या

पहली संख्या $= 12 \times 3 = 36$

दूसरी संख्या $= \frac{12 \times 3}{2} = 18$.

41. C : माना संख्या $= x$

तो $x + 10x = 264$

या $11x = 264$

$\therefore \quad x = \frac{264}{11} = 24$.

42. B : यदि व्यक्ति पंक्ति के दोनों सिरों से छठे स्थान पर है तो इसका अर्थ है कि पाँच व्यक्ति इससे आगे हैं और पाँच उसके पीछे हैं। अतः पंक्ति में कुल व्यक्तियों की संख्या $= 5 + 1 + 5 = 11$.

43. D : माना संख्या $= x$

$x + x + 5 = 17$ या $2x = 17 - 5 = 12$

$\therefore \quad = \frac{12}{2} = 6.$

44. B : $\frac{x}{4} + 9 = 15$

$\frac{x}{4} = 15 - 9 = 6$

$\therefore \quad x = 6 \times 4 = 24$

45. A : $5 \times x + 3x = 64$

या $8x = 64$

$\therefore \quad x = \frac{64}{8} = 8$.

46. C : $x + y = 2x$

$\therefore \quad y = 2x - x = x$

47. C : माना संख्या $= x$

$3x - 11 = 19$ या $3x = 19 + 11 = 30$

$\therefore \quad x = \frac{30}{3} = 10$.

48. A : माना संख्याए $= x, (x + 1)$

$(x + 1)^2 - (x)^2 = 25$

या $x^2 + 1 + 2x - x^2 = 25$

या $2x + 1 = 25$

या $2x = 25 - 1 = 24 \quad \therefore x = \frac{24}{2} = 12$

$\therefore \quad x + 1 = 12 + 1 = 13$

$\therefore$ संख्याएं $= 13$ व 12.

49. A : माना इकाई के स्थान पर अंक $= x$

तो दहाई के स्थान पर अंक $= 15 - x$

संख्या $= 10\,(15 - x) + x$

बदले हुए अंकों से प्राप्त नई संख्या $= 10 \times x + (15 - x)$

$10\,(15 - x) + x + 9 = 10x + 15 - x$

$150 - 10x + x + 9 = 9x + 15$

$-9x - 9x = -159 + 15$

$18x = 144$ या $x = \frac{144}{18} = 8$

$\therefore$ दहाई का अंक $= 15 - 8 = 7$

$\therefore$ अभीष्ट संख्या $= 78$.

50. B : माना संख्या $= x$

$\therefore \quad 180 - x = 11x - 180$

या $180 + 180 = 11x + x$

या $12x = 360$ या $x = \frac{360}{12} = 30$

51. D : यदि y को a रु मिलते हैं तो x को $a+7$ रुपये तथा z को $a-8$ रुपये मिलते हैं

$a + 7 + a + a - 8 = 53$

या $3a - 1 = 53$

$3a = 53 + 1$

$3a = 54 \quad \therefore a = \frac{54}{3} = 18$

y का भाग $= 18$ रु.

x का भाग $= a + 7 = 18 + 7 = 25$ रु.

z का भाग $= a - 8 = 18 - 8 = 10$ रु.

2

भिन्नें और दशमलव

भिन्न

एक भिन्न ऐसी संख्या है जो दो पूर्ण संख्याओं के अनुपात या भाग को दर्शाती है। एक भिन्न $\frac{x}{y}$ के रूप में लिखी जाती है। x को अंश तथा y को हर कहा जाता है। हर हमें बताता है कि कितने बराबर भाग किए गए हैं और अंश बताता है कि बराबर भागों में से कितने भाग लिए गए हैं।

अंश तथा हर को समान संख्या से गुणा करके या भाग करके हम समान भिन्नों का समुच्चय प्राप्त कर सकते हैं।

उदाहरण : $\frac{3}{4}=\frac{3\times 2}{4\times 2}=\frac{3\times 2\times 2}{4\times 2\times 2}=\frac{3\times 3}{4\times 3}=\frac{3\times 4}{4\times 4}$

मिश्रित संख्या : एक पूर्ण संख्या तथा भिन्न के योग को मिश्रित संख्या कहते हैं। $3\frac{1}{4}$ एक मिश्रित संख्या है। इसका अर्थ है ; $3+\frac{1}{4}$

मिश्रित संख्या को भिन्न में बदलना—

(*i*) पूर्ण संख्या को भिन्न के हर से गुणा कीजिए।

(*ii*) परिणाम (*i*) में अंश जोड़िये।

(*iii*) परिणाम (*ii*) को अंश मानिये और भिन्न के हर को मिश्रित संख्या का हर मानिये। यह भिन्न मिश्रित संख्या के बराबर होगी।

मिश्रित संख्याओं से सम्बन्धित प्रश्न हल करते समय सदैव मिश्रित संख्या को भिन्न में बदल लेना चाहिए।

भिन्नों की गुणा—दो भिन्नों की गुणा करने के लिए उनके अंशों की गुणा को उनके हरों की गुणा से भाग दीजिए।

नोट—प्रश्नों में **'का'** शब्द गुणा को प्रदर्शित करता है।

भिन्नों की भाग : यह भिन्नों को हरों के लघुत्तम समापवर्तक से गुणा करके ज्ञात किया जाता है या ऐसी संख्या से गुणा करके ज्ञात किया जाता है जो हर को 1 बना दे।

यह याद रखने योग्य है कि एक भिन्न दूसरी भिन्न की विलोम होती है यदि उनकी गुणा 1 के बराबर हो। इस प्रकार 3 तथा 1/3 एक दूसरे की विलोम भिन्न हैं। एक भिन्न का विलोम ज्ञात करने के लिए उसके अंश और हर को आपस में बदल दो। इसे भिन्न का उलटना कहा जाता है। एक भिन्न को दूसरी भिन्न से भाग देने के लिए दूसरी भिन्न को उलट कर पहली से गुणा कर दो।

जैसे : $\frac{3}{8} \div \frac{1}{2} = \frac{3}{8} \times \frac{2}{1} = \frac{6}{8} = \frac{3}{4}$

भिन्नों का योग ज्ञात करना : यदि भिन्नों का हर समान हो तो इस हर को सर्वनिष्ठ हर कहा जाता है। ऐसी दशा में भिन्नों के अंशों को जोड़कर नया अंश प्राप्त किया जाता है और उसे सर्वनिष्ठ हर से भाग देकर भिन्नों का जोड़ ज्ञात हो जाता है।

जैसे : $\frac{3}{15} + \frac{7}{15} = \frac{3+7}{15} = \frac{10}{15} = \frac{2}{3}$

यदि भिन्नों के हर असमान हों तो हरों का ल.स.व. ज्ञात किया जाता है जो सर्वनिष्ठ हर कहलाता है।

जैसे : $\frac{1}{3} + \frac{9}{4} + \frac{3}{5} = ?$

इस प्रश्न में 3, 4, 5 का ल.स.व. ही सर्वनिष्ठ हर है जो 60 के बराबर है

$\frac{1}{3} = \frac{20}{60}, \frac{9}{4} = \frac{135}{60}, \frac{3}{5} = \frac{36}{60}$

$\frac{20}{60} + \frac{135}{60} + \frac{36}{60} = \frac{191}{60}$

भिन्नों का घटाना : यदि भिन्नों के हर समान हों तो भिन्नों के अंश के अन्तर को हर से भाग देने पर हमें अभीष्ट भिन्न प्राप्त हो जाती है।

जैसे : $\frac{5}{8} - \frac{3}{8} = \frac{5-3}{8} = \frac{2}{8} = \frac{1}{4}$

यदि भिन्नों के हर असमान हों, तो

(*i*) सबसे पहले सर्वनिष्ठ हर ज्ञात करो।

(*ii*) भिन्नों को सर्वनिष्ठ हर वाली भिन्न के रूप में प्रकट करो।

(*iii*) अब ऊपर की तरह से घटाओ।

जैसे : $\frac{5}{8}-\frac{1}{5}=?$

इस प्रश्न में सर्वनिष्ठ हर 40 है।

$\therefore \quad \frac{5}{8}=\frac{25}{40},$

$\frac{1}{5}=\frac{8}{40}$

$\frac{25}{40}-\frac{8}{40}=\frac{25-8}{40}=\frac{17}{40}$

समान भिन्नें : दो भिन्नें समान कहलाती हैं यदि वे समान अनुपात को दर्शाती हैं।

जैसे : $\frac{2}{5}=\frac{4}{10}=\frac{6}{15}=\frac{20}{50}$

मिश्रित प्रक्रियाएं : कभी-कभी हमें भिन्नों को हल करते समय निम्नलिखित संकेतों का प्रयोग करना पड़ता है–

(1) कोष्ठक–( ), { }, [ ]

(2) का–जिसका अर्थ है गुणा

ऐसी समस्याओं को हल करते समय–

(*i*) सबसे पहले कोष्ठक खोलिए

(*ii*) उसके बाद 'का'

(*iii*) उसके बाद भाग और गुणा

(*iv*) उसके बाद जमा और घटा

नोट : कोष्ठक में बन्द संख्याओं को एक ही राशि गिना जाता है।

(1) यदि पदों को हल करते समय कोष्ठक से पहले + का चिह्न हो तो कोष्ठक के अन्दर की राशियों में कोई परिवर्तन किए बिना ही कोष्ठक हटा दी जाती है।

(2) यदि पदों को हल करते समय कोष्ठक से पहले (–) का चिह्न हो तो कोष्ठक खोलने के लिए अन्दर की राशियों के चिह्न बदल दिये जाते हैं।

संमिश्र भिन्नें : यदि किसी भिन्न के अंश और हर स्वयं भिन्नें हों तो ऐसी भिन्न को संमिश्र भिन्न कहते हैं।

जैसे : $\frac{3/8}{4/5}$

इसको इस प्रकार हल किया जा सकता है : $\frac{3/8}{4/5} = \frac{3}{8} \div \frac{4}{5}$

$$= \frac{3}{8} \times \frac{5}{4} = \frac{15}{32}.$$

दशमलव

दशमलव बिन्दु के अंकों के समूह को दशमलव भिन्न कहते हैं जैसे—0.513, 0.317, 0.219, 0.6 आदि। प्रत्येक दशमलव एक भिन्न को दर्शाता है।

दशमलव भिन्न को साधारण भिन्न में बदलना :

(*i*) एक ऐसी भिन्न लो जिसका हर 10 हो तथा अंश दशमलव के बाद दायीं ओर का पहला अंक हो।

(*ii*) एक ऐसी भिन्न लो जिसका हर 100 हो तथा अंश दशमलव के बाद दायीं ओर का दूसरा अंक हो।

(*iii*) इस प्रक्रिया को दोहराइये जब तक दशमलव के बाद के अंक समाप्त नहीं हो जाते। प्रत्येक दशा में हर, पहले हर का दस गुणा होगा।

(*iv*) इस प्रकार प्राप्त भिन्नों का योग जो परिणाम (*i*), (*ii*) और (*iii*) के योग से प्राप्त होता है, दशमलव भिन्न को प्रकट करता है।

जैसे : $0.317 = \frac{3}{10} + \frac{1}{100} + \frac{7}{1000}$

$$= \frac{300}{1000} + \frac{10}{1000} + \frac{7}{1000} = \frac{317}{1000}$$

शून्यों से बनी कोई संख्या दशमलव के दाईं ओर बिना परिवर्तन किये लिखी जाती है।

दशमलवों का जोड़ना तथा घटाना : दशमलवों को जोड़ते समय इस दशमलव के नीचे दशमलव, इकाई के नीचे इकाई, दहाई के नीचे दहाई और सैंकड़े के नीचे सैंकडा रखते हैं।

जैसे : 23.4621 + 102.019 + 0.961 = ?

```
  23.4621
 102.0190
   0.9610
 --------
 126.4421
```

दशमलवों को गुणा करना : जब हम किसी दशमलव भिन्न को 10 से गुणा करते हैं तो $\frac{1}{100}$ भाग $\frac{1}{10}$ में बदल जाता है तथा $\frac{1}{10}$ भाग 1 में बदल जाता है तथा इकाई, दहाई में बदल जाती है।

जैसे : $2.45 \times 10 = 24.5.$

दशमलवों की गुणा पूर्ण संख्याओं की गुणा की तरह की जाती हैं और दशमलव बिन्दु का स्थान गुणनफल में इस प्रकार बदलता है कि गुणनफल में दशमलव स्थानों की संख्या गुणा की जाने वाली संख्याओं में दशमलव स्थानों की संख्या के योग के बराबर होती है।

दशमलवों में भाग की क्रिया : दशमलवों में भाग करते समय इस प्रकार की विधि अपनाइये :

(*i*) भाजक में दशमलव बिन्दु को उतने अंक आगे सरकाइये जब तक इसमें दशमलव भिन्न समाप्त न हो जाए।

(*ii*) भाज्य संख्या में दशमलव बिन्दु को उतने स्थान आगे सरकाइये जितने स्थान भाजक में सरकाया गया है।

(*iii*) अब परिणाम (*i*) को परिणाम (*i*) से भाग करो।

(*iv*) परिणाम में दशमलव स्थान उतने ही होने चाहिएं जितने परिणाम (*ii*) में हों।

जैसे : $66.957 \div 0.11 = \frac{66.957}{0.11} = \frac{66.957 \times 100}{0.11 \times 100} = \frac{6695.7}{11} = 608.7.$

दशमलव भिन्न तथा साधारण भिन्न में सम्बन्ध–

एक साधारण भिन्न को दशमलव भिन्न में बदला जा सकता है। यदि हम अंश को हर से भाग दें। जैसे : $\frac{1}{2} = \frac{1.0}{2} = 0.5$

$\frac{1}{5} = \frac{1.0}{5} = 0.2$

$\frac{1}{4} = \frac{1.00}{4} = 0.25$

$\frac{3}{4} = \frac{3.00}{4} = 0.75$

$\frac{1}{20} = \frac{1.00}{20} = 0.05$

$\frac{1}{16} = \frac{1.0000}{16} = 0.0625$

$\frac{1}{10} = \frac{1.0}{10} = 0.1$

$\frac{1}{100} = \frac{1.00}{100} = 0.01$

$\frac{1}{1000} = \frac{1.000}{1000} = 0.001$

$\frac{3}{8} = \frac{3.000}{8} = 0.375$

$\frac{7}{8} = \frac{7.000}{8} = 0.875$

प्रश्नमाला

1. कौन-सी भिन्न $\frac{15}{25}$ के समान है?

A. $\frac{150}{25}$ B. $\frac{15}{250}$

C. $\frac{3}{5}$ D. $\frac{60}{75}$

2. कौन-सी भिन्न $\frac{13}{20}$ के समान नहीं है?

A. $\frac{26}{40}$ B. $\frac{130}{200}$

C. $\frac{39}{60}$ D. $\frac{52}{60}$

3. यदि $\frac{9 \otimes 3}{3 \otimes 7} = \frac{9}{7}$ तो संकेत $\otimes$ का अर्थ है :

A. ÷ B. ×

C. + D. –

4. एक घंटे के $\frac{5}{6}$ भाग का मान है :

A. आधा घण्टा

B. 40 मिनट

C. 50 मिनट

D. 55 मिनट

5. एक वायुयान 1250 कि.मी. यात्रा में $\frac{2}{5}$ भाग ईंधन खपाता है। शेष ईंधन में यात्रा पूरी करेगा :

A. 1875 कि.मी. B. 2125 कि.मी.

C. 250 कि.मी. D. 475 कि.मी.

6. यदि $\frac{4}{3} \otimes \frac{3}{4} = \frac{16}{9}$ तो संकेत $\otimes$ का अर्थ है :

A. + B. –

C. × D. ÷

7. यदि $\frac{3}{15} \otimes \frac{17}{5} = \frac{51}{75}$ तो संकेत $\otimes$ का अर्थ है :

A. + B. –

C. × D. ÷

8. यदि $5x = 1$ तो x का मान है :

A. .20 B. .02

C. $\frac{1}{2}$ D. 5

9. निम्नलिखित में से कौन-सी भिन्न सबसे बड़ी है?

A. $\frac{3}{15}$ B. $\frac{5}{20}$

C. $\frac{8}{64}$ D. $\frac{25}{1000}$

10. निम्नलिखित में से कौन सी भिन्न सबसे छोटी है?

A. $\frac{1}{10}$ B. $\frac{1}{100}$

C. $\frac{900}{1000}$ D. $\frac{500}{10,000}$

11. x के छः गुने में 12 जोड़ें तो इसका मान होगा :

A. $\frac{x}{2}$

B. $2x$

C. $6x + 12$

D. $12x + 6$

12. y के 5 गुने में से 20 घटाने पर इसका मान है :

A. $5y-20$ B. $5y+20$
C. $y/4$ D. $4y$

13. वह संख्या जो 15 से 7 कम है :

A. $15x-7$ B. 15/7
C. 15 D. 8

14. किसी संख्या का तिगुना 16 से 32 अधिक है, तो संख्या है :

A. 17 B. 16
C. 12 D. 10

15. यदि किसी संख्या के 4 गुने में 21 जोड़ा जाए तो परिणाम 57 आता है। संख्या है :

A. 7 B. 8
C. 9 D. 10

16. एक संख्या के $\frac{1}{4}$ भाग और $\frac{1}{5}$ भाग का योग, इसके $\frac{1}{3}$ भाग से 28 अधिक है। संख्या है :

A. 120 B. 240
C. 220 D. 160

17. $5\frac{3}{4}, 4\frac{4}{5}$ और $7\frac{3}{8}$ के योग में कौन सी भिन्न जोडी जाए कि योग पूर्ण संख्या बन जाए?

A. $\frac{1}{40}$ B. $\frac{2}{40}$
C. $\frac{3}{40}$ D. $\frac{4}{40}$

18. $\frac{1}{15}+\frac{3}{15}+\frac{5}{15}+\frac{6}{15}=?$

A. $\frac{10}{15}$ B. $\frac{3}{5}$
C. $\frac{4}{5}$ D. 1

19. वह सख्या बताओ जिसका 1/6 भाग उसके 1/9 भाग से 100 अधिक है :

A. 600 B. 900
C. 1500 D. 1800

20. एक संख्या के $\frac{1}{2}, \frac{1}{4}, \frac{1}{8}$ भागों का योग 28 है तो संख्या है :

A. 28 B. 32
C. 36 D. 42

21. किसी संख्या के $\frac{1}{9}, \frac{1}{3}, \frac{1}{6}$ और $\frac{7}{18}$ भागों का योग 150 है तो संख्या है :

A. 120 B. 130
C. 140 D. 150

22. कौन-सी संख्या सबसे बड़ी है :

A. .999 B. .1011
C. .1995 D. .9985

23. $9\frac{1}{8}$ की दशमलव भिन्न है :

A. 9.18 B. 9.125
C. 9.025 D. 9.225

24. $2.205 \div 0.15 = ?$

A. 1.47 B. 14.7
C. 147 D. 0.147

25. .24, 3.2 और 16.0 का म.स.व. है :

A. 80 B. 8
C. .8 D. .08

26. .24, 3.2 और 16.0 का ल.स.व. है :

A. .48 B. 4.8
C. 48 D. 480

27. एक खम्बे का 0.5 भाग कीचड़ में, 0.25 भाग पानी में तथा शेष भाग 2 मीटर पानी से बाहर है तो खम्बे की लम्बाई है :

A. 8 मीटर B. 5 मीटर
C. 4 मीटर D. 2 मीटर

23. $\sqrt{\frac{1}{3}}$ का मान है :

A. 0.57 B. 0.35
C. 0.30 D. 3.00

29. $\left(\frac{1}{2}\right.$ का $\left.\frac{2}{3}\right)$ कितने गुणा $\frac{1}{2} \times \frac{1}{3}$ के बराबर है :

A. 2 B. $\frac{1}{2}$
C. $\frac{1}{3}$ D. $\frac{2}{3}$

30. $990\frac{990}{990}$ का $\frac{1}{11}$ भाग है :

A. 99.0 B. 99.99
C. 90 D. 90.09

31. एक रेलगाड़ी दिल्ली से 6 बजे प्रातः चली। अगले (दूसरे) स्टेशन पर $\frac{1}{3}$ यात्री उतर गए और 96 अन्दर आ गए। उससे अगले (तीसरे) स्टेशन पर $\frac{1}{2}$ यात्री उतर गए और 12 अन्दर आ गए। अब कुल यात्री 248 थे तो आरम्भ में जब दिल्ली से रेलगाड़ी चली थी उस समय यात्रियों की संख्या कितनी थी?

A. 435 B. 564
C. 654 D. 736

32. $1 \div [1 + 1 \div \{1 + 1 \div (1 + 1 \div 2)\}]$ का मान है :

A. 1 B. 2
C. $\frac{5}{8}$ D. शून्य

33. 6, 7, 8, 10 का लघुत्तम समापवर्तक है:

A. 840 B. 830
C. 820 D. 800

34. $\frac{6}{7/8}$, $\frac{6/7}{8}$ से कितना अधिक है?

A. $6\frac{2}{3}$ B. $6\frac{3}{4}$
C. $7\frac{1}{2}$ D. $8\frac{3}{4}$

35. $\frac{.03}{1000}$ का मान है :

A. 3×10^{5} B. 3×10^{-3}
C. 3×10^{-6} D. 3×10^{-5}

36. $10\frac{1}{25}$ का मान है :

A. 10.25 B. 10.125
C. 10.04 D. 10.025

37. $1.25 \times 1.25 + 2.75 \times 2.75 + 2 \times 1.25 \times 2.75 = ?$

A. 4.000 B. 16.000
C. 26.1250 D. 28.3250

38. 1 सेकण्ड, 1 घंटे की कौन-सी भिन्न है?

A. $\frac{1}{24}$ B. $\frac{1}{60}$
C. $\frac{1}{120}$ D. $\frac{1}{3600}$

39. 1.6 और 0.72 का म.स.व. है :

A. 8 B. .8
C. .08 D. .008

40. $\frac{4}{5}$ का 0.025 का मान है :

A. 0.0002 B. 0.002
C. 0.02 D. 0.2

व्याख्यात्मक उत्तर

1. C : $\frac{15}{25}=\frac{3\times 5}{5\times 5}=\frac{3}{5}$

2. D : $\frac{26}{40}=\frac{2\times 13}{2\times 20}=\frac{13}{20},\ \frac{39}{60}=\frac{13\times 3}{20\times 3}=\frac{13}{20}$

$\frac{130}{200}=\frac{13\times 10}{20\times 10}=\frac{13}{20},\ \frac{52}{60}=\frac{13\times 4}{20\times 3}=\frac{13}{20}\times\frac{4}{3}$

अतः $\frac{52}{60}\neq\frac{13}{20}$.

3. B : $\frac{9\otimes 3}{3\otimes 7}=\frac{9}{7}$ या $\frac{9\times 3}{7\times 3}=\frac{9}{7}$ $\therefore$ संकेत $\otimes$ का मान $\times$ है।

4. C : 1 घण्टे का $\frac{5}{6}$ भाग $=\frac{5}{6}\times 60$ मिनट = 50 मिनट।

5. A : शेष ईंधन = $1-\frac{2}{5}=\frac{5-2}{5}=\frac{3}{5}$

$\frac{2}{5}$ ईंधन में तय की गई दूरी = 1250 कि.मी.

पूरे ईंधन में तय की गई दूरी = $\frac{1250}{2/5}=\frac{1250\times 5}{2}$ कि.मी.

$\frac{3}{5}$ ईंधन में तय की गई दूरी $=\frac{1250\times 5}{2}\times\frac{3}{5}=1875$ कि.मी.

6. D.

7. C.

8. A : $5x=1\ \therefore\ x=\frac{1}{5}=.02$

9. B : $\frac{3}{15}=\frac{1}{5},\ \frac{8}{64}=\frac{1}{8}$

$\frac{5}{20}=\frac{1}{4},\ \frac{25}{1000}=\frac{1}{40}$

$\frac{1}{5}, \frac{1}{4}, \frac{1}{8}, \frac{1}{40}$

$\frac{8, 10, 5, 1}{40}$ ∴ सबसे बड़ी भिन्न $= \frac{1}{4} = \frac{5}{20}$

10. C : $\frac{1}{10} = .1, \frac{9}{1000} = .009$

$\frac{1}{100} = .01, \frac{500}{10,000} = \frac{5}{100} = .05$

∴ सबसे छोटी भिन्न $= .009 = \frac{9}{1000}$.

11. C : $x \times 6 + 12 = 6x + 12.$

12. A : $5 \times y - 20 = 5y - 20.$

13. D : $15 - 7 = 8.$

14. B : माना संख्या $= x$

$3x - 16 = 32$

या $3x = 32 + 16 = 48$ या $\frac{48}{3} = 16$.

15. C : माना संख्या $= x$

∴ $4x + 21 = 57$

या $4x = 57 - 21 = 36$ या $x = \frac{36}{4} = 9$

16. B : माना संख्या $= x$

∴ $\frac{x}{4} + \frac{x}{5} = \frac{x}{3} + 28$

या $\frac{9x}{20} = \frac{x}{3} + 28$ या $\frac{9x}{20} - \frac{x}{3} = \frac{28}{1}$

या $\frac{27x - 20x}{60} = 28$ या $7x = 60 \times 28$

∴ $x = \frac{60 \times 28}{7} = 240$.

17. C : $5\frac{3}{4} + 4\frac{4}{5} + 7\frac{3}{8} = \frac{23}{4} + \frac{24}{5} + \frac{59}{8} = \frac{717}{40}$

$\frac{717}{40}$ पूर्ण संख्या बन जाएगी यदि इसमें $\frac{3}{40}$ जोड़ा जाए

जैसे : $\frac{717}{40} + \frac{3}{40} = \frac{720}{40} = 18$ जो पूर्ण संख्या है।

18. D : $\frac{1}{15} + \frac{3}{15} + \frac{5}{15} + \frac{6}{15} = \frac{1+3+5+6}{15} = \frac{15}{15} = 1.$

19. D : माना संख्या $= x$

$\therefore \quad \frac{x}{6} = \frac{x}{9} + 100$

या $\quad \frac{3x - 2x}{18} = 100 \quad$ या $\frac{x}{18} = 100$

या $x \quad = 100 \times 18 = 1800.$

20. B : माना संख्या $= x$

$\therefore \quad \frac{x}{2} + \frac{x}{4} + \frac{x}{8} = 28,$ या $\frac{7x}{8} = 28$

$\therefore \quad 7x = 28 \times 8$

या $\quad x = \frac{28 \times 8}{7} = 32.$

21. D : माना संख्या $= x$

$\therefore \quad \frac{x}{9} + \frac{x}{3} + \frac{x}{6} + \frac{7x}{18} = 150$

या $\quad \frac{2x + 6x + 3x + 7x}{18} = \frac{18x}{18} = 150 \quad$ या $x = \frac{18 \times 150}{18} = 150.$

22. A.

23. B : $9\frac{1}{8} = 9 + \frac{1}{8} = 9 + .125 = 9.125$

24. B : $2.205 \div 0.15 = \frac{2.205}{0.15} = \frac{2205}{1000} \times \frac{100}{15} = \frac{2205}{150} = 14.7.$

25. D : .24, 3.2, 16.0 का म.स.व.

$= \frac{24}{100}, \frac{320}{100}, \frac{1600}{100}$ का म.स.व. $= \frac{8}{100} = .08.$

26. C : .24, 3.2, 16.0 का ल.स.व.

$= \frac{24}{100}, \frac{320}{100}, \frac{1600}{100}$ का ल.स.व $= \frac{4800}{100} = 48$.

27. A : माना खम्बे की लम्बाई $= x$

पानी से ऊपर खम्बे की लम्बाई $= x - (0.5x + 0.25x) = 0.25x$

$0.25x = 2$ मी. $\quad \therefore \quad x = \frac{2 \times 100}{25} = 8$ मी.

28. A : $\sqrt{\frac{1}{3}} = \frac{\sqrt{1}}{\sqrt{3}} = \frac{1}{\sqrt{3}} = \frac{1}{1.732} = \frac{1000}{1732} = 0.57$

29. B : $\frac{2}{3}$ का $\frac{1}{2} = \frac{2}{3} \times \frac{1}{2} = \frac{1}{3}$

$\frac{1}{2}$ का $\frac{1}{3} = \frac{1}{6} \quad \therefore \quad \frac{\frac{1}{6}}{\frac{1}{3}} = \frac{1}{6} \times \frac{3}{1} = \frac{1}{2}$.

30. D : $990\frac{990}{990}$ का ग्यारहवा भाग $= \frac{990 + 1}{11} = 991 \div 11 = 90.09$

31. B : माना दिल्ली से चलते समय यात्रियों की संख्या $= x$

अगले स्टेशन पर $\frac{1}{3}$ भाग यात्री नीचे उतर गए और 96 अन्दर आ गए

$\therefore$ ट्रेन में यात्री $= x - \frac{x}{3} + 96 = \frac{2x}{3} + 96$

अगले स्टेशन पर $\frac{1}{2}$ भाग यात्री नीचे उतर गए और 12 अन्दर आ गए।

अब ट्रेन में यात्री $= \frac{2x}{3} + 96 - \left(\frac{x}{3} + 48\right) + 12$

$= \frac{2x}{3} - \frac{x}{3} + 96 - 48 + 12 = 248$ या $\frac{x}{3} + 60 = 248$

या $\frac{x}{3} = 248 - 60 = 188$ या $x = 188 \times 3 = 564$.

C.

33. A : 6, 7, 8, 10 का ल.स.व.

2	6, 7, 8, 10
3	3, 7, 4, 5
4	1, 7, 4, 5
5	1, 7, 1, 5
7	1, 7, 1, 1
	1, 1, 1, 1

ल.स.व. $= 2 \times 3 \times 4 \times 5 \times 7 = 840.$

34. B : $6 \div \frac{7}{8} = \frac{6}{1} \times \frac{8}{7} = \frac{48}{7}$ या $\frac{6}{7} \div 8 = \frac{6}{7} \times \frac{1}{8} = \frac{3}{28}$

$$\frac{48}{7} - \frac{3}{28} = \frac{192 - 3}{28} = \frac{189}{28} = \frac{27}{4} = 6\frac{3}{4}.$$

35. D.

36. C.

37. B : माना $1.25 = x$ तथा $2.75 = y$

तो $1.25 \times 1.25 + 2.75 \times 2.75 + 2 \times 1.25 \times 2.75$

$= x^2 + y^2 + 2xy$

$= (x + y)^2$

$= (1.25 + 2.75)^2$

$= (4)^2 = 16.000.$

38. D.

39. C.

40. C : $\frac{4}{5} \times 0.025 = \frac{4}{5} \times \frac{25}{1000} = \frac{1}{50} = 0.02.$

3
घात, घातांक और मूल

यदि x कोई संख्या है और n कोई पूर्णांक है जो 0 से बड़ा है तो x^n का अर्थ है कि x को n बार गुणा किया गया है। इस प्रकार

$x^n = x \times x \times x............n$ बार

$2^4 = 2 \times 2 \times 2 \times 2 = 16$

$3^5 = 3 \times 3 \times 3 \times 3 \times 3 = 243$

$$\left(\frac{x}{y}\right)^n = \frac{x^n}{y^n}$$

$$\left(\frac{3}{7}\right)^2 = \frac{3 \times 3}{7 \times 7} = \frac{9}{49}$$

पद x^n में x को आधार तथा n को घातांक कहा जाता है। घातांक के नियम ये हैं–

$$x^n \times x^m = x^{n+m}$$

$$\frac{x^n}{x^m} = x^{n-m}$$

$$(x^m)^n = x^{mn}$$

$$(xy)^m = x^m y^m$$

ऋण घातांक : $x^0 = 1$ यदि x धनात्मक संख्या है।
घातांक के नियम द्वारा $x^n \times x^0 = x^{n+0} = x^n$

$$\therefore \quad x^0 = 1 \quad \text{तथा} \quad x^{-n} = \frac{1}{x^n}.$$

मूल : यदि किसी संख्या x की घात n है और इसका परिणाम a है तो x का मान a का nवां मूल है जिसे प्रायः इस प्रकार लिखा जाता है $\sqrt[n]{a} = x$, उदाहरण के लिए $2^4 = 16$ या $\sqrt[4]{16} = 2$. दूसरे मूल को हम वर्गमूल भी कहते हैं, तीसरे मूल को घनमूल कहते हैं।

या

$$x^{1/n} \times y^{1/n} = (x . y)^{1/n}$$

$$\sqrt[n]{x \times y} = \sqrt[n]{x} . \sqrt[n]{y}$$

एक संख्या जो पूर्ण वर्ग है उसका अन्त इन अंकों में होता है : 0, 1, 4, 5, 6, 9

याद रखो :–

1 और 9 का वर्ग समाप्त होता है 1 में

2 और 8 का वर्ग समाप्त होता है 4 में

3 और 7 का वर्ग समाप्त होता है 9 में

4 और 6 का वर्ग समाप्त होता है 6 में

5 का वर्ग समाप्त होता है 5 में

(1, 9); (2, 8); (3, 7); (4, 6); (5, 5) सब पूरक अंक हैं अर्थात् प्रत्येक जोड़े का योग 10 है।

यदि दो संख्याएं पूरक अंकों में समाप्त होती हैं तो उनके वर्ग भी एक ही अंक में समाप्त होंगे।

यदि कोई संख्या शून्य में समाप्त होती है तो उसके वर्ग के अन्त में 2 शून्य होंगे तथा यदि संख्या के अन्त में 2 शून्य हैं तो उसके वर्ग के अन्त में 4 शून्य होंगे और इसी प्रकार आगे चलेगा।

यदि किसी संख्या के अन्त में शून्यों की संख्या विषम है तो यह पूर्ण वर्ग संख्या नहीं है।

प्रश्नमाला

1. $\sqrt{\frac{1}{3}} = ?$

A. 0.30
B. 0.57
C. 0.89
D. 3.00

2. $\frac{6^4}{3^3} = ?$

A. 24
B. 42
C. 48
D. 2

3. $\left(\frac{1}{2}\right)^{-1} = ?$

A. $\frac{-1}{2}$ B. $\frac{+1}{2}$

C. -2 D. $+2$

4. $125^0 = ?$

A. 125 B. 1

C. 1250 D. 12.5

5. $8^{1/3} = ?$

A. $\frac{8}{3}$ B. $\frac{3}{8}$

C. 4 D. 2

6. $4^4 \times 4^{17} = ?$

A. 8^{17} B. 4^{21}

C. 8^{21} D. 4^{13}

7. $\frac{10x^8}{5x^4} = ?$

A. $2x^4$ B. $2x^2$

C. $2x^3$ D.. $2x^{12}$

8. $2^{3^2} = ?$

A. 2^6 B. 2^9

C. 2^5 D. 8^4

9. $(2^3)^2 = ?$

A. 8 B. 64

C. 312 D. 512

10. $(36)^{1/2} = ?$

A. 18 B. 9

C. 6 D. 3

11. $x^{3/4} . x^{3/4} = ?$

A. $2x^{3/4}$ B. $x^{9/16}$

C. $x^{6/8}$ D. $x^{3/2}$

12. $(x^{3/4})^{1/2} = ?$

A. $x^{3/8}$ B. $x^{4/6}$

C. $x^{2/5}$ D. $x^{3/2}$

13. $\sqrt{32} = ?$

A. 4 B. $2\sqrt{4}$

C. $4\sqrt{2}$ D. $2^3\sqrt{2}$

14. $5\sqrt{3}$ =?

A. $\sqrt{75}$ B. $\sqrt{50}$

C. $\sqrt{25}$ D. $3\sqrt{5}$

15. $x^{b-c} \times x^{c-a} \times x^{a-b} = ?$

A. x^{a+b+c} B. x^{a-b-c}

C. $x^{2a-2b-2c}$ D. 1

16. जब 16000 को 4 तथा 10 की घात की गुणा के रूप में प्रकट करते हैं तो इसका मान है

A. $4^2 \times 10^2$ B. $4^2 \times 10^3$

C. $4^3 \times 10^3$ D. $4^2 \times 10^4$

17. जब 1800 को अभाज्य संख्याओं की घातांक के रूप में लिखा जाए तो इसका मान है :

A. $2 \times 9 \times 10^2$ B. $2 \times 3^2 \times 10^2$

C. $2 \times 3^2 \times 5^2$ D. $2^3 \times 3^2 \times 5^2$

18. $27 \times 243 = ?$

A. 3^8 B. 3^9

C. 3^{10} D. 3^{11}

19. दो संख्याओं के वर्गों का योग 26 है तथा अन्तर 8 है। संख्याएं बताओ :

A. 9, 17 B. 3 17

C. 9, $\sqrt{17}$ D. 3, $\sqrt{17}$

20. $\left[\left(\frac{x}{y}\right)^3\right]^{-2} = ?$

A. $\left(\frac{x}{y}\right)^{-6}$ B. $\left(\frac{x}{y}\right)^{1}$

C. $\left(\frac{x}{y}\right)^{6}$ D. $\left(\frac{x}{y}\right)^{5}$

21. $(x^4)^3 = ?$

A. x^{4+3} B. x^{12}

C. $x^{4/3}$ D. x^{4-3}

22. $(27)^{-4/3} = ?$

A. 81 B. 54

C. $\frac{1}{21}$ D. $\frac{1}{81}$

23. $x^{1/8} \div x^{3/4} = ?$

A. $x^{5/8}$ B. x^0

C. $x^{2/8}$ D. $\frac{1}{x^{5/8}}$

24. $\left[27^{-2/3}\right]^{1/2} = ?$

A. $\frac{27}{54}$ B. $\frac{2}{3}$

C. $\frac{1}{3}$ D. $\frac{1}{9}$

25. $\sqrt{72} = ?$

A. $\sqrt[6]{2}$ B. $\sqrt[4]{6}$

C. $\sqrt[9]{6}$ D. $\sqrt[2]{6}$

व्याख्यात्यक उत्तर

1. B : $\sqrt{\frac{1}{3}} = \sqrt{0.3333} = 0.57$.

2. C : $\frac{6^4}{3^3} = \frac{6\times6\times6\times6}{3\times3\times3} = \frac{2\times2\times2\times6}{1} = 48$.

3. D : $\left(\frac{1}{2}\right)^{-1} = (2)^{+1} = 2$,

4. B : किसी संख्या की शून्य घात 1 के बराबर होती है।

5. D : $(8)^{\frac{1}{3}} = \left(\sqrt[3]{8}\right)^1 = \sqrt[3]{8} = 2$

6. B : क्योंकि $a^x \times a^y = a^{x+y}$ $\therefore\ 4^4 \times 4^{17} = 4^{4+17} = 4^{21}$.

7. A : $\frac{10x^8}{5x^4} = \frac{2x^8}{x^4} = \frac{2x^4 \times x^4}{x^4} = 2x^4$.

8. B : $2^3 = 2^{3\times3} = 2^9$.

9. B : $(23)^2 = (2 \times 2 \times 2)^2 = 8^2 = 64$

10. C : $(36)^{1/2} = \sqrt{36} = 6.$

11. D : $x^{3/4} . x^{3/4} = x^{3/4+3/4} = x^{6/4} = x^{3/2}.$

12. A : $\left(x^{3/4}\right)^{1/2} = x^{3/4\times1/2} = x^{3/8}.$

13. C : $\sqrt{32} = \sqrt{4\times4\times2} = \sqrt{(4)^2\times2} = 4\sqrt{2}.$

14. A : $5\sqrt{3} = \sqrt{5}.\sqrt{5}.\sqrt{3} = \sqrt{75}.$

15. D : $x^{b-c}.x^{c-a}.x^{a-b} = x^{b-c+c-a+a-b} = x^0 = 1.$

16. B : $16000 = 16\times1000 = (4)^2\times(10)^3.$

17. B : 1800 के अभाज्य गुणनखण्ड हैं $= 2\times2\times2\times3\times3\times5\times5 = 2^3\times3^2\times5^2.$

18. A : $27\times243 = (3\times3\times3)(3\times3\times3\times3\times3) = 3^3.3^5 = 3^8.$

19. D : माना संख्याएं हैं x तथा y

$$\therefore\quad x^2 + y^2 = 26 \quad ...(i)$$

$$x^2 - y^2 = 18 \quad ...(ii)$$

(i) तथा (ii) को जोड़ने पर

$2x^2 + y^2 - y^2 = 26 + 8 = 34$ या $2x^2 = 34$ या $x = 17$

$\therefore\quad x = \sqrt{17} \quad \therefore\quad x^2 + y^2 = 26$

या $17 + y^2 = 26 \quad \therefore\quad y^2 = 26 - 17 = 9 \quad \therefore\quad y = \sqrt{9} = 3$

अतः संख्याएं हैं 3 और $\sqrt{17}$.

20. A : $\left[\left(\frac{x}{y}\right)^3\right]^{-2} = \left(\frac{x}{y}\right)^{3\times-2} = \left(\frac{x}{y}\right)^{-6}$

21. B : $\left(x^4\right)^3 = x^4.x^4.x^4 = x^{4+4+4} = x^{12}.$

22. D : $(27)^{-4/3} = \frac{1}{27^{4/3}} = \frac{1}{\sqrt[3]{27^4}} = \frac{1}{3^4} = \frac{1}{8}.$

23. D : $\left[(27)^{-2/3}\right]^{1/2} = 27^{-2/3\times1/2} = 27^{-1/3} = \frac{1}{27^{1/3}} = \frac{1}{3^{3\times1/3}} = \frac{1}{3}.$

24. C.

25. A : $\sqrt{72} = \sqrt{36\times2} = \sqrt{6\times6\times2} = 6\sqrt{2}.$

4
प्रतिशतता

प्रतिशत का अर्थ है प्रति सौ। प्रतिशत एक भिन्न है जिसका हर 100 है तथा दर प्रतिशत उसका अंश है। इस प्रकार 5 प्रतिशत का अर्थ है 100 में से 5 या $\frac{5}{100} = \frac{1}{20}$

संकेत : % चिन्ह प्रतिशत के लिए प्रयोग किया जाता है।

एक दशमलव को 100 से गुणा करके प्रतिशत में बदला जा सकता है या दशमलव बिन्दु को दो स्थान दाईं तरफ सरकाकर।

एक प्रतिशत को दशमलव में बदलने के लिए 100 से भाग किया जाता है या दशमलव बिन्दु को दो स्थान बाईं ओर सरकाया जाता है।

उदाहरण– 0.125 = 12.5%

और 25% = .25

एक भिन्न को प्रतिशत में बदलने के लिए पहले भिन्न को दशमलव में बदलते हैं और फिर दशमलव को प्रतिशत में। एक प्रतिशत को भिन्न में बदलने के लिए पहले इसे दशमलव में बदलते हैं फिर दशमलव को भिन्न में बदलते हैं

उदाहरण के लिए–

$1\% = .01 = \frac{1}{100}$ $\qquad$ $100\% = 1.00 = 1$

$2\% = .02 = \frac{2}{100}$ $\qquad$ $120\% = 1.20 = \frac{12}{10}$

$5\% = .05 = \frac{1}{20}$ $\qquad$ $12.5\% = 0.125 = \frac{1}{8}$

याद रखो :

1. एक भिन्न या मिश्र संख्या को प्रतिशत में बदलने के लिए इसे 100 से गुणा करते हैं और इसके आगे % चिन्ह लगाते हैं।
2. दशमलव के आगे का % चिन्ह हटाना हो तो दशमलव को 100 से भाग करते हैं।

3. दशमलव के आगे का % चिन्ह हटाने तथा इसे भिन्न में बदलने के लिए पहले दशमलव को 100 से भाग करो, परिणाम को भिन्न में बदलो तथा जहाँ तक सम्भव हो इसे निम्नतम पद में बदलो।
4. भिन्न के आगे का % चिन्ह हटाने के लिए और इसे भिन्न में ही रखने के लिए इसे 100 से भाग दिया जाता है।
5. एक भिन्न या मिश्र भिन्न के आगे का % चिन्ह हटाने के लिए और इसे दशमलव में बदलने के लिए; पहले भिन्न को 100 से भाग करो फिर इसे दशमलव में बदलो।
6. प्रतिशत के प्रश्नों में पूरी वस्तु को 100% मानते हैं। जैसे किसी संख्या का 20% भाग ले लेते हैं तो शेष 100–20 = 80% भाग रह जाता है।

प्रश्नमाला

1. 20% बराबर है :

A. $\frac{1}{3}$ B. $\frac{1}{4}$

C. $\frac{1}{5}$ D. $\frac{2}{5}$

2. $\frac{5}{8}$ को % में लिखा जाता है = ?

A. $\frac{50}{80}\%$ B. 62.5%

C. 55.5% D. 70.5%

3. 50 रु. का 15% = ?

A. 25 रु. B. 12.50 रु.

C. 9.50 रु. D. 7.50 रु.

4. एक मिनट 12 सेकंड, एक घंटे का कितने प्रतिशत है?

A. 2% B. 3%

C. 4% D. 5%

5. एक विद्यार्थी को पास होने के लिए 40% अंक चाहिएं। यदि वह 20 अंक प्राप्त करता है और 20 अंकों से फेल होता है तो कुल अंक हैं :

A. 20 B. 40

C. 80 D. 100

6. एक आदमी अपने वेतन का 75% खर्च करता है और 150 रु. मासिक बचाता है तो उसका मासिक वेतन है।

A. 750 रु. B. 600 रु.

C. 400 रु. D. 300 रु.

7. स्टेंडर्ड सोने में 22 भाग सोना तथा 2 भाग धातु होती है। एक वस्तु जो स्टेंडर्ड सोने की बनी है उसमें धातु की मात्रा :

A. 11% B. 12%

C. $8\frac{1}{3}\%$ D. $11\frac{1}{3}\%$

8. एक वस्तु का सूची मूल्य 250 रु. है। नकद मूल्य देने पर 12% छूट दी जाती है तो वस्तु का नकद मूल्य है :

A. 250 रु. B. 220 रु.

C. 200 रु. D. 180 रु.

9. 5 रु. का 20% =

A. 1 रु. B. 2 रु.

C. 3 रु. D. 4 रु.

10. 3 मीटर का 15% =

A. 30 से.मी. B. 45 से.मी.

C. 60 से.मी. D. 25 से.मी.

11. किसी संख्या का 5% = 15 तो संख्या है :

A. 150 B. 200

C. 250 D. 300

12. किसी क्षेत्रफल का 75% का मान 15 वर्ग मीटर है तो क्षेत्रफल :

A. 10 वर्गमीटर B. 15 वर्गमीटर

C. 20 वर्गमीटर D. 25 वर्गमीटर

13. 30 रु. का कितने % = 10 रु.

A. 30% B. $33\frac{1}{3}$% या 33.3%

C. 35% D. 40%

14. 6.25 का कितने % = 1.25

A. 10% B. 15%

C. 20% D. 25%

15. 3 मीटर का कितने % = 75 से.मी.

A. 10% B. 15%

C. 20% D. 25%

16. 62.5% =

A. $\frac{3}{8}$ B. $\frac{4}{8}$

C. $\frac{5}{8}$ D. $\frac{6}{8}$

17. 125% =

A. $\frac{4}{5}$ B. $\frac{5}{4}$

C. $\frac{3}{5}$ D. $\frac{6}{5}$

18. किसी विद्यालय में 97% विद्यार्थी उपस्थित थे और 18 विद्यार्थी अनुपस्थित थे। विद्यालय में कुल विद्यार्थियों की संख्या है :

A. 400 B. 450

C. 500 D. 600

19. किसी शहर की जनसंख्या 50,000 से 52,000 हो जाती है। प्रतिशत वृद्धि है :

A. 4% B. 3%

C. 2% D. 1%

20. एक सेल मे 20% छूट पर माल बेचा जा रहा है। एक विद्यार्थी ने एक पेन 12 रु. में खरीदा तो पेन का वास्तविक मूल्य क्या था ?

A. 12 रु. B. 13 रु.

C. 14 रु. D. 15 रु.

21. एक कालेज के चुनाव में एक प्रत्याशी ने 40% वोट प्राप्त किए और वह 160 वोटों से हार गया। तो कुल वोटों की संख्या थी:

A. 900 B. 800

C. 700 D. 600

22. एक चुनाव में 4000 वोट पड़े। एक प्रत्याशी ने 40% वोट प्राप्त किए। वह कितने वोटों से हारा।

A. 2400 वोट B. 1600 वोट

C. 800 वोट D. 600 वोट

23. किसी वस्तु का विक्रय मूल्य 25% कम कर दिया गया तो उसकी सेल 30% बढ़ गई। तो सेल से प्राप्त नकद धन में क्या प्रभाव पड़ा?

A. 5% वृद्धि B. 5% कमी

C. 2.5% वृद्धि D. 2.5% कमी

24. मिट्टी के तेल का भाव 10% बढ़ जाये तो एक गृहिणी को तेल की खपत कितने % कम कर देनी चाहिए कि उसका खर्च न बढ़े?

A. 10% B. 9.09%

C. 9.0% D. 8.25%

25. एक तौलिया 50 से.मी. चौड़ा तथा 100 से.मी. लम्बा था। धोने पर यह लम्बाई में 20% तथा चौड़ाई में 10% घट गया। इसके क्षेत्रफल में कितने % की कनी हो गई?

A. 28% B. 20%

C. 10.08% D. 10%

व्याख्यात्मक उत्तर

1. C : $20\% = \frac{20}{100} = \frac{1}{5}$.

2. B.

3. D.

4. A : 1 मिनट 12 सेकण्ड = 72 सेकण्ड

1 घंटा = 60 × 60 से. = 3600 सेकण्ड $\therefore \frac{72}{3600} \times 100 = 2\ \%$.

5. D : पास होने के लिए अंक = 40% = 20 + 20

$\therefore$ कुल अंक = $\frac{100 \times 40}{40} \times 100$.

6. B : बचत = 100% − 75% = 25% = 150 रु.

$\therefore$ कुल वेतन = $\frac{100}{25} \times 150 = 600$ रु.

7. C : कुल भाग = 22 भाग + 2 भाग = 24 भाग

24 भाग में से धातु = 2 भाग

100 भाग में से धातु $= \frac{2}{24} \times 100 = \frac{25}{3} = 8\frac{1}{3}\ \%$

8. B : 250 रु. का 12% $= \frac{250 \times 12}{100} = 30$ रु.

$\therefore$ नकद मूल्य = 250−30=220 रु.

9. A :

10. B : 3 मीटर का 15% = 300 से.मी. का 15% $- \frac{300 \times 15}{100} = 45$ से.मी.

11. D : माना संख्या = x $\therefore$ x का 5% = 15

या $\frac{x \times 5}{100} = 15$ या $x = \frac{15 \times 100}{5} = 300$.

12. C : माना क्षेत्रफल = x

$\therefore$ x का 75% = 15 वर्ग मी.

$\frac{x \times 75}{100} = 15$ $\therefore x = \frac{100 \times 15}{57} = 20$ वर्ग मी.

13. B : $\frac{10}{30} \times 100 = 33\frac{1}{3}\%$.

14. C : $\frac{1.25}{6.25} \times 100 = 20\%$.

15. D.

16. C.

17. B.

18. C : अनुपस्थित विद्यार्थी = 100%–97% = 3% = 18

$$x \times \frac{3}{100} = 18 \qquad \therefore\ x = \frac{1800}{3} = 600$$

19. A : जनसंख्या में वृद्धि = 52,000–50,000 = 2000

% वृद्धि = $\frac{2,000}{50,000} \times 100 = 4\%$

20. D : विक्रयमूल्य=12 रु. = वास्तविक मूल्य का 80%

वास्तविक मूल्य = $\frac{100}{80} \times 12 = 15$ रु.

21. B : जीतने वाले प्रत्याशी के वोट = 100 – 40 = 60% वोट

वोटों में अन्तर=60% – 40% = 20% = 160

कुल वोट = $x = 160 \times \frac{100}{20} = 800$

22. C : हारने वाले प्रत्याशी के वोट = $4000 \times \frac{40}{100} = 1600$ वोट

जीतने वाले प्रत्याशी के वोट = $4000 \times \frac{60}{100} = 2400$वोट

वोटों में अन्तर = 2400–1600 = 800 वोट

23. D : विक्रय मूल्य = 100–25 = 75%

दैनिक सेल = 100+30 = 130%

प्राप्त नकद मूल्य = $75 \times \frac{130}{100} = 97.5$

∴ कमी = 100–97.5=2.5%.

24. B : मिट्टी के तेल का बढ़ा हुआ मूल्य = वास्तविक मूल्य का $\frac{110}{100}$

अतः खर्च को उतना ही रखने के लिए नई खपत = वास्तविक खपत का $\frac{100}{110}$

$\therefore$ खपत में कमी = $\left(1-\frac{100}{110}\right)\times$ वास्तविक खपत

$$= \frac{10}{110}\times 100\,\% = 9.09\%$$

25. A : वास्तविक क्षेत्रफल = 100 × 50 = 5000 वर्ग से.मी.

घटी हुई लम्बाई $= 100\times\frac{80}{100} = 80$ से.मी.

घटी हुई चौड़ाई $= 50\times\frac{90}{100} = 45$ से.मी.

घटा हुआ क्षेत्रफल = 80 × 45 = 3600 वर्ग से.मी.

क्षेत्रफल में कमी = 5000–3600 = 1400 वर्ग से.मी.

% कमी $= \frac{1400}{5000}\times 100 = 28\,\%$.

5

अनुपात और समानुपात

अनुपात : एक राशि का उसी प्रकार की दूसरी राशि से सम्बन्ध, यह दर्शाते हुए कि एक राशि, दूसरी का कितने गुणा है, अनुपात कहलाता है। जैसे 48 रु. और 6 रु. में वही सम्बन्ध है जो 8 रु. और 1 रु. में है। इस सम्बन्ध को ऐसा लिखा जाता है– 8 : 1।

क्योंकि अनुपात एक भिन्न है अतः इसके दोनों पदों को एक ही संख्या से गुणा करने या भाग देने से कोई अन्तर नहीं आता।

जैसे : $\frac{2}{3} = \frac{4}{6} = \frac{8}{12} = \frac{20}{30}$

दोनों राशियाँ अनुपात के पद कहलाती हैं। अंश में जो राशि है उसे पहला पद तथा हर की राशि को दूसरा पद कहते हैं।

विलोमानुपात : एक अनुपात के पहले पद और दूसरे पद को क्रमशः दूसरे पद और पहले पद में परिवर्तित कर दें तो यह अनुपात पहले अनुपात का विलोमानुपात कहलाता है। जैसे 3 : 5 का विलोमानुपात $\frac{5}{3}$ अथवा 5 : 3 है।

मिश्र अनुपात : जब दो या अधिक अनुपातों के पहले पदों और दूसरे पदों को परस्पर गुणा करके नया अनुपात प्राप्त करते हैं तो इसे मिश्र अनुपात कहते हैं। जैसे 2 : 3, 3 : 4, 5 : 6 का मिश्र अनुपात $\frac{2}{3} \times \frac{3}{4} \times \frac{5}{6} = \frac{5}{12}$ या 5 : 12 है।

समानुपात : चार राशियाँ समानुपात में कहलाती हैं यदि पहली और दूसरी राशि में वही अनुपात हो जो तीसरी और चौथी राशि में हो।

जैसे 2 : 5 तथा 12 : 30 बराबर है और ये चार संख्याएँ 2, 15, 12 और 30 समानुपात में हैं तो इस प्रकार लिखी जाती हैं : 2 : 5 : : 12 : 30।

यदि चार राशियाँ समानुपात में हैं तो इनके सिरे के पदों का गुणनफल मध्य पदों के गुणनफल के बराबर होता है।

प्रश्नमाला

1. दो संख्याओं का अनुपात 3 : 4 है तथा उनका योग 490 है तो संख्याएँ हैं :

A. 200, 290 B. 210, 280
C. 220, 270 D. 230, 260

2. दो संख्याओं का अनुपात 3 : 4 है तथा इनके वर्गों का योग 625 है तो संख्याएँ हैं :

A. 6 और 8 B. 15 और 20
C. 18 और 24 D. 20 और 25

3. कौन सा अनुपात सब से बड़ा है ?

A. 3 : 4 B. 4 : 5
C. 5 : 6 D. 6 : 7

4. एक परीक्षा में 70 विद्यार्थियों में से 25 विद्यार्थियों ने 50% से कम अक लिए। उन विद्यार्थियों की संख्या का अनुपात जिन्होंने 50% या इससे अधिक अंक प्राप्त किए, 50% से कम अंक लेने वाले विद्यार्थियों की संख्या के साथ ज्ञात करो।

A. 1 : 2 B. 3 : 5
C. 9 : 5 D. 5 : 7

5. x का $\frac{4}{9}$ से वही अनुपात है जो $\frac{3}{11}$ का $\frac{5}{33}$ से है तो x का मान है :

A. 4 : 5 B. 5 : 6
C. 6 : 5 D. 7 : 5

6. यदि किसी अनुपात का दूसरा पद 15 है तथा अनुपात का मान $\frac{3}{5}$ है तो अनुपात का पहला पद ज्ञात करो।

A. 7 B. 8
C. 9 D. 10

7. यदि A : B = 5 : 7
तथा B : C = 9 : 11
तो A : C = ?

A. 9 : 11 B. 45 : 77
C. 45 : 66 D. 39 : 77

8. तीन संख्याएं 2 : 3 : 4 के अनुपात में हैं और उनके वर्गों का योग 116 है तो संख्याएँ हैं :

A. 4 : 6 : 8 B. 5 : 6 : 7
C. 6 : 9 : 12 D. 8 : 12 : 16

9. दो वर्गों की भुजाओं में 3 : 4 का अनुपात है तो उनके परिमापों का अनुपात है :

A. 3 : 4 B. 7 : 8
C. 5 : 6 D. 6 : 7

10. दो गत्ते के घनाकार डिब्बों के किनारों का अनुपात 3 : 4 है तो उनमें लगे गत्ते की मात्रा का अनुपात है :

A. 3 : 4 B. 5 : 6
C. 6 : 7 D. 9 : 16

11. एक त्रिभुज के कोणों का अनुपात 1 : 2 : 3 है तो सबसे बड़ा कोण है।

A. 30° B. 60°
C. 90° D. 120°

12. दो पुरुषों के वेतन का अनुपात 4 : 7 है। दोनों अपने वेतन का 80% भाग खर्च करते हैं और शेष बचाते हैं। उनकी बचत का अनुपात है :

A. 8 : 2 B. 4 : 7
C. 7 : 5 D. 5 : 3

13. 9 और 25 का मध्य समानुपात है :

A. 10 B. 12
C. 15 D. 17

14. 12 और 30 का तृतीय समानुपात है :

A. 40 B. 45

C. 50 D. 75

15. 3, 4 और 15 का चौथा अनुपात है :

A. 20 B. 18

C. 17 D. 15

16. 75 : 15 = x : 7 में x का मान है :

A. 25 B. 35

C. 40 D. 45

17. $x : 7.5 = 7 : 17.5$ तो x का मान है :

A. 1.0 B. 2.5

C. 3.0 D. 3.5

18. 5 और 125 का मध्य समानुपात है :

A. 10 B. 15

C. 20 D. 25

19. 12 और 18 का विलोम अनुपात है।

A. $\frac{3}{2}$ B. $\frac{2}{3}$

C. $\frac{1}{3}$ D. $\frac{3}{1}$

20. दो संख्याएँ 2 : 3 के अनुपात में हैं। यदि प्रत्येक में 8 जोड़ा जाए तो उनका अनुपात 3 : 4 हो जाता है तो संख्याएँ हैं :

A. 2 और 3 B. 4 और 6

C. 8 और 12 D. 16 और 24

21. यदि $x : y = 3 : 2$ तो $(x+y) : (x-y) = ?$

A. 1 : 5 B. 5 : 1

C. 3 : 5 D. 5 : 2

22. यदि $x : y = y : z$ तो $x = ?$

A. z B. $\frac{z}{y^2}$

C. $\frac{y^2}{z}$ D. $\frac{y}{z}$

व्याख्यात्मक उत्तर

1. B : अनुपात है 3 : 4 योग = 490

अनुपात का योग = 3+4 = 7

$\therefore$ पहली संख्या = $490 \times \frac{3}{7} = 210$, दूसरी संख्या = $490 \times \frac{4}{7} = 280$

2. B : दो संख्याओं का अनुपात = 3 : 4

वर्गों का अनुपात = 9 : 16

अनुपात का योग = 9 + 16 = 25

वर्गों का योग = 625

$\therefore$ पहली संख्या का वर्ग = $425 \times \frac{9}{25} = 225$

दूसरी संख्या का वर्ग = $625 \times \frac{16}{25} = 400$, अतः संख्याएँ = $\sqrt{225}, \sqrt{400} = 15, 2$.

3. D. $\frac{3}{4}, \frac{4}{5}, \frac{5}{6}, \frac{5}{7}, = \frac{315, 336, 350, 360}{420}$ अतः $\frac{6}{7}$ या 6 : 7 सबसे बड़ा अनुपात है।

4. C. कुल विद्यार्थी = 70

50% से कम अंक लेने वाले विद्यार्थी = 25

50% से अधिक अंक लेने वाले विद्यार्थी = 70–25 = 45

अभीष्ट अनुपात = 45 : 25, = 9 : 5.

5. A. माना अभीष्ट भिन्न = x, तो $\frac{x}{4/9} = \frac{3/11}{5/33} = \frac{3}{11} \times \frac{33}{5} = \frac{9}{5}$

$\therefore \quad x = \frac{4}{9} \times \frac{9}{5} = \frac{4}{5}$ या 4 : 5.

6. C. अनुपात $= \frac{3}{5} = \frac{x}{15}$

पहला पद $x = \frac{15 \times 3}{5} = 9$ तभी केवल $\frac{9}{15} = \frac{3}{5}$.

7. B. A : B = 5 : 7; B : C = 9 : 11; A : C = ?

$\frac{A}{B} = \frac{3}{5}; \frac{B}{C} = \frac{9}{11}; \frac{A}{C} = ?$

$\frac{A}{C} = \frac{A}{B} \times \frac{B}{C} = \frac{5}{7} \times \frac{9}{11} = \frac{45}{77} = 45 : 77.$

8. A. संख्याओं का अनुपात = 2 : 3 : 4

वर्गों का अनुपात = 4 : 9 : 16

अनुपात का जोड़ = 4 + 9 + 16 = 29

वर्गों का जोड़ = 116

$\therefore$ पहली संख्या का वर्ग $= \frac{116 \times 4}{29} = 16$

दूसरी संख्या का वर्ग $= \frac{116 \times 9}{29} = 36$

तीसरी संख्या का वर्ग $= \frac{116 \times 16}{29} = 64$

$\therefore$ संख्याएं हैं $\sqrt{16}, \sqrt{36}, \sqrt{64} =$ 4, 6 और 8.

9. A : माना दो वर्गों की भुजाएं हैं $3x$ तथा $4x$

$\therefore$ उनके परिमापों का अनुपात $= 4(3x) : 4(4x), = 12x : 16x, = 3 : 4$

10. D : माना दो घनों के किनारे हैं $3x$ तथा $4x$

उनके धरातल के क्षेत्रफल हैं $6(3x)^2, 6(4x)^2$

क्षेत्रफलों में अनुपात $= 6(3x)^2 : 6(4x)^2$

$= 54x^2 : 96x^2 = 9 : 16.$

11. C : त्रिभुज के कोणों का अनुपात $= 1 : 2 : 3$

त्रिभुज के कोणों का योग $= 180°$

सबसे बड़ा कोण $= \dfrac{180 \times 3}{6} = 90°.$

12. B : माना उनके वेतन हैं $4x, 7x$

उनकी बचत $= 100 - 80 = 20\%$

बचत का अनुपात $= 4x$ का $20\% : 7x$ का 20%

$= \dfrac{4x \times 20}{100} : \dfrac{7x \times 20}{100} = 4 : 7.$

13. C : दो संख्याओं का मध्य समानुपात उनकें गुणनफल के वर्गमूल के बराबर होता है।

माना 9 और 25 का मध्य समानुपात x है

$\therefore\ 9 : x = x : 25$ या $x^2 = 25 \times 9 = 225$, या $x = \sqrt{225} = 15.$

14. D : माना 12 और 30 का तृतीय समानुपात x है, $\therefore\ 12 : 30 = 30 : x$

या $12 \times x = 30 \times 30,\ \therefore x = \dfrac{30 \times 30}{12} = 75.$

15. A : माना 3, 4, 15 का चौथा समानुपात x है, तो $3 : 4 = 15 : x$

बाह्यपदों का गुणनफल = भीतरी पदों का गुणनफल

$3 \times x = 4 \times 15$, या $x = \dfrac{15 \times 4}{3} = 20.$

16. B : $75 : 15 = x : 7$

$15 \times x = 75 \times 7$ या $x = \dfrac{75 \times 7}{15} = 35.$

17. C : $x : 7.5 = 7 : 17.5$

$x \times 17.5 = 7.5 \times 7,\quad \therefore x = \dfrac{7.5 \times 7}{17.5} = 3.0.$

18. D : माना 5 और 125 का मध्य समानुपात x है

तो $5 : x = x : 125$

$x \times x = 5 \times 125 = 625$, $\therefore$ $x = \sqrt{625} = 25$.

19. A : 12 और 18 का विलोम अनुपात = $18 : 12 = \frac{18}{12}$, $= \frac{3}{2} = 3 : 2$

20. D : माना संख्याएँ हैं $2x$, $3x$ या $\frac{2x+8}{3x+8} = \frac{3}{4}$

या $8x + 32 = 9x + 24$ या $9x - 8x = 32 - 24$ या $x = 8$

$\therefore$ संख्याएँ = $2 \times 8, 3 \times 8 = 16, 24$.

21. B : $x : ? = 3 : 2$, $x + y = 3 + 2$ और $x - y = 3 - 2 = 1$

$\therefore$ $(x + y) : (x - y) = 5 : 1$.

22. C : $x : y = y : z$

या $\frac{x}{y} = \frac{y}{z}$, $\therefore$ $x = \frac{y}{z}$. $y = \frac{y^2}{z}$.

6

लाभ और हानि

लाभ और हानि शब्दों का प्रयोग व्यापार में बहुत होता है। जब विक्रय मूल्य, क्रय मूल्य से अधिक होता है तो लाभ होता है। जब विक्रय मूल्य, क्रय मूल्य से कम होता है तो हानि होती है।

यह याद रखो कि लाभ या हानि सदैव क्रय मूल्य पर ज्ञात किया जाता है और यह प्रायः प्रतिशत के रूप में ज्ञात किया जाता है।

उदाहरण : एक आदमी कोई वस्तु 50 रु. की खरीदता है और इसे 65 रु. में बेच देता है तो उसका प्रतिशत लाभ इस प्रकार ज्ञात करते हैं :

हल : लाभ = विक्रय मूल्य – क्रय मूल्य = 65 – 50 = 15 रु.

$$\%\text{लाभ} = \frac{15}{50} \times 100 = 30\,\%$$

जब क्रय मूल्य और लाभ या हानि % दिए गए हों तो

$$\text{विक्रय मूल्य} = \frac{\text{क्रय मूल्य}\,(100 + \text{लाभ}\%)}{100}$$

$$\text{या विक्रय मूल्य} = \frac{\text{क्रय मूल्य}\,(100 - \text{हानि}\%)}{100}$$

जब विक्रय मूल्य लाभ या हानि % दिए गए हों तो

$$\text{क्रय मूल्य} = \frac{\text{विक्रय मूल्य} \times 100}{100 + \text{लाभ}\%}$$

$$\text{या} \quad \text{क्रय मूल्य} = \frac{\text{विक्रय मूल्य} \times 100}{100 - \text{हानि}\%}$$

(*i*) क्रय मूल्य ज्ञात करना जब विक्रय मूल्य और लाभ % दिया गया हो :

तो पहले विक्रय मूल्य और क्रय मूल्य में सम्बन्ध स्थापित करके क्रय मूल्य ज्ञात कीजिए।

उदाहरण : एक वस्तु का विक्रय मूल्य 10 रु. है और इसे 10% लाभ पर बेचा गया है। इसका क्रय मूल्य ज्ञात करो।

हल : विक्रय मूल्य = क्रय मूल्य $\times\left(\frac{100+10}{100}\right)$

$$\text{क्रय मूल्य} = \frac{\text{विक्रय मूल्य} \times 100}{100+10} = \frac{10\times100}{110} = \frac{100}{11} = 9.09 \text{ रु.}$$

(*ii*) विक्रय मूल्य ज्ञात करना जब विक्रय मूल्य पर लाभ % दिया हो :

विक्रय मूल्य और क्रय मूल्य में सम्बन्ध स्थापित करो और फिर विक्रय मूल्य ज्ञात करो।

उदाहरण : एक आदमी एक पुस्तक 27 रु. में खरीदता है और इसे विक्रय मूल्य पर 10% लाभ कमा कर बेचता है। इसका विक्रय मूल्य ज्ञात करो।

हल : विक्रय मूल्य = 27 रु. + लाभ

क्योंकि लाभ विक्रय मूल्य का 10% है, अतः क्रय मूल्य, विक्रय मूल्य का 90% होगा।

$$\therefore 27 \text{ रु.} = \text{वि. मू.} \times\frac{90}{100} = \frac{27\times100}{90} = 30 \text{ रु.}$$

(*iii*) विक्रय मूल्य ज्ञात करना जब विक्रय मूल्य पर हानि % दी गई हो :

क्रय मूल्य और विक्रय मूल्य में सम्बन्ध स्थापित करो और विक्रय मूल्य ज्ञात करो।

उदाहरण : एक वस्तु 10 रु. की खरीदी गई। कुछ टूट-फूट के कारण यह विक्रय मूल्य पर 25% हानि पर बेची गई। वस्तु का विक्रय मूल्य ज्ञात करो।

हल : विक्रय मू. = 10 रु.– हानि

क्योंकि हानि विक्रय मूल्य का 25% है, अतः क्रय मूल्य =125% × विक्रय मूल्य

$$\therefore 10 \text{ रु.} = \text{विक्रय मूल्य} \times\frac{125}{100} = \frac{10\times100}{125} = 8 \text{ रु.}$$

(*iv*) विक्रय मूल्य ज्ञात करना जब सूची मूल्य तथा % छूट दी गई हो

सूची मूल्य को % छूट से गुणा करके पहले कुल छूट ज्ञात करो और इसे सूची मूल्य में से घटाकर विक्रय मूल्य ज्ञात करो।

उदाहरण : एक वस्तु का सूची मूल्य 90 रु. है। इसे 10% छूट पर बेचा जाता है तो इसका विक्रय मूल्य ज्ञात करो।

हल : सूची मूल्य = 90 रु., छूट = 10% × 90 रु. = $\frac{90 \times 10}{100}$ = 9 रु.

विक्रय मूल्य = 90−9 = 81 रु.

(*v*) सूची मूल्य और बट्टा श्रेणी दी गई हो तो विक्रय मूल्य ज्ञात करना :

(*a*) सूची मूल्य को पहले % बट्टे से गुणा कीजिए।

(*b*) इसे सूची मूल्य नें से घटाइए।

(*c*) शेष को दूसरे बट्टे से गुणा कीजिए।

(*d*) गुणनफल को शेष में से घटाइए।

(*e*) इसी क्रम को दोहराइये यदि और बट्टे दिए गए हैं।

उदाहरण : एक वस्तु का विक्रय मूल्य ज्ञात करो यदि उसका सूची मूल्य 200 रु. तथा क्रमिक बट्टे 10% और 20% हैं।

हल : पहला बट्टा = $\frac{200 \times 10}{100}$ = 20 रु.

∴ पहला विक्रय मू. = 200 − 20 = 180 रु.

दूसरा बट्टा = 180 रु. का 20% = $\frac{180 \times 20}{100}$ = 36 रु.

∴ दूसरा विक्रय मूल्य = 180 − 36 = 144 रु.

(*vi*) दी हुई बट्टा श्रेणी के समतुल्य बट्टा ज्ञात करना :

(*a*) पहले दोनों बट्टों को जोड़िए।

(*b*) दोनों बट्टों को गुणा कीजिए।

(*c*) इस गुणा को योग में से घटाइए। यह पहले दो बट्टों का समतुल्य बट्टा होगा।

(*d*) यदि तीसरा बट्टा दिया गया हो तो तीसरे बट्टे को पहले दो के समतुल्य बट्टे में जोड़िए।

(*e*) पहले दो के समतुल्य बट्टे को तीसरे बट्टे से गुणा कीजिए।

(*f*) इस गुणनफल को जोड़ में से घटांइए। यह तीनों बट्टों का समतुल्य बट्टा होगा।

(*g*) इसी क्रम को दोहराइए यदि और अधिक बट्टे दिए गए हों।

उदाहरण : 10%, 20%, 30% क्रमिक बट्टों के लिए एक समतुल्य बट्टा ज्ञात कीजिए।

हल 10% + 20% = 0.1 + 0.2 = 0.3

10% × 20% = 0.1 × 0.2 = 0.02

0.30 – 0.02 = 0.28

0.28 + 30% = 0.28 + 0.3 = 0.580

0.28 × 30% = 0.28 × 0.3 = 0.084

0.580 – 0.084 = 0.496 = 49.6%

अतः 10% , 20%, 30% का समतुल्य बट्टा 49.6% है।

प्रश्नमाला

1. एक आदमी कोई वस्तु 25 रु. की खरीद कर 30 रु. में बेचता है। उसका लाभ है :

A. 16.67% B. 20%

C. 25.5% D. 25.67%

2. यदि कोई वस्तु 10% लाभ पर बेची जाए तो विक्रय मूल्य, क्रय मूल्य का जितने गुणा है :

A. 10/11 B. 11/10

C. 110 रु. D. 90 रु.

3. यदि कोई वस्तु x% लाभ पर बेची जाती है तो इसका क्रय मूल्य, विक्रय मूल्य का जितने गुणा है :

A. $\frac{100}{100+x}$ B. $\frac{100+x}{100}$

C. $\frac{100}{100-x}$ D. $\frac{100-x}{100}$

4. यदि कोई वस्तु y% लाभ पर बेची जाती है तो इसका विक्रय मूल्य, क्रय मूल्य का जितने गुणा है।

A. $\frac{100}{100-y}$ B. $\frac{100-y}{100}$

C. $\frac{100}{100+y}$ D. $\frac{100+y}{100}$

5. यदि कोई वस्तु 25% हानि पर बेची जाती है तो उसका विक्रय मूल्य, क्रय मूल्य का जितने गुणा है :

A. $\frac{1}{2}$ B. $\frac{2}{3}$

C. $\frac{3}{4}$ D. $\frac{4}{5}$

6. यदि कोई वस्तु 50% हानि पर बेची जाती है तो उसका क्रय मूल्य, विक्रय मूल्य का जितने गुणा है :

A. $\frac{1}{2}$ B. 2

C. 2/5 D. इनमें से कोई नहीं।

7. यदि किसी वस्तु का विक्रय मूल्य उसके क्रय मूल्य का $\frac{4}{3}$ गुणा है तो लाभ है :

A. $\frac{1}{3}$% B. $33\frac{1}{3}$%

C. $25\frac{1}{5}$% D. $20\frac{1}{2}$%

8. यदि किसी वस्तु का क्रय उसके विक्रय मूल्य का $\frac{3}{2}$ गुणा है तो लाभ या हानि % है :

A. $33\frac{1}{3}$%हानि B. $33\frac{1}{3}$%लाभ

C. $33\frac{1}{8}$%लाभ D. $33\frac{1}{8}$%हानि

9. यदि किसी वस्तु का विक्रय मूल्य हानि का 6 गुणा है तो प्रतिशत हानि है :

A. $14\frac{5}{9}\%$ B. $15\frac{2}{8}\%$

C. $16\frac{3}{5}\%$ D. $14\frac{2}{7}\%$

10. यदि किसी वस्तु पर लाभ, क्रय मूल्य का $\frac{1}{4}$ गुणा है तो लाभ % है :

A. 4% B. 25%
C. 50% D. 75%

11. यदि हानि विक्रय मूल्य का $\frac{1}{3}$ गुणा है तो हानि % है :

A. 33% B. 25%
C. 20% D. 17%

12. एक आदमी ने कुछ वस्तुएँ 7 रु. की 8 की दर से खरीदीं और 5 रु. की 6 की दर से बेचीं। लाभ या हानि % है :

A. $4\frac{16}{21}\%$ लाभ B. $4\frac{16}{21}\%$ हानि

C. न लाभ न हानि

D. इनमें से कोई नहीं

13. एक आदमी ने कुछ संतरे 1 रु. के तीन की दर से तथा उतने ही 1 रु. के 2 की दर से खरीदे। वह उन्हें प्रति दर्जन किस भाव से बेचे कि उसे 20% लाभ हो?

A. 4 रु. B. 5 रु.

C. 6 रु. D. 7 रु.

14. एक मशीन 9000 रु. में खरीदी गई। इसे 15% लाभ पर कितने रु. में बेचा जाना चाहिए?

A. 10,150 रु. B. 10,250 रु.

C. 10,300 रु. D. 10,350 रु.

15. एक पैन का विक्रय मूल्य ज्ञात करो यदि इसका क्रय मूल्य 6.20 रु. तथा हानि 10% हो।

A. 6.92 रु. B. 5.58 रु.

C. 6.00 रु. D. 5.92 रु.

16. एक गलीचा 10% हानि उठाकर 585 रु. में बेचा गया। इसका क्रय मूल्य है :

A. 650 रु. B. 640 रु.

C. 630 रु. D. 620 रु.

17. एक मशीन 20% लाभ पर बेची गई। यदि यह 25% लाभ पर बेची जाती तो 35 रु. अधिक प्राप्त होते। मशीन का क्रय मूल्य है :

A. 650 रु. B. 700 रु.

C. 750 रु. D. 800 रु.

18. एक पुस्तक को 31 रु. में बेचने से 7% हानि होती है। यदि इसे 35 रु. में बेचा जाए तो लाभ या हानि है :

A. 4% हानि B. 4% लाभ

C. 5% हानि D. 5% लाभ

19. 12 वस्तुओं का क्रय मूल्य 9 वस्तुओं के विक्रय मूल्य के बराबर है, तो लाभ प्रतिशत है :

A. 25.0% B. 33.3%
C. 30.0% D. 67.7%

20. स्टॉक खत्म करने के लिए लगाई गई सेल में वस्तु का मूल्य 20% कम किया जाता है। यदि एक ट्रांजिस्टर का पहला मूल्य 150 रु. है तो सेल में इसका मूल्य है:

A. 130 रु. B. 125 रु.

C. 120 रु. D. 115 रु.

व्याख्यात्मक उत्तर

1. B : लाभ = 30 – 25 = 5 रु.; %लाभ $= \frac{5}{25} \times 100 = 20\%$.

2. B : यदि लाभ 10% है तो विक्रय मूल्य = क्रय मूल्य का 110%

$= \frac{110}{100} \times$ क्रय मूल्य $= \frac{11}{10} \times$ क्रय मूल्य

3. A : लाभ $= x\%$, विक्रय मूल्य $= [100 + x]\% \times$ क्रय मूल्य

$\therefore$ क्रय मूल्य $= \frac{100}{100 + x} \times$ विक्रय मूल्य

4. D : लाभ $= y\%$ विक्रय मूल्य = क्रय मूल्य $\times (100 + y)\%$

तो विक्रय मूल्य $= \frac{100 + y}{100} \times$ क्रय मूल्य

5. C : हानि = 25%, क्रय मूल्य = 100, विक्रय मूल्य = 100 – 25 = 75

या विक्रय मूल्य = क्रय मूल्य $\times \frac{75}{100} = \frac{3}{4} \times$ क्रय मूल्य

6. B : माना क्रय मूल्य = 100, हानि = 50%, विक्रय मूल्य = 100 – 50 = 50%
या विक्रय मूल्य = क्रय मूल्य का 50% या क्रय मूल्य
= विक्रय मूल्य का 200% = विक्रय मूल्य का दुगुना।

7. B : क्रय मूल्य = 1, विक्रय मूल्य $= \frac{4}{3}$, लाभ $= \frac{4}{3} - 1 = \frac{1}{3}$

लाभ% $= 100 \times \frac{1}{3} = 33\frac{1}{3}\%$.

8. A : क्रय मूल्य = 1, विक्रय मूल्य $= \frac{2}{3} \times$ क्रय मूल्य, हानि $= 1 - \frac{2}{3} = \frac{1}{3}$

हानि% $= 100 \times \frac{1}{3} = 33\frac{1}{3}\%$.

9. D : विक्रय मूल्य = 6 × हानि, या हानि $= \frac{1}{6} \times$ विक्रय मूल्य

क्रय मूल्य = विक्रय मूल्य + हानि

= विक्रय मूल्य $+ \frac{1}{6}$ विक्रय मूल्य $= \frac{7}{6} \times$ विक्रय मूल्य

विक्रय मूल्य = $\frac{6}{7}\times$ क्रय मूल्य

$\therefore$ हानि = $1-\frac{6}{7}$ क्रय मूल्य $=\frac{1}{7}$ क्रय मूल्य, $\therefore$ % हानि $=\frac{1}{7}\times 100=14\frac{2}{7}\%$

10. B : क्रय मूल्य=1, लाभ= $\frac{1}{4}\times$ क्रय मूल्य $=\frac{1}{4}\times 1=\frac{1}{4}$, $\therefore$ %लाभ $=\frac{1}{4}\times 100=25\%$

11. B : हानि = $\frac{1}{3}\times$ विक्रय मूल्य

क्रय मूल्य = विक्रय मूल्य + हानि

= विक्रय मूल्य $+\frac{1}{3}$ विक्रय मूल्य $=\frac{4}{3}$ विक्रय मूल्य

या विक्रय मूल्य $=\frac{3}{4}\times$ क्रय मूल्य, $\therefore$ हानि = $\frac{1}{4}\times$ क्रय मूल्य

% हानि= $\frac{1}{4}\times 100=25\%$.

12. B : एक वस्तु का क्रय मूल्य = $\frac{7}{8}$ रु.

एक वस्तु का विक्रय मूल्य = $\frac{5}{6}$ रु.

हानि = क्रय मूल्य–विक्रय मूल्य = $\frac{7}{8}-\frac{5}{6}=\frac{1}{24}$

% हानि = $\frac{1}{24}\times\frac{8}{7}\times 100=\frac{100}{21}=4\frac{16}{21}\%$

13. C : माना 1 दर्जन संतरे 1 रु. के तीन की दर से तथा 1 दर्जन संतरे 1 रु. के 2 की दर से खरीदे गये–

पहले प्रकार के 1 दर्जन का क्रय मूल्य = 4 रु.

दूसरे प्रकार के 1 दर्जन का क्रय मूल्य = 6 रु.

2 दर्जन का क्रय मूल्य = 4 + 6 = 10 रु.

% लाभ = 20% $=10\times\frac{20}{100}=2$ रु.

$\therefore$ विक्रय मूल्य = क्रय मूल्य + लाभ = 10+2 = 12 रु.

2 दर्जन संतरों का विक्रय मूल्य = 12 रु.

$\because$ 1 दर्जन संतरों का विक्रय मूल्य = $\frac{12}{2}=6$ रु.

14 D : क्रय मूल्य = 9000 रु.,

लाभ = 9000 रु. का 15% $= 9000 \times \frac{15}{100} = 1350$ रु.

∴ विक्रय मूल्य = 9000 + 1350 = 10,350 रु.

15. B : क्रय मूल्य = 6.20 रु.,

हानि = 10% $= 6.20 \times \frac{10}{100} = 62$ पैसे

∴ विक्रय मूल्य = क्रय मूल्य – हानि = 6.20 – 0.62 = 5.58 रु.

16. A : विक्रय मूल्य = 585 रु., हानि = क्रय मूल्य $\times \frac{10}{100}$

क्रय मूल्य = $\frac{\text{विक्रय मूल्य} \times 100}{100 - \text{हानि\%}} = \frac{585 \times 100}{100 - 10} = \frac{585 \times 100}{90} = 650$ रु.

17. B : माना क्रय मूल्य = 100 रु., पहला विक्रय मूल्य = 120 रु.,

दूसरा विक्रय मूल्य = 125 रु., अन्तर = 125 – 120 = 5 रु.

यदि अन्तर 5 रु. है तो क्रय मूल्य = 100 रु.

यदि अन्तर 1 रु. है तो क्रय मूल्य = $\frac{100}{5}$

यदि अन्तर 35 रु. है तो क्रय मूल्य = $\frac{100 \times 35}{5} = 700$ रु.

18. D : विक्रय मूल्य = 31 रु., हानि = 7% , ∴ क्रय मूल्य $= \frac{31 \times 100}{93} = \frac{100}{3}$ रु.

दूसरा विक्रय मूल्य = 35 रु., लाभ = $35 - \frac{100}{3} = \frac{5}{3}$ रु.

लाभ % $= \frac{5}{3} \times \frac{3}{100} \times 100 = 5\%$.

19. B : माना, एक वस्तु का क्रय मूल्य = 1 रु.

∴ 12 वस्तुओं का क्रय मूल्य = 12 रु.

12 वस्तुओं का क्रय मूल्य = 9 वस्तुओं का विक्रय मूल्य = 12 रु.

∴ 1 वस्तु का विक्रय मूल्य $= \frac{12}{9}$

12 वस्तुओं का विक्रय मूल्य = $\frac{12 \times 12}{9} = 16$ रु.

लाभ = 16 – 12 = 4 रु., लाभ% $= \frac{4}{12} \times 100 = 33.3\%$

20. C : छूट से पहले विक्रय मूल्य = 150 रु.

छूट = $150 \times \frac{20}{100} = 30$ रु.

छूट के बाद विक्रय मूल्य = 150 – 30 = 120 रु.

7
ब्याज

ब्याज वह राशि है जो हमें दूसरों का धन प्रयोग करने के बदले में देनी पड़ती है। यदि यह वार्षिक देनी पड़े तो इसे दर प्रतिशत वार्षिक कहते हैं। इस प्रकार 6% वार्षिक का अर्थ है कि 100 रु. पर 1 वर्ष में 6 रु. ब्याज है। जो धन उधार लिया जाता है उसे मूलधन कहते हैं। मूलधन और ब्याज के योग को समस्त धन कहते हैं।

साधारण ब्याज के प्रश्नों के सूत्र :

$$\text{साधारण ब्याज} = \frac{\text{मूलधन} \times \text{दर \%} \ \text{समय (वर्षों में)}}{100}$$

समस्त धन = मूलधन + ब्याज

जब समय दर % और ब्याज दिए गए हों तो,

$$\text{मूलधन} = \frac{\text{ब्याज} \times 100}{\text{दर} \times \text{समय}}$$

जब मूलधन, ब्याज और समय दिया गया हो तो,

$$\text{दर} = \frac{\text{ब्याज} \times 100}{\text{मूलधन} \times \text{समय}}$$

जब मूलधन, ब्याज और दर दी गई हो तो, $\text{समय} = \frac{\text{ब्याज} \times 100}{\text{मूलधन} \times \text{दर}}$

उदाहरण 1. कोई धन दो वर्ष में 6000 रु. हो जाता है। यदि ब्याज 1000 रु. हो तो साधारण ब्याज की दर ज्ञात करो।

हल : समस्त धन = 6000 रु., ब्याज = 1000 रु.

मूलधन = 6000 – 1000 = 5000 रु.

समय = 2 वर्ष

$$\text{दर} = \frac{\text{ब्याज} \times 100}{\text{मूलधन} \times \text{समय}} = \frac{1000 \times 100}{5000 \times 2} = 10\%$$

$$\text{मूलधन} = \frac{\text{ब्याज} \times 100}{\text{समय} \times \text{दर}} = \frac{600 \times 100}{1 \times 12} = 5000 \text{रु.}$$

उदाहरण 2. किस राशि का साधारण ब्याज 1 वर्ष में 12% दर से 600 रु. हो जाएगा?

हल : ब्याज = 600 रु., दर = 12%, समय = 1 वर्ष

$$\text{मूलधन} = \frac{\text{ब्याज} \times 100}{\text{समय} \times \text{दर}} = \frac{600 \times 100}{1 \times 12} = 5000 \text{ रु.}$$

उदाहरण 3. कितने वर्षो में किसी राशि का साधारण ब्याज 10% दर से राशि के बराबर हो जाएगा ?

हल : माना मूलधन = x $\therefore$ ब्याज = x, दर = 10%

$$\text{समय} = \frac{\text{ब्याज} \times 100}{\text{मूलधन} \times \text{दर}} = \frac{x \times 100}{x \times 10} = 10 \text{ वर्ष}$$

उदाहरण 4. तीन वर्ष पहले कोई राशि साधारण ब्याज द्वारा 12% वार्षिक दर से बैंक में जमा कराई गई थी। अब बैंक ने उसका भुगतान 6800 रु. किया है। बताओ कितनी राशि जमा कराई गई थी ?

हल : 3 वर्ष का ब्याज = 3 × 12 = मूलधन का 36%

3 वर्ष बाद समस्त धन = 100 + 36 = मूलधन का 136% = 6800 रु.

$$\therefore \text{मूलधन} = \frac{6800 \times 100}{136} = 5000 \text{ रु.}$$

चक्रवृद्धि ब्याज से सम्बन्धित सूत्र :

$$\text{समस्त धन} = \text{मूलधन} \left(1 + \frac{\text{दर}}{100}\right)^{\text{समय}}$$

यदि चक्रवृद्धि ब्याज की दर प्रति वर्ष अलग–अलग हो तो

$$\text{समस्त धन} = \text{मूलधन} \left(1 + \frac{\text{दर}_1}{100}\right)\left(1 + \frac{\text{दर}_2}{100}\right)\left(1 + \frac{\text{दर}_3}{100}\right)$$

उदाहरण 5. 2000 रु. की राशि का 2 वर्ष में 10% दर से चक्रवृद्धि ब्याज ज्ञात करो।

हल :

$$\text{समस्त धन} = \text{मूलधन} \left(1 + \frac{\text{दर}}{100}\right)^2$$

$$= 2000 \left(1 + \frac{10}{100}\right)^2 = \frac{2000 \times 11}{10} \times \frac{11}{10} = 2420 \text{ रु.}$$

चक्रवृद्धि ब्याज = 2420−2000 = 420 रु.

उदाहरण 6. 4000 रु. का 1.5 वर्ष में 10% दर से चक्रवृद्धि ब्याज ज्ञात करो यदि ब्याज प्रति छमाही लगाया जाता है।

हल : (ऐसे प्रश्नों में समय को दुगना कर दो तथा दर को आधा कर दो)

$$\text{समस्त धन} = 4000\left(1+\frac{\text{दर}}{100}\right)^3$$

$$= 4000\times\frac{21}{20}\times\frac{21}{20}\times\frac{21}{20}$$

$$= 4630.50 \text{ रु.}$$

$$\text{चक्रवृद्धि ब्याज} = 4630.50 - 4000 = 630.50 \text{ रु.}$$

उदाहरण 7. कितने समय में 12000 रु. चक्रवृद्धि ब्याज द्वारा 5% दर से 13230 रु. ॅ जाएंगे?

हल : $$\text{समस्त धन} = \text{मूलधन}\left(1+\frac{\text{दर}}{100}\right)^n$$

$$\therefore \quad 13230 = 12000\left(1+\frac{5}{100}\right)^n \qquad \therefore \quad \left(1+\frac{5}{100}\right)^n = \frac{13230}{12000}$$

या $$\left(\frac{21}{20}\right)^n = \frac{441}{400} = \frac{21}{20}\times\frac{21}{20} = \left(\frac{21}{20}\right)^2 \quad \therefore n = 2 \text{ वर्ष}$$

जब ब्याज प्रति छमाही लगाया जाता हो तो दर को आधा कर दो तथा समय को दुगना कर दो। जब ब्याज प्रति तिमाही लगाया जाता हो तो दर को चौथाई कर दो तथा समय को चार गुणा कर दो।

प्रश्नमाला

1. 5000 रु. की राशि पर 10% वार्षिक दर से 5 वर्ष का ब्याज है :

A. 250 रु. B. 2000 रु.
C. 2500 रु. D. 2800 रु.

2. किस राशि का 6% वार्षिक दर से 10 वर्ष का साधारण ब्याज 120 रु. है?

A. 100 रु. B. 125 रु.
C. 150 रु. D. 200 रु.

3. कितने वर्षों में कोई राशि 10% वार्षिक दर से अपने से दुगनी हो जाएगी?

A. 4 वर्ष B. 5 वर्ष
C. 8 वर्ष D. 10 वर्ष

4. किस राशि का 5% दर से 5 वर्ष का साधारण ब्याज 80 रु. है?

A. 320 रु. B. 380 रु.
C. 420 रु. D. 500 रु.

5. यदि 5000 रु. पर 2 वर्ष का साधारण ब्याज 500 रु. है तो समस्त धन ज्ञात करो।

A. 4500 रु B. 5500 रु.
C. 5575 रु D. 6000 रु.

6. किसी राशि पर साधारण ब्याज 49 रु. है। यदि ब्याज की दर वर्षों की संख्या के बराबर है तो दर प्रतिशत है :

A. 10% B. 9%
C. 7% D. 6%

7. यदि ब्याज की दर 2 पैसे प्रति रुपया प्रतिमास हो तो 200 रु. का 1 वर्ष का ब्याज है :

A. 4 रु. B. 24 रु.
C. 48 रु. D. 50 रु.

8. 5 वर्ष बाद देय 440 रु. के ऋण को कितनी वार्षिक किस्त द्वारा चुकता किया जा सकता है यदि दर 5% वार्षिक है?

A. 80 रु. B. 90 रु.
C. 100 रु. D. 105 रु.

9. 2000 रु. का 3 वर्ष में 5% दर से चक्रवृद्धि ब्याज है :

A. 300 रु. B. 315.25 रु.
C. 325.50 रु. D. 333.75 रु.

10. 1000 रु. का 1 वर्ष में चक्रवृद्धि ब्याज 5% वार्षिक दर से कितना होगा यदि ब्याज प्रति छमाही लगाया जाता है?

A. 50.20 रु. B. 50.62 रु.
C. 50.82 रु. D. 55.62 रु.

11. 2500 रु. का 2 वर्ष में 4% वार्षिक दर से चक्रवृद्धि ब्याज और साधारण ब्याज में अन्तर है :

A. 2 रु. B. 3 रु.
C. 4 रु. D. 5 रु.

12. कौनसी राशि 5% दर से 2 वर्ष में चक्रवृद्धि ब्याज द्वारा 441 रु. हो जाएगी?

A. 200 रु. B. 250 रु.
C. 450 रु. D. 400 रु.

13. 1000 रु. की राशि के लिए उसी दर तथा उसी समय के लिए नीचे दी गई राशियों में से कौनसी सबसे अधिक होगी?

A. साधारण ब्याज B. चक्रवृद्धि ब्याज
C. शुद्ध मितिकाटा D. साहूकारी लाभ

14. किसी राशि का साधारण ब्याज और चक्रवृद्धि ब्याज समान होंगे यदि

A. दर समान हो
B. समय समान हो
C. ब्याज वार्षिक लगाया जाए और समय 1 वर्ष हो
D. इनमें से कोई नहीं

15. किसी बिल की राशि पर साधारण ब्याज उतने दिन का जितने दिन पहले यह भुनाया जाता है, निम्नलिखित कहा जाता है :

A. साधारण ब्याज
B. चक्रवृद्धि ब्याज
C. शुद्ध मितिकाटा
D. साहूकारी मितिकाटा

16. कोई राशि साधारण ब्याज से 15 वर्ष में दुगुनी हो जाती है तो यह तिगुनी कितने वर्ष में होगी?

A. 20 वर्ष B. 30 वर्ष
C. 35 वर्ष D. 40 वर्ष

17. 5 वर्ष में किसी राशि का साधारण ब्याज राशि का $\frac{1}{4}$ भाग हो जाता है तो वार्षिक ब्याज दर है :

A. 4% B. 5%
C. 6% D. 10%

व्याख्यात्मक उत्तर

1. C : साधारण ब्याज $= \dfrac{\text{धन} \times \text{समय} \times \text{दर}}{100} = \dfrac{5000 \times 5 \times 10}{100} = 2500$ रु.

2. D : मूलधन $= \dfrac{\text{ब्याज} \times 100}{\text{समय} \times \text{दर}} = \dfrac{120 \times 100}{6 \times 10} = 200$ रु.

3. D : माना मूलधन $= x$

समस्त धन $= 2x \therefore$ ब्याज $= 2x - x = x$

दर $= 10\%$, समय $= \dfrac{\text{ब्याज} \times 100}{\text{मू॰} \times \text{दर}} = \dfrac{x \times 100}{x \times 10} = 10$ वर्ष

4. A : मूलधन $= \dfrac{\text{ब्याज} \times 100}{\text{दर} \times \text{समय}} = \dfrac{80 \times 100}{5 \times 5} = 320$ रु.

5. B : समस्त धन = मूलधन + ब्याज = 5000 + 500 = 5500 रु.

6. C : माना मूलधन = 100 रु., समय = x वर्ष, दर = $x\%$

$\therefore$ ब्याज $= \dfrac{100 \times x \times x}{100} = x^2 = 49$ रु. $x = \sqrt{49} = 7 = 7\%$.

7. C : ब्याज की दर = 2 पैसे प्रति रुपया

= 2% प्रतिमास = 24% वार्षिक $\therefore$ ब्याज $= \dfrac{200 \times 24 \times 1}{100} = 48$ रु.

8. A.

9. B : समस्त धन $= 2000\left(1 + \dfrac{5}{100}\right)^3 = 2315.25$ रु.

चक्रवृद्धि ब्याज = समस्त धन – मूलधन = 2315.25 – 2000 = 315.25 रु.

10. B : जब ब्याज अर्द्धवार्षिक लगाया जाता है, तो समय को दुगुना तथा दर को आधा कर लिया जाता है।

$\therefore$ दर = 2.5%, $x = 2$ समस्त धन $= 1000\left(1 + \dfrac{2.5}{100}\right)^2 = 1050.62$ रु.

ब्याज = 1050.62 – 1000 = 50.62 रु.

11. C. **12. D.** **13. B.** **14. C.** **15. D.** **16. B.**

17. माना राशि $= x$, $\therefore$ ब्याज $= \dfrac{x}{4}$, समय = 5 वर्ष

दर $= \dfrac{\text{ब्याज} \times 100}{\text{मूलधन} \times \text{समय}} = \dfrac{\frac{x}{4} \times 100}{x \times 5} = 5\%$.

8

बट्टा

बट्टा (Discount) : यदि कोई दुकानदार या व्यापारी किसी वस्तु के लिखित मूल्य या सूची मूल्य पर कुछ छूट दे, तो उस छूट को ही बट्टा कहते हैं।

यह तीन प्रकार का होता है।

***(i)* नकद बट्टा (Cash Discount) :** यदि कोई दुकानदार या व्यापारी किसी ग्राहक को यह कहता है कि यदि वह वस्तु की कीमत का तत्काल भुगतान करे तो उसे कुछ छूट दी जाएगी। इस प्रकार की छूट को नकद बट्टा कहते हैं। भुगतान की अवधि बढ़ती जाती है तो बट्टे की दर घटती जाती है। भुगतान की अवधि तथा बट्टे की दर को निम्नलिखित तरीके से व्यक्त किया जाता है–

नकद– $10, \frac{5}{10}, \frac{2}{20}, \frac{n}{30}$

इसका अर्थ यह हुआ कि नकद भुगतान करने पर 10% की छूट, 10 दिन के अन्दर भुगतान करने पर 5% की छूट, 11वें दिन से 20 दिन के अन्दर भुगतान करने पर 2% की छूट तथा 21वें दिन से 30 दिनों के अन्दर भुगतान करने पर कोई छूट नहीं दी जाएगी।

***(ii)* व्यापारिक बट्टा (Trade Discount) :** वस्तुओं की बिक्री बढ़ाने के लिए कभी-कभी निर्माता या दुकानदार ग्रहकों को विशेष छूट देता है। इस प्रकार की छूट को व्यापारिक बट्टा कहा जाता है।

***(iii)* खुदरा या फुटकर बट्टा (Retail Discount) :** किसी कारणवश माल खराब हो जाने, पुराना पड़ जाने, ऋतु परिवर्तन होने के कारण व्यापारी या दुकानदार कुछ अतिरिक्त छूट या बट्टा देता है। इस तरह के बट्टा को खुदरा या फुटकर बट्टा कहा जाता है।

क्रमिक बट्टा या बट्टा श्रेणी (Successive Discount or Discount series) : बिक्री बढ़ाने के लिए निर्माता या दुकानदार कभी-कभी सूची मूल्य पर क्रमिक रूप से दो या अधिक बट्टे देता है, इसे ही क्रमिक बट्टा या बट्टा श्रेणी कहा जाता है। इसमें पहला बट्टा सूची मूल्य पर तथा अन्य बट्टा शेष राशि पर दिया जाता है।

प्रश्नमाला

1. एक पंखा का मूल्य 1600 रु. है तथा यह 20% बट्टे पर बेचा जा रहा है। कोई ग्राहक उसे कितने रुपये में खरीदेगा?

A. 1280 रु. B. 1200 रु.
C. 1260 रु. D. 1240 रु.

2. एक वातानुकूलित संयंत्र (A.C.) का अंकित मूल्य 60000 रु. है और यह 15% बट्टे पर उपलब्ध है। ऋतु परिवर्तन के कारण इसे 10% की अतिरिक्त छूट देकर बेचा जा रहा है। उसका विक्रय मूल्य क्या है?

A. 46200 रु. B. 45900 रु.
C. 48200 रु. D. 44800 रु.

3. एक रेडियो को एक फुटकर विक्रेता ने थोक विक्रेता से 20% बट्टा लेकर खरीदा। फुटकर विक्रेता उस रेडियो का मूल्य 200 रु. बढ़ा देता है तथा उस पर 10% छूट देकर बेचता है तथा उसे 148 रु. का लाभ होता है। थोक विक्रेता के लिए उसका अंकित मूल्य क्या था?

A. 500 रु. B. 600 रु.
C. 400 रु. D. 300 रु.

4. किसी वस्तु का अंकित मूल्य 1200 रु. है तथा इसे 10% बट्टे पर बेचा जा रहा है। उस वस्तु की बिक्री बढ़ाने के लिए उस पर अतिरिक्त बट्टा घोषित किया गया और तब वह अंततः 960 रु. में बिकी। वह अतिरिक्त बट्टा क्या था?

A. 8% B. 10%
C. $10\frac{1}{9}\%$ D. $11\frac{1}{9}\%$

5. एक कूलर का अंकित मूल्य 3200 रु. है तथा वह नकद 10, $\frac{5}{10}$, $\frac{3}{20}$, $\frac{n}{30}$ शर्तों पर खरीदा जा सकता है। यदि रुपयों का भुगतान 15वें दिन किया जाए तो कितने रुपये की छूट मिलेगी तथा वह कूलर कितने रुपये में बिकेगा?

A. 3000 रु. B. 3104 रु.
C. 3205 रु. D. 3108 रु.

6. एक दुकानदार अपने सामानो का अंकित मूल्य, क्रय मूल्य से 60% अधिक अंकित करता है। आधा सामान वह अंकित मूल्य पर ही बेचता है तथा एक-चौथाई सामान वह 10% बट्टे पर बेचता है। शेष सामान वह 10% तथा 8% के क्रमिक बट्टे पर बेचता है। ज्ञात करें कि उस दुकानदार को कितने प्रतिशत का लाभ या हानि हुई?

A. 49.12 हानि B. 49.12 लाभ
C. 149.12 लाभ D. 149.12 हानि

7. एक आलमारी का अंकित मूल्य 6000 रु. है तथा एक व्यक्ति उसे 20% और 10% के क्रमिक बट्टे पर खरीदता है। अपने क्रय मूल्य का 10% वह ढुलाई पर खर्च करता है। यदि वह कुल लागत पर 20% लाभ कमाना चाहे तो उसे कितने रुपये में उस आलमारी को बेचता चाहिए?

A. 5702.40 रु. B. 4800 रु.
C. 4752 रु. D. 4320 रु.

8. एक व्यापारी 72000 रु. का कपड़ा नकद 10, $\frac{5}{10}$, $\frac{3}{20}$, $\frac{n}{25}$ बट्टे की शर्तों पर खरीदता है। वह बिल का भुगतान 14वें दिन करता है। यदि वह सभी कपड़ों पर 20% लाभ कमाना चाहे तो उसे कपड़ों का अंकित मूल्य क्या निश्चित करता चाहिए कि वह 10% का बट्टा भी दे सके?

A. 83808 रु. B. 69840 रु.
C. 93210 रु. D. 93120 रु.

9. एक टेपरिकार्डर का अंकित मूल्य 36000 रु. है तथा वह 10%, 20%, 5% के क्रमिक बट्टे पर उपलब्ध है। एक ग्राहक उसे खरीदता है तथा 83.52 रु. ढुलाई पर तथा खरीद मूल्य का 2% खर्च कर वह एक बक्सा बनवाता है जिसमें उसे रखना है, लेकिन उसे उस टेपरिकार्डर को 10% हानि पर बेचना पड़ा। उसे कितने रुपये की हानि हुई?

A. 25200 रु. B. 1296 रु.
C. 2520 रु. D. 25920 रु.

10. एक व्यापारी अपनी वस्तुओं के मूल्य को इस प्रकार अंकित करता है कि नकद भुगतान करने वाले को 10% की छूट देने पर भी उसे 15% का लाभ मिलता है। यदि वह स्वयं वस्तुओं को 720 रु. में खरीदता हो, तो वस्तुओं का अंकित मूल्य क्या था?

A. 920 रु. B. 720 रु.
C. 1800 रु. D. 1840 रु.

11. निम्नलिखित में से कौन-सा बट्टा श्रेणी ग्राहक के लिए अधिक लाभदायक होगा?

A. 20%, 10%
B. 18%, 12%
C. दोनों एक समान लाभदायक है।
D. दोंनोंहानिकारक है।

12. एक टीवी का अंकित मूल्य 9600 रु. है। एक फुटकर विक्रेता उसे 25% तथा 15% के क्रमिक बट्टा पर खरीदता है। वह उस टीवी का कौन-सा मूल्य अंकित करे कि उस पर 10% की छूट देने के बाद भी उसे 20% का लाभ हो?

A. 7200 रु. B. 7344 रु.
C. 8160 रु. D. 6120 रु.

व्याख्यात्मक उत्तर

1. A: पंखा का सूची मूल्य = 1600 रु.

बट्टे की राशि = 1600 का $\frac{20}{100}$ = 320 रु.

∴ विक्रय मूल्य = 1600 − 320 = 1280 रु.

2. B: अंकित मूल्य = 60000 रु.

बट्टे की राशि = 60000 का $\frac{15}{100}$ = 9000 रु.

शेष राशि = 60000 − 9000 = 51000 रु.

अतिरिक्त बट्टा = 51000 का $\frac{10}{100}$ = 5100 रु.

अतः विक्रय मूल्य = 51000 − 5100 = 45900 रु.

3. C: माना कि अंकित मूल्य = x रु.

∴ फुटकर विक्रेता का दिया गया बट्टा = x का $\frac{20}{100} = \frac{x}{5}$ रु.

फुटकर विक्रेता के लिए खरीद मूल्य = $x - \frac{x}{5} = \frac{4x}{5}$ रु.

फुटकर विक्रेता द्वारा उस रेडियो का निर्धारित मूल्य = $\left(\frac{4x}{5} + 200\right)$ रु.

इस पर दी गई छूट की राशि = $\left(\frac{4x}{5}+200\right)$ का $\frac{10}{100}$ = $\left(\frac{2x}{25}+20\right)$ रु.

$\therefore$ विक्रय मूल्य = $\left(\frac{4x}{5}+200\right)-\left(\frac{2x}{25}+20\right)$ = $\left(\frac{18x}{25}+180\right)$ रु.

$\therefore$ लाभ = $\left(\frac{18x}{25}+180\right)-\frac{4x}{5}$ = $\left(\frac{-2x}{25}+180\right)$ रु.

$\therefore$ प्रश्नानुसार,

$$-\frac{2x}{25}+180 = 148$$

या, $$-\frac{2x}{25} = 148 - 180 = -32$$

$\therefore$ $$x = \frac{32\times 25}{2} = 400$$

$\therefore$ अभीष्ट अंकित मूल्य = 400 रु.

4. D : अंकित मूल्य = 1200 रु.

पहले बट्टे की राशि = 1200 का $\frac{10}{100}$ = 120 रु.

शेष राशि = 1200 − 120 = 1080 रु.

अतिरिक्त बट्टे की राशि = 1080 − 960 = 120 रु.

$\therefore$ अतिरिक्त बट्टा = $\frac{120}{1080}\times 100 = 11\frac{1}{9}\%$

5. B : चूँकि भुगतान 15वें दिन होता है, अतः बट्टा की शर्त $\frac{3}{20}$ लागू होगी।

अतः बट्टे(छूट) की राशि = 3200 का $\frac{3}{100}$ = 96 रु.

कूलर का विक्रय मूल्य = 3200 − 96 = 3104 रु.

6. B : माना कि सामानो का क्रय मूल्य = 100 रु.

अंकित मूल्य = 100 + 60 = 160 रु.

आधा सामान का विक्रय मूल्य = $\frac{1}{2}\times 160$ = 80 रु.

एक-चौथाई का अंकित मूल्य = $\frac{1}{4}\times 160$ = 40 रु.

इस पर बट्टे की राशि = 40 का $\frac{10}{100}$ = 4 रु.

इसका विक्रय मूल्य = 40 − 4 = 36 रु.

शेष सामान का अंकित मूल्य = 160 − (80 + 40) = 160 − 120 = 40 रु.

इस पर पहले बट्टे की राशि = 40 का $\frac{10}{100}$ = 4 रु.

शेष राशि = 40 − 4 = 36 रु.

दूसरे बट्टे की राशि = 36 का $\frac{8}{100}$ = 2.88 रु.

शेष सामान की देय राशि = 36 − 2.88 = 33.12 रु.

कुल विक्रय मूल्य = 80 + 36 + 33.12 = 149.12 रु.

∴ लाभ = 149.12 − 100 = 49.12 रु.

चूँकि क्रय मूल्य 100 है,

∴ लाभ = 49.12%

7. A: आलमारी का अंकित मूल्य = 6000 रु.

पहले बट्टे की राशि = 6000 का $\frac{20}{100}$ = 1200 रु.

शेष राशि = 6000 − 1200 = 4800 रु.

दूसरे बट्टे की राशि = 4800 का $\frac{10}{100}$ = 480 रु.

∴ आलमारी का खरीद मूल्य = 4800 − 480 = 4320 रु.

ढुलाई खर्च = 4320 का $\frac{10}{100}$ = 432 रु.

∴ आलमारी का कुल लागत मूल्य = 4320 + 432 = 4752 रु.

∴ आलमारी का अभीष्ट विक्रय मूल्य = $4752 \times \frac{(100+20)}{100}$

$= 4752 \times \frac{120}{100}$ = 5702.40 रु.

8. D: चूँकि व्यापारी बिल का भुगतान 14वें दिन करता है, अतः शर्त के अनुसार, उसे 3% की छूट मिलेगी।

∴ छूट या बट्टा की राशि = 72000 का $\frac{3}{100}$ = 2160 रु.

∴ कपड़े का खरीद मूल्य = 72000 − 2160 = 69840 रु.

$$\text{कपड़े का विक्रय मूल्य} = 69840 \times \frac{(100+20)}{100}$$

$$= 69840 \times \frac{120}{100} = 83808 \text{ रु.}$$

9. C: टेपरिकार्डर का अंकित मूल्य = 36000 रु.

$$\text{पहले बट्टे की राशि} = 36000 \text{ का } \frac{10}{100} = 3600 \text{ रु.}$$

शेष राशि = 36000 − 3600 = 32400 रु.

$$\text{दूसरे बट्टे की राशि} = 32400 \text{ का } \frac{20}{100} = 6480 \text{ रु.}$$

शेष राशि = 32400 − 6480 = 25920 रु.

$$\text{तीसरे बट्टे की राशि} = 25920 \text{ का } \frac{5}{100} = 1296 \text{ रु.}$$

∴ टेपरिकार्डर का खरीद मूल्य = 25920 − 1296 = 24624 रु.

$$\text{बक्सा बनवाने में हुआ खर्च} = 24624 \text{ का } \frac{2}{100} = 492.48 \text{ रु.}$$

कुल लागत = 24624 + 83.52 + 492.48 = 25200 रु.

$$\text{हानि की राशि} = 25200 \text{ का } \frac{10}{100} = 2520 \text{ रु.}$$

10. A: माना कि अंकित मूल्य = 100 रु.

$$\therefore \quad \text{छूट की राशि} = 100 \text{ का } \frac{10}{100} = 10 \text{ रु.}$$

∴ विक्रय मूल्य = 100 − 10 = 90 रु.

$$\therefore \quad \text{क्रय मूल्य} = 90 \times \frac{100}{(100+15)} = 90 \times \frac{100}{115} = \frac{1800}{23} \text{ रु.}$$

$$\because \text{ क्रय मूल्य } \frac{1800}{23} \text{ तब } \underline{\text{अंकित मूल्य} = 100 \text{ रु.}}$$

$$\therefore \quad \text{क्रय मूल्य 1 तब अंकित मूल्य} = \frac{100}{1800} \times 23$$

$$\therefore \quad \text{क्रय मूल्य 720 तब अंकित मूल्य} = \frac{100}{1800} \times 23 \times 720 = 920 \text{ रु.}$$

11. A: (*i*) पहला बट्टा श्रेणी के लिए

माना कि अंकित मूल्य = 100 रु.

$\therefore$ पहले बट्टे की राशि = 100 का $\frac{20}{100}$ = 20 रु.

शेष राशि = 100 – 20 = 80 रु.

दूसरे बट्टे की राशि = 80 का $\frac{10}{100}$ = 8 रु.

$\therefore$ देय राशि = 80 – 8 = 72 रु.

(*ii*) दूसरा बट्टा-श्रेणी के लिए भी अंकित मूल्य = 100 रु.

पहले बट्टे की राशि = 100 का $\frac{18}{100}$ = 18 रु.

शेष राशि = 100 – 18 = 82 रु.

दूसरे बट्टे की राशि = 82 का $\frac{12}{100}$ = 9.84 रु.

देय राशि = 82 – 9.84 = 72.16 रु.

चूँकि पहला बट्टा-श्रेणी के कारण 100 रु. की वस्तु 72 रु. में तथा दूसरा बट्टा-श्रेणी के कारण 100 रु. की वस्तु 72.16 रु. में मिलेगी। अतः पहला बट्टा श्रेणी ग्रहक के लिए अधिक लाभदायक है।

12. C: टीवी का अंकित मूल्य = 9600 रु.

$\therefore$ पहले बट्टे की राशि का = 9600 का $\frac{25}{100}$ = 2400 रु.

शेष राशि = 9600 – 2400 = 7200 रु.

दूसरे बट्टे की राशि का = 7200 का $\frac{15}{100}$ = 1080 रु.

$\therefore$ टीवी का विक्रय मूल्य = 7200 – 1080 = 6120 रु.

= फुटकर विक्रेता का क्रय मूल्य

अब फुटकर विक्रेता का विक्रय मूल्य = $6120 \times \frac{(100+20)}{100}$

= $6120 \times \frac{120}{100}$ = 7344 रु.

प्रश्नानुसार,

अंकित मूल्य का (100 – 10)% = 7344

या, अंकित मूल्य = $\frac{7344 \times 100}{90}$ = 8160 रु.

$\therefore$ अभीष्ट उत्तर = 8160 रु.

9
समय, काम और मजदूरी

समय और काम से सम्बन्धित समस्याओं को हल करते समय नीचे लिखी बातों पर ध्यान देना चाहिए :

(1) एक आदमी एक काम को 5 दिन में कर सकता है। इसका अर्थ है कि यह दिन में $\frac{1}{5}$ भाग काम कर सकता है।

(2) यदि किसी काम को करते समय आदमियों की संख्या किसी अनुपात में बढ़ाई जाए तो काम में लगा समय उसी अनुपात में कम हो जाता है।

इस प्रकार यदि आदमियों की संख्या 3 : 5 में बदली जाती है तो काम का समय 5 : 3 के अनुपात में बदलता है।

(3) यदि A, B से दुगुना काम करता है तो A, B से आधा समय उस काम को करने में लगाएगा।

(4) मजदूरी से सम्बन्धित समस्याएँ हल करते समय यह बात ध्यान में रख़नी चाहिए कि धन हमेशा प्रत्येक पुरुष द्वारा किए गए कार्य के अनुपात में बांटा जाता है।

समय और काम से सम्बन्धित समस्याएँ हल करते समय यह समझा जाता है कि आदमी समान गति से कार्य करता है जब तक समस्या में इसका विवरण न दिया गया हो।

उदाहरण : A एक काम को 4 दिन में तथा B उसे 6 दिन में कर सकता है। A और B मिलकर उसे कितने दिनों में करेंगे?

हल : A का 1 दिन का काम $=\frac{1}{4}$

B का 1 दिन का काम $=\frac{1}{6}$

A + B का 1 दिन का काम $=\frac{1}{4}+\frac{1}{6}=\frac{5}{12}$

$\therefore$ A + B उस काम को पूरा करेंगे $=\frac{12}{5}=2.4$ दिन में।

प्रश्नमाला

1. A एक काम को 6 दिन में तथा B उसे 10 दिन में कर सकता है। A तथा B मिलकर उसे पूरा करेंगे :

A. 10 दिन से कम तथा 6 दिन से अधिक दिनों में

B. 10 दिन से अधिक दिनों में

C. 6 दिन से कम दिनों में

D. 2 दिन में

2. A एक मेज को 3 दिन में तथा उसका मित्र उसे 6 दिन में बना सकता है। A और उसका मित्र मिलकर उसे पूरा बनाएंगे :

A. 3 दिन में B. 2 दिन में

C. 1 दिन में D. $\frac{1}{2}$ दिन में

3. X और Y मिलकर किसी कार्य को 10 दिन में कर सकते हैं। X अकेला उसे 15 दिन में कर सकता है तो Y उसे कितने दिन में करेगा ?

A. 15 दिन B. 20 दिन

C. 25 दिन D. 30 दिन

4. अमित आधे काम को 8 दिन में कर सकता है जबकि असलम $\frac{1}{3}$ काम को 8 दिन में कर सकता है। दोनों मिलकर उसे कितने दिन में पूरा कर सकेंगे?

A. 9.6 दिन B. 10.5 दिन

C. 11.2 दिन D. 16.0 दिन

5. X, Y, Z मिलकर एक कार्य 8 दिन में कर सकते हैं। जबकि X और Z मिलकर उसे 12 दिन में कर सकते हैं। Y उस काम को अकेला करेगा :

A. 16 दिन में B. 20 दिन में

C. 24 दिन में D. 28 दिन में

6. 24 आदमी एक मशीन को 12 दिन में तैयार करते हैं तो 36 आदमी उसे कितने दिनों में तैयार करेंगे?

A. 8 दिन B. 12 दिन

C. 16 दिन D. 20 दिन

7. X, Y और Z किसी काम को क्रमशः 8, 10 और 8 दिन में कर सकते हैं। तीनों मिलकर उस कार्य को कितने दिन में कर सकेंगे?

A. $2\frac{1}{7}$ दिन B. $2\frac{3}{7}$ दिन

C. $2\frac{5}{7}$ दिन D. $2\frac{6}{7}$ दिन

8. यदि m आदमी $\frac{1}{n}$ काम को p दिन में कर सकते हैं तो q दिन में पूरे काम को कितने आदमी करेंगे?

A. $\frac{mn}{pq}$ B. $mn\,q/p$

C. $mn\,p/q$ D. mp/nq

9. ऊपर के आठवें प्रश्न में यदि $m = 15$, $n = 4, p = 12.5$ और $q = 20$ हो तो उस काम को पूरा करने के लिए आदमियों की संख्या कितनी चाहिए ?

A. 38 B. 34

C. 30 D. 26

10. एक काम को 6 आदमी **और** 5 **औरतें**

6 दिन में कर सकते है। 3 आदमी और 4 औरतें उसे 10 दिन में कर सकते हैं। 9 आदमी और 15 औरतें उसे कितने दिनों में करेंगे?

A. 1 दिन B. 2 दिन
C. 3 दिन D. 4 दिन

11. X और Y किसी कार्य को 4200 रु. में करने का ठेका लेते हैं। X अकेला उस काम को 3 सप्ताह में कर सकता है तथा Y उसे अकेला 4 सप्ताह में कर सकता है। यदि दोनों मिलकर कार्य करते हैं तो X और Y धन को किस अनुपात में बाँटेंगे?

A. 3 : 4 B. 4 : 3
C. 1 : 1 D. 2 : 3

12. X और Y ने मिलकर किसी कार्य को करके 300 रु. प्राप्त किए। यदि X अकेला उस काम को 2 सप्ताह में तथा Y अकेला उसे 3 सप्ताह में करता है तो धन को वे किस प्रकार बाँटेंगे।

A. X = 180 रु., Y = 120 रु.
B. X = 120 रु., Y = 180 रु.
C. X = 150 रु., Y = 150 रु.
D. X = 200 रु., Y = 100 रु.

13. A, B और C मिलकर कोई काम करके 195 रु. कमाते हैं। यदि A, B और C के काम का अनुपात 4 : 6 : 3 है तो C को कितना धन मिला :

A. 90 रु. B. 60 रु.
C. 45 रु. D. 30 रु.

14. X किसी काम को करने में Y और Z के इकट्ठे काम करने से दुगुना समय लेता है तथा Z उसे करने में X और Y के इकट्ठे काम करने से तीन गुना समय लेता है। यदि X, Y और Z मिलकर इस कार्य को 6 दिन में करें तो X अकेला उसे कितने दिन में करेगा?

A. 16 दिन B. 18 दिन
C. 24 दिन D. 28 दिन

15. ऊपर के प्रश्न में Z अकेला उस कार्य को कितने दिन में करेगा?

A. 16 दिन B. 18 दिन
C. 20 दिन D. 24 दिन

व्याख्यात्मक उत्तर

1. C : A का 1 दिन का काम = $\frac{1}{6}$

B का 1 दिन का काम = $\frac{1}{10}$

(A + B) का 1 दिन का काम = $\frac{1}{6}+\frac{1}{10}=\frac{8}{30}$

$\therefore$ A + B मिलकर उसे $\frac{30}{8}$ दिन में करेंगे $=3\frac{6}{8}$ दिन $=3\frac{3}{4}$ दिन

जोकि 6 दिन से कम है।

B : A तथा उसके मित्र द्वारा 1 दिन में किया गया कार्य = $\frac{1}{3}+\frac{1}{6}=\frac{3}{6}$

$\therefore$ दोनों मिलकर उसे पूरा करेंगे = $\frac{3}{6} = 2$ दिन में

3. D : X और Y का दिन का काम = $\frac{1}{10}$

अकेले X का 1 दिन का काम = $\frac{1}{15}$

अकेले Y का 1 दिन का काम $= \frac{1}{10} - \frac{1}{15} = \frac{1}{30}$

$\therefore$ Y अकेला उस काम को 30 दिन में करेगा।

4. A : अमित पूरे काम को कर सकता है = 8 × 2 = 16 दिन में

$\therefore$ अमित का 1 दिन का काम $= \frac{1}{16}$

असलम अकेला काम को कर सकता है = 8 × 3 = 24 दिन में

$\therefore$ असलम का 1 दिन का काम $= \frac{1}{24}$

अमित तथा असलम का 1 दिन का काम $= \frac{1}{16} + \frac{1}{24} = \frac{5}{48}$

$\therefore$ अमित तथा असलम पूरा काम करेंगे $= \frac{48}{5} = 9.6$ दिन में।

5. C : X + Y + Z का 1 दिन का काम $= \frac{1}{8}$

X + Z का 1 दिन का काम $= \frac{1}{12}$

$\therefore$ Y का 1 दिन का काम $= \frac{1}{8} - \frac{1}{12} = \frac{1}{24}$

$\therefore$ Y अकेला उस काम को पूरा करेगा = 24 दिन में।

6. A : $\because$ 24 व्यक्ति मशीन को बनाते हैं = 12 दिन में

$\therefore$ 1 व्यक्ति मशीन को बनाता है = 24 × 12 दिन में

$\therefore$ 36 व्यक्ति मशीन को बनाते हैं $= \frac{24 \times 12}{36} = 8$ दिन में।

7. D : X + Y + Z का 1 दिन का काम $= \frac{1}{8} + \frac{1}{10} + \frac{1}{8} = \frac{7}{20}$

$\therefore$ X + Y + Z उसे पूरा करेंगे $= \frac{20}{7}$ दिन $= 2\frac{6}{7}$ दिन में

8. C : m आदमी $\frac{1}{n}$ काम को पूरा करते हैं $= p$ दिन में

$\therefore$ काम को 1 दिन में पूरा करते हैं $= mnp$ आदमी

$\therefore$ सारे काम को q दिन में पूरा करते हैं $= \frac{mnp}{q}$ आदमी।

9. A : $\frac{mnp}{q} = \frac{15 \times 4 \times 12.5}{20} = 37.5 = 38$ आदमी।

10. A.

11. B : X और Y की काम करने की क्षमता का अनुपात = 4 : 3

$\therefore$ धन का बंटवारा जिस अनुपात में होगा = 4 : 3.

12. A : X और Y की काम करने की क्षमता का अनुपात = 3 : 2

X का भाग $= \frac{3}{5} \times 300 = 180$ रु.

Y का भाग $= \frac{2}{5} \times 300 = 120$ रु.

13. C : C द्वारा प्राप्त धन $= \frac{3}{13} \times 195 = 45$ रु.

14. B : X के एक दिन के कार्य का दुगुना = (Y + Z) का 1 दिन का काम

X का 1 दिन का काम दोनों ओर जोड़ने पर

X का 3 दिन का काम = (X + Y + Z) का 1 दिन का काम $= \frac{1}{6}$

$\therefore$ X का एक दिन का काम $= \frac{1}{6} \times \frac{1}{3} = \frac{1}{18}$

$\therefore$ X अकेला उस काम को करेगा = 18 दिन में

15. Z का 3 दिन का काम = (X + Y) का दिन का काम

Z का 1 दिन का काम दोनों ओर जोड़ने पर

Z का 4 दिन का काम = (X + Y + Z) का 1 दिन का काम $= \frac{1}{6}$

$\because$ Z का 1 दिन का काम $= \frac{1}{6} \times \frac{1}{4} = \frac{1}{24}$

$\therefore$ Z अकेला उसे पूरा करेगा = 24 दिन में।

10
चाल, समय और दूरी

महत्त्वपूर्ण सूत्र :

दूरी = चाल × समय

चाल = $\frac{\text{दूरी}}{\text{समय}}$

समय = $\frac{\text{दूरी}}{\text{चाल}}$

प्रश्नमाला

1. एक गतिमान कार की चाल 36 किमी. प्रति घंटा है। इसकी चाल मी./से. में है :

A. 10 मी./से. B. 15 मी./से.

C. 20 मी./से. D. 25 मी./से.

2. दो रेलगाड़ियां एक ही समय दो स्टेशनों X तथा Y से, जिनके मध्य 900 किमी. की दूरी है, एक-दूसरे की ओर चलना शुरू करती हैं। यदि उनकी औसत चाल क्रमशः 38 तथा 22 किमी./घं. हो तो वे एक-दूसरे को कितने समय बाद मिलेंगी?

A. 12 घंटे B. 13 घंटे

C. 14 घंटे D. 15 घंटे

3. एक स्कूटर सवार अपनी यात्रा 10 घंटे में पूरी करता है। वह आधी दूरी 21 किमी/घं. तथा शेष आधी 24 किमी./घं. की चाल से तय करता है। उसके द्वारा तय की गई दूरी है :

A. 256 किमी. B. 224 किमी.

C. 204 किमी. D. 192 किमी.

4. 100 मी. लम्बी एक रेलगाड़ी 60 किमी. प्रति घंटा की चाल से जा रही है। इसे एक तार चौकी को पार करने में समय लगेगा

A. 4 सेकण्ड B. 5 सेकण्ड

C. 6 सेकण्ड D. 8 सेकण्ड

5. 150 मी. लम्बी एक रेलगाड़ी 90 किमी. प्रति घंटा की चाल से जा रही है। इसे एक पेड़ को पार करने में समय लगेगा :

A. 3 सेकण्ड B. 4 सेकण्ड

C. 6 सेकण्ड D. 8 सेकण्ड

6. 100 मी. लम्बी एक रेलगाड़ी 65 किमी. प्रति घंटा की चाल से जा रही है। यह एक व्यक्ति को जो 5 किमी./घंटा की चाल से रेलगाड़ी की दिशा में जा रहा है, कितने समय

में पार करेगी?

A. 8 सेकण्ड B. 6 सेकण्ड

C. 4 सेकण्ड D. 2 सेकण्ड

7. 100 मी. लम्बी एक रेलगाड़ी 55 किमी. प्रति घं. की चाल से जा रही है। यह विपरीत दिशा से आ रहे व्यक्ति को जिसकी चाल 5 किमी./घं. है, कितनी देर में पार कर लेगी?

A. 10 सेकण्ड B. 8 सेकण्ड

C. 6 सेकण्ड D. 4 सेकण्ड

8. दो व्यक्ति एक स्थान से विपरीत दिशा में चलना शुरू करते हैं। यदि उनकी चाल क्रमशः 5 किमी. तथा 4 किमी./घं. हो तो 3 घंटे बाद उनके बीच की दूरी होगी :

A. 12 किमी. B. 15 किमी.

C. 27 किमी. D. 30 किमी.

9. एक व्यक्ति किसी स्थान P से 6 बजे यात्रा प्रारम्भ करता है और स्थान Q की ओर 3 किमी. घं. की चाल से पैदल जाता है। दूसरा व्यक्ति उसी स्थान P से 8 बजे साइकिल द्वारा 6 किमी./घं. की चाल से उसका पीछा करता है और दोनों एक ही समय Q पर पहुंचते हैं। P तथा Q के मध्य दूरी है :

A. 12 किमी. B. 10 किमी.

C. 8 किमी. D. 6 किमी.

10. एक व्यक्ति x किमी./घं. बहाव के विपरीत दिशा में तथा y किमी./घं. बहाव की दिशा में नाव चलाता है। स्थिर पानी में नाव की चाल है :

A. $x+y$ B. $x-y$

C. $\frac{x-y}{2}$ D. $\frac{x+y}{2}$

11. प्रश्न 10 में नदी के बहाव की चाल है:

A. $x+y$ B. $x-y$

C. $y-x$ D. $\frac{y-x}{2}$

12. एक व्यक्ति नदी के बहाव की दिशा में 6 किमी. घं. तथा विपरीत दिशा में 3 किमी. प्रति/घं. की चाल से नाव चलाता है। स्थिर पानी में नाव की चाल है :

A. 9 किमी./घं. B. 4.5 किमी./घं.

C. 1.5 किमी./घं. D. 1.0 किमी./घं.

13. प्रश्न 12 में, नदी के बहाव की चाल है:

A. 1.5 किमी./घं. B. 2.5 किमी./घं.

C. 4.5 किमी./घं. D. 18.0 किमी./घं.

14. एक व्यक्ति स्थिर पानी में 9 किमी./घं. की चाल से नाव चलाता है। यह 7 किमी./घं. की चाल से बह रही नदी के विपरीत दिशा में किस चाल से नाव चला सकता है?

A. 8 किमी./घं. B. 7 किमी./घं.

C. 2 किमी./घं. D. –2 किमी./घं.

15. एक किलोमीटर की दूरी तय करने में A को m मिनट तथा B को n मिनट लगते हैं। एक घंटे में A तथा B द्वारा तय की गई दूरी में अन्तर है :

A. $m-n$ B. $60m-60n$

C. $\frac{60}{m}-\frac{60}{n}$ D. $\frac{60}{mn}$

व्याख्यात्मक उत्तर

1. A : चाल $= \frac{36 \text{ किमी.}}{\text{घंटा}} = \frac{36000 \text{ मी.}}{3600 \text{ से.}} = 10$ मी./से.

2. D : दो रेलगाड़ियों द्वारा 1 घंटे में तय की गई दूरी = 38 + 22 = 60 किमी.

कुल दूरी $= 900$ किमी.

समय $= \frac{900}{60} = 15$ घंटे।

3. D : माना दूरी $= x$ किमी.

21 किमी./घं. की चाल से $\frac{x}{2}$ किमी. दूरी तय करने में लगा समय

$$= \frac{1}{21} \times \frac{x}{2} = \frac{x}{42} \text{ घंटे}$$

24 किमी./घं. की चाल से $\frac{x}{2}$ किमी. दूरी तय करने में लगा समय

$$= \frac{x}{2} \times \frac{1}{24} = \frac{x}{48} \text{ घंटे}$$

$$\therefore \quad \frac{x}{42} \times \frac{x}{48} = 10$$

$$\frac{8x + 7x}{336} = 10 \Rightarrow 15x = 3360 \Rightarrow x = 224 \text{ किमी.}$$

4. C : दूरी $= 100$ मी.

$$\text{चाल} = \frac{60 \text{ किमी.}}{\text{घंटा}} = \frac{60000 \text{ किमी.}}{3600 \text{ से.}} = \frac{50}{3} \text{ मी./से.}$$

$$\text{समय} = \frac{\text{दूरी}}{\text{चाल}} = \frac{100}{50/3} = \frac{100 \times 3}{50} = 6 \text{ से.}$$

5. C : चाल $= \frac{90 \text{ किमी.}}{\text{घंटा}} = \frac{90000 \text{ मी.}}{3600 \text{ से.}} = 25$ मी./से.

दूरी $= 150$ मी.

समय $= \frac{\text{दूरी}}{\text{चाल}} = \frac{150}{25} = 6$ से.

6. B : वास्तविक चाल = रेलगाड़ी की चाल – व्यक्ति की चाल $= 65 - 5 = 60$ किमी./घं.

चाल $= \frac{60 \text{ किमी.}}{\text{घंटा}} = \frac{60000 \text{ मी.}}{3600 \text{ से.}} = \frac{50}{3}$ मी./से.

समय $= \frac{\text{दूरी}}{\text{चाल}} = \frac{100}{50/3} = \frac{100 \times 3}{50} = 6$ से.

7. B : वास्तविक चाल = रेलगाड़ी की चाल + व्यक्ति की चाल $= 55 + 5 = 60$ किमी./घं.। उत्तर का शेष भाग प्रश्न 6 का उत्तर देखें।

8. B : क्योंकि दोनों व्यक्ति एक ही स्थान से विपरीत दिशाओं में चलते हैं।
अतः 1 घंटे बाद दोनों के मध्य दूरी = 5 + 4 = 9 किमी.
3 घंटे बाद दोनों के मध्य दूरी = 9 × 3 = 27 किमी.

9. A : माना P से Q की दूरी = x किमी.

पहले व्यक्ति की चाल = 3 किमी./घं.; समय = $\frac{x}{3}$ घंटे

दूसरे व्यक्ति की चाल = 6 किमी./घं.; समय = $\frac{x}{6}$ घंटे

समस्या के अनुसार; $\frac{x}{3} - \frac{x}{6} = 2$ घंटे; या $\frac{2x - x}{6} = 2$

$x = 6 \times 2 = 12$ अतः P से Q की दूरी = 12 किमी.

10. D : स्थिर पानी में चाल $= \frac{x + y}{2}$.

11. D : नदी के बहाव की चाल $= \frac{y - x}{2}$.

12. B : स्थिर पानी में चाल $= \frac{6 + 3}{2} = \frac{9}{2} = 4.5$ किमी./घं.

13. A : नदी के बहाव की चाल $= \frac{6 - 3}{2} = \frac{3}{2} = 1.5$ किमी /घं.

14. C : बहाव के विपरीत नाव की चाल
= स्थिर पानी में नाव की चाल – बहाव की चाल
= 9 – 7 = 2 किमी./घं.

15. V : A द्वारा 1 घंटे में तय की गई दूरी $= \frac{60}{m}$ किमी.

B द्वारा 1 घंटे में तय की गई दूरी $= \frac{60}{n}$ किमी.

1 घंटे में A तथा B द्वारा तय की गई दूरी में अन्तर $= \frac{60}{m} - \frac{60}{n}$.

11
औसत

प्रश्नमाला

1. 5 विद्यार्थियों की ऊंचाइयां (सेमी. में) 140, 135, 142, 138 व 140 है। उनकी औसत ऊंचाई है :

A. 136 B. 138
C. 139 D. 140

2. 10 विद्यार्थियों द्वारा प्राप्तांक 22, 35, 37, 38, 29, 27, 34, 36, 28 और 34 हैं। उनके औसत अंक हैं :

A. 30 B. 31
C. 32 D. 34

3. कक्षा प्रथम से कक्षा पंचम तक की औसत 29 है। कक्षा प्रथम से कक्षा तृतीय तक की औसत 31 है। कक्षा तृतीय तथा कक्षा चतुर्थ की औसत है :

A. 25 B. 26
C. 27 D. 28

4. 13 लड़कों के एक समूह की औसत आयु 13 वर्ष है। यदि समूह में 2 नये लड़के सम्मिलित होते हैं तो समूह की औसत आयु 2 वर्ष बढ़ जाती है। दोनों नये लड़कों की आयु का योग है :

A. 50 वर्ष B. 30 वर्ष
C. 56 वर्ष D. 26 वर्ष

5. एक लड़का जिसकी ऊंचाई 165 सेमी. है, के स्थान पर नया लड़का आ जाने से 34 लड़कों के एक समूह की औसत ऊंचाई 1 सेमी. कम हो जाती है। नये लड़के की ऊंचाई है :

A. 132 सेमी. B. 129 सेमी.
C. 130 सेमी. D. 131 सेमी.

6. 2 से प्रारम्भ करके पांच लगातार सम संख्याओं की औसत है :

A. 4 B. 6
C. 7 D. 5

7. 4, 5, 3.5, 7.5, 9.5 और 6.5 की औसत है :

A. 6.0 B. 5.2
C. 5.5 D. 5.0

8. 8 संख्याओं की औसत 12 है। यदि प्रत्येक संख्या में 2 जोड़ दिए जाएं तो संख्याओं के नये समुच्चय की औसत होगी:

A. 14 B. 12
C. 15 D. 13

9. 5 गेंदों का भार (ग्राम में) क्रमशः 50, 54, 53, 56 और 52 है। उनका औसत भार है:

A. 53 B. 54
C. 52 D. 51

10. एक रस्सी के 5 टुकड़ों की लम्बाइयां (सेमी. मे) 5, 5.2, 6.3, 7.2 और 6.3 हैं। टुकड़े की औसत लम्बाई है :

A. 5.8 B. 6.0
C. 6.1 D. 6.2

व्याख्यात्मक उत्तर

1. A : औसत ऊंचाई $= \frac{140+135+142+138+140}{5} = \frac{695}{5} = 139$.

2. A : औसत अंक $= \frac{22+35+37+38+29+27+34+36+28+34}{10}$

$= \frac{320}{10} = 32$.

3. B : कक्षा प्रथम से कक्षा पंचम तक कुल छात्र = 29 × 5 = 145
कक्षा प्रथम से कक्षा तृतीय तक कुल छात्र = 31 × 3 = 93
कक्षा चतुर्थ तथा कक्षा पंचम में कुल छात्र = 145 – 93 = 52

कक्षा चतुर्थ तथा कक्षा पंचम में औसत छात्र $= \frac{52}{2} = 26$.

4. C : 13 छात्रों की कुल आयु = 13 × 13 = 169 वर्ष
15 छात्रों की कुल आयु = 15 × (13 + 2) = 15 × 15 = 225 वर्ष
2 नए छात्रों की कुल आयु = 225 – 169 = 56 वर्ष

5. D : 34 लड़कों की ऊंचाई में औसत कमी = 1 सेमी.
34 लड़कों की ऊंचाई में कुल कमी = 34 सेमी.
∴ नये लड़के की ऊंचाई = 165–34 = 131 सेमी.

6. B : 2 से प्रारम्भ करके 5 लगातार सम संख्याओं का योग
= 2 + 4 + 6 + 8 + 10 = 30.

7. B : औसत $= \frac{30}{5} = 6$.

8. A : नई औसत = 12 + 2 = 14-

9. A : औसत भार $= \frac{50+54+53+56+52}{5} = \frac{265}{5} = 53$.

10. B : औसत लम्बाई $= \frac{5+5.2+6.3+7.2+6.3}{5} = \frac{30.0}{5} = 6.0$.

12
साझेदारी

प्रश्नमाला

1. X, Y तथा Z ने साझे में व्यापार शुरू किया। X ने 6000 रु. 2 मास के लिए, Y ने 7000 रु. 4 मास के लिए तथा Z ने 6400 रु. 5 मास के लिए लगाए। 900 रु. के लाभ में X का भाग है :

A. 400 रु. B. 350 रु.
C. 150 रु. D. 110 रु.

2. X, Y तथा Z ने व्यापार में क्रमशः 2400 रु., 3600 रु. और 4800 रु. लगाए। 1260 रु. के लाभ में X का भाग है :

A. 280 रु. B. 420 रु.
C. 560 रु. D. 140 रु.

3. A, B तथा C ने साझे में व्यापार शुरू किया। A ने 5000 रु. 2 मास के लिए, B ने 6000 रु. 3 मास के लिए तथा C ने 4000 रु. 5 मास के लिए लगाए। 960 रु. के लाभ में A का भाग है :

A. 360 रु. B. 200 रु.
C. 400 रु. D. 300 रु.

4. A, B तथा C ने साझे में व्यापार शुरू किया। A ने 10000 रु. 3 मास के लिए, B ने 15000 रु. 4 मास के लिए तथा C ने 12000 रु. 5 मास के लिए लगाए। 1020 रु. के लाभ में A का भाग है :

A. 204 रु. B. 408 रु.
C. 612 रु. D. 816 रु.

5. X, Y तथा Z ने साझे में व्यापार प्रारम्भ किया। X ने 4000 रु. 2 मास के लिए, Y ने 2500 रु. 4 मास के लिए तथा Z ने 3000 रु. 6 मास के लिए लगाए। 1800 रु. के लाभ में X का भाग है :

A. 400 रु. B. 500 रु.
C. 800 रु. D. 900 रु.

6. X, Y तथा Z ने साझा व्यापार में क्रमशः 4800 रु., 7200 रु. तथा 9600 रु. लगाए। 2520 रु. के लाभ में Z का भाग है :

A. 280 रु. B. 560 रु.
C. 840 रु. D. 1120 रु.

7. A, B तथा C ने साझा व्यापार में क्रमशः 600 रु., 900 रु. और 1200 रु. लगाए। 549 रु. के लाभ में A का भाग है :

A. 61 रु. B. 122 रु.
C. 183 रु. D. 244 रु.

8. A, B तथा C ने साझे में व्यापार प्रारम्भ किया। A ने 2000 रु. 5 मास के लिए, B ने 1200 रु. 6 मास के लिए तथा 8C ने 2500 रु. 3 मास के लिए लगाए। उन्हें कुल 494 रु. का लाभ प्राप्त हुआ। लाभ में A का भाग है :

A. 144 रु. B. 200 रु.
C. 300 रु. D. 400 रु.

9. X, Y तथा Z ने साझे में व्यापार प्रारम्भ किया और उन्होंने क्रमशः 10000 रु., 7200 रु. और 7500 रु. की पूँजी लगाई। 988 रु. के लाभ में X का भाग है :

A. 400 रु. B. 288 रु.
C. 300 रु. D. 247 रु.

10. A, B तथा C ने साझे में व्यापार प्रारम्भ किया और उन्होंने क्रमशः 1200 रु., 1800 रु. और 2400 रु. की पूँजी लगाई। 1098 रु. के लाभ में A का भाग है :

A. 244 रु. B. 586 रु.
C. 488 रु. D. 366 रु.

11. A तथा B ने साझे में व्यापार शुरू किया। A ने 30000 रु. तथा B ने 34000 रु. की पूंजी लगाई। 1600 रु. के लाभ में A का भाग है :

A. 800 रु. B. 750 रु.
C. 850 रु. D. 900 रु.

12. मोहन और रमेश ने साझा व्यापार में क्रमशः 4000 रु. और 10000 रु. की पूंजी लगाई। 9630 रु. के लाभ में मोहन का भाग है :

A. 3210 रु. B. 4280 रु.
C. 5350 रु. D. 6420 रु.

13. X, Y तथा Z ने साझे में व्यापार प्रारम्भ किया। उन्होंने क्रमशः 2880 रु., 3600 रु. तथा 1800 रु. की पूंजी लगाई। 9660 रु. के लाभ में X का भाग है :

A. 3360 रु. B. 4200 रु.
C. 2100 रु. D. 6300 रु.

14. A, B तथा C ने साझे में व्यापार प्रारम्भ किया। A ने 2400 रु., B ने 3600 रु. तथा C ने 4800 रु. की पूंजी लगाई। 981 रु. के लाभ में A का भाग है :

A. 109 रु. B. 218 रु.
C. 327 रु. D. 981 रु.

व्याख्यात्मक उत्तर

1. C : X की 1 मास के लिए पूंजी $= 6000 \times 2 = 12000$ रु.

Y की 1 3ास के लिए पूंजी $= 7000 \times 4 = 28000$ रु.

Z की 1 मास के लिए पूंजी $= 6400 \times 5 = 320000$ रु.

12000 : 28000 : 32000

3 : 7 : 8

अनुपात का योग $= 3 + 7 + 8 = 18$

लाभ में X का भाग $= \frac{3}{8} \times 900 = 150$ रु.

2. A : X Y Z

2400 रु. : 3600 रु. : 4800 रु.

2 : 3 : 4

अनुपात का योग $= 2 + 3 + 4 = 9$

लाभ में X का भाग = $\frac{2}{9} \times 1260 = 280$ रु

3. B : A की 1 मास के लिए पूंजी = 5000 × 2 = 10000 रु.

B की 1 मास के लिए पूंजी = 6000 × 4 = 18000 रु.

C की 1 मास के लिए पूंजी = 4000 × 5 = 20000 रु.

पूंजी का अनुपात = 10000 : 18000 : 20000

या 5 : 9 : 10

अनुपात का योग = 5 + 9 + 10 = 24

लाभ में A का भाग = $\frac{5}{24} \times 960 = 200$ रु.

4. A : A की पूंजी = 10000 × 3 = 30000 रु.

B की पूंजी = 15000 × 4 = 60000 रु.

C की पूंजी = 12000 × 5 = 60000 रु.

अनुपात 30000 : 60000 : 60000

1 : 2 : 2

अनुपात का योग = 1 + 2 + 2 = 5

लाभ में A का भाग = $\frac{1}{5} \times 1020 = 204$ रु.

5. A : X की पूंजी = 4000 × 2 = 8000 रु.

Y की पूंजी = 2500 × 4 = 10000 रु.

Z की पूंजी = 3000 × 6 = 18000 रु.

X : Y : Z = 8000 : 10000 : 18000

4 : 5 : 9

अनुपात का योग = 4 + 5 + 9 = 18

लाभ में X का भाग = $\frac{4}{18} \times 1800 = 400$ रु.

6. D : X : Y : Z

4800 : 7200 : 9600

2 : 3 : 4

अनुपात का योग = 2 + 3 + 4 = 9

लाभ में Z का भाग = $\frac{4}{9} \times 2520 = 1120$ रु.

7. B : $A : B : C = 600 : 900 : 1200$ या $2 : 3 : 4$

अनुपात का योग $= 2 + 3 + 4 = 9$

लाभ में A का भाग $= \frac{2}{9} = 122$ रु.

8. B.

9. A : $X : Y : Z = 10000 : 7200 : 7500$ या $100 : 72 : 75$

अनुपात का योग $= 100 + 72 + 75 = 247$

लाभ में X का भाग $= \frac{100}{247} \times 988 = 400$ रु.

10. B : $A : B : C = 1200 : 1800 : 2400$ या $2 : 3 : 4$

अनुपात का योग $= 2 + 3 + 4 = 9$

लाभ में A का भाग $= \frac{2}{9} \times 1098 = 244$ रु.

11. B : $A : B = 30000 : 34000$ या $15 : 17$

अनुपात का योग $= 15 + 17 = 32$

लाभ में A का भाग $= \frac{15}{32} \times 1600 = 750$ रु.

12. B : मोहन की पूंजी = 8000 रु.

रमेश की पूंजी = 10000 रु.

अनुपात $= 8000 : 10000$ या $4 : 5$

अनुपात का योग $= 4 + 5 = 9$

लाभ में मोहन का भाग $= \frac{4}{9} \times 9630 = 4280$ रु.

13. A : X : Y : Z

2880 : 3600 : 1800

8 : 10 : 5

अनुपात का योग $= 8 + 10 + 5 = 23$

लाभ में X का भाग $= \frac{8}{23} \times 9660 = 3360$ रु.

14. B : A : B : C

2400 : 3600 : 4800

या 2 : 3 : 4

अनुपात का योग $= 2 + 3 + 4 = 9$

लाभ में A का भाग $= \frac{2}{9} \times 981 = 218$ रु.

13
मिश्रण

महत्त्वपूर्ण सूत्र

1. मिश्रण का नियम :

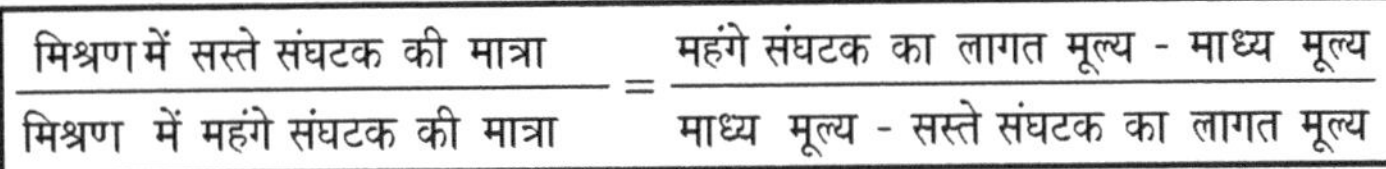

$$\frac{\text{मिश्रण में सस्ते संघटक की मात्रा}}{\text{मिश्रण में महंगे संघटक की मात्रा}} = \frac{\text{महंगे संघटक का लागत मूल्य - माध्य मूल्य}}{\text{माध्य मूल्य - सस्ते संघटक का लागत मूल्य}}$$

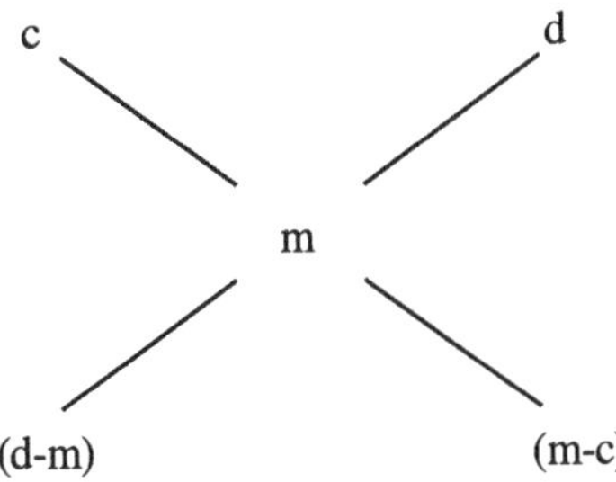

सस्ते संघटक की मात्रा : महंगे संघटक की मात्रा = (d–m) : (m – c)

2. यदि दो द्रव पदार्थों A और B के क्रमशः $a_1 : b_1, a_2 : b_2, ..., a_n : b_n$ के अनुपात में बनाए गए मिश्रणों से भरे गए समान आकार के n पात्रों में निहित द्रव को एक ही बड़े आकार के पात्र में रखा जाए, तो

इस पात्र में

$$\frac{\text{द्रव A की मात्रा}}{\text{द्रव B की मात्रा}} = \frac{\left[\frac{a_1}{a_1+b_1} + \frac{a_2}{a_2+b_2} + - - - - + \frac{a_n}{a_n+b_n}\right]}{\left[\frac{b_1}{a_1+b_1} + \frac{b_2}{a_2+b_2} + - - - - + \frac{b_n}{a_n+b_n}\right]}$$

3. यदि दो द्रव पदार्थों A और B के क्रमशः $a_1 : b_1, a_2 : b_2, ... a_n: b_n$ के अनुपात में बनाए गए मिश्रणों से भरे गए क्रमशः $c_1, c_2,... c_n$ आकार के पात्रों में निहित द्रव को एक ही बड़े आकार के पात्र में रखा जाए, तो

$$\frac{\text{A द्रव की मात्रा}}{\text{B द्रव की मात्रा}} = \frac{\left[\frac{a_1 c_1}{a_1 + b_1} + \frac{a_2 c_2}{a_2 + b_2} + \text{-----} + \frac{a_n c_n}{a_n + b_n}\right]}{\left[\frac{b_1 c_1}{a_1 + b_1} + \frac{b_2 c_2}{a_2 + b_2} + \text{-----} + \frac{b_n c_n}{a_n + b_n}\right]}$$

टिप्पणी : सूत्र 3 में $c_1 = c_2 = \text{----} = c_n = c$ प्रतिस्थापित करके इस सूत्र से सूत्र (2) प्राप्त किया जा सकता है।

4. चीनी के m ग्राम विलयन में चीनी की मात्रा $x\%$ है। विलयन में चीनी की मात्रा बढ़ाकर $x\%$ करने के लिए विलयन में मिलाई जानेवाली चीनी की अतिरिक्त मात्रा = $\frac{m(y-x)}{100-y}$

5. एक पात्र में किसी द्रव A का x लीटर आयतन निहित है। इस पात्र से Y लीटर द्रव निकाल कर इतना ही एक अन्य द्रव B डाल दिया जाता है। पुनः इस पात्र से Y लीटर मिश्रित द्रव निकाल कर इतना ही द्रव B डाल दिया जाता है।

   यह प्रक्रिया n बार की जाती है।

   तो,

$$\frac{\text{इस प्रक्रिया को } n \text{ वें बार करने के बाद पात्र के बचे } A \text{ द्रव की मात्रा}}{\text{आरंभ में पात्र में निहित द्रव } A \text{ की कुल मात्रा}}$$

$$= \left(\frac{x-y}{x}\right)^n \text{ या } \left(1-\frac{y}{x}\right)^n$$

6. यदि दोपाये और चौपाये जंतुओं के एक समूह में जंतुओं के सिरों की कुल संख्या H और उनके पैरों की कुल संख्या L हो, तो

   चौपाये जंतुओं की संख्या = $\frac{L-2H}{2}$

   दोपाये जंतुओं की संख्या = $\frac{4H-L}{2}$

महत्वपूर्ण टिप्पणी : मिश्रण के नियम को अनुप्रयुक्त करने से पूर्व सदैव मिश्रण के संघटकों और उनके मूल्यों के बारे में सूचना प्राप्त करने का प्रयास करें।

7. मिश्रण में निहित किसी संघटक के शुद्ध रूप का प्रतिशत मान 100% और भिन्नात्मक मान 1 होता है।

प्रश्नमाला

1. एक दुकानदार 8 रु. प्रति किग्रा मूल्य के 12 किग्रा चावल को 10 रु. प्रति किग्रा मूल्य के 6 किग्रा चावल में मिलाकर अपने ग्राहकों को बेचता है। इस मिश्रित चावल का प्रति किग्रा मूल्य ज्ञात करें।
A. 6.67 रु. किग्रा B. 6.50 रु. किग्रा
C. 8.67 रु. किग्रा D. 9.67 रु. किग्रा

2. 62 रु. प्रति किग्रा मूल्य की चायपत्ती और 72 रु. प्रति कि ग्रा मूल्य की चायपत्ती को किस अनुपात में मिलाने पर प्राप्त मिश्रित चायपत्ती का मूल्य 65 रु. प्रति किग्रा होगा?
A. 4 : 6 B. 7 : 3
C. 2 : 3 D. 4 : 7

3. 10 रु. प्रति किग्रा मूल्य के कितने किग्रा चावल को 8 रु. प्रति किग्रा मूल्य के 25 किग्रा चावल में मिलाया जाए ताकि प्राप्त मिश्रित चावल को 15 रु. प्रति किग्रा की दर से बेचने पर दुकानदार को 80% का लाभ हो?
A. 6 किग्रा B. 7 किग्रा
C. 3 किग्रा D. 5 किग्रा

4. एक दुकानदार 16 रु. प्रति किग्राकी दर से 26 किग्रादूध खरीदता है। वह किसी दूसी जगह से 10 रु॰ प्रति किग्रा की दर से भी कुछ दूध खरीदता है। वह पहले खरीदे दूध में बाद में खरीदे गए दूध की कितनी मात्रा मिलाए ताकि इस मिश्रित दूध को 14 रु. प्रति किग्रा की दर से बेचने पर उसे कोई हानि न हो?
A. 13 किग्रा B. 12 किग्रा
C. 14 किग्रा D. 16 किग्रा

5. दो पात्रों A और B में क्रमशः 7:5 और 17:7 के अनुपातों में दूध और पानी का मिश्रण रखा हुआ है। इन दोनों मिश्रण को किस अनुपात में मिलाया जाए ताकि नये मिश्रण में दूध और पानी का अनुपात 5:3 हो?
A. 1 : 2 B. 2 : 1
C. 2 : 3 D. 3 : 2

6. दो पात्रों A और B में क्रमशः 4:1 और 9:11 के अनुपात में दूध और पानी का मिश्रण रखा हुआ है। यदि इन दोनों पात्रों के मिश्रण को 3:2 के अनुपात में मिला कर एक नया मिश्रण तैयार किया जाए तो इस नए मिश्रण में दूध और पानी का अनुपात बताएं।
A. 34 : 16 B. 33 : 17
C. 16 : 34 D. 17 : 33

7. एक व्यक्ति के पास क्रमशः 30% और 50% सांद्रता के दो प्रकार के चीनी के विलयन है। वह इन दोंनविलयनों से किस अनुपात में मिलाए ताकि परिणामी विलयन में चीनी की सांद्रता 45% हो?
A. 1 : 3 B. 3 : 1
C. 2 : 3 D. 3 : 2

8. क्रमशः 3 लीटर, 4 लीटर और 5 लीटर आकार के तीन पात्रों में क्रमशः 2:3, 3:7 और 4:11 के अनुपात में दूध और पानी का मिश्रण रखा हुआहै। इन तीनों पात्रों में निहित द्रव को एक बड़े पात्र में उड़ेल लिया जाए तो परिणामी मिश्रण में दूध और पानी का अनुपात ज्ञात करें।
A. 13 : 41 B. 41 : 13
C. 31 : 14 D. 14 : 31

9. समान आकार के चार पात्रों में स्पिरिट और पानी का मिश्रण रखा हुआ है। इन चार पात्रों में स्पिरिट की सांद्रता क्रमशः 60%,

70%, 75% और 80% है। यदि इन सभी पात्रों में रखे द्रव को मिला दिया जाए तो परिणामी मिश्रण में स्पिरिट और पानी का अनुपात ज्ञात करें।

A. 23:57 B. 57:23
C. 32:75 D. 75:32

10. दूध और पानी के 6 लीटर मिश्रण में 75% दूध हैं। इस मिश्रण में कितना और दूध मिलाने पर मिश्रण में दूध की मात्रा 90% हो जाएगी?

A. 8 लीटर B. 9 लीटर
C. 10 लीटर D. 12 लीटर

व्याख्यात्मक उत्तर

1. C : दुकानदार द्वारा मिश्रित चावल की कुल मात्रा = 12 + 6 = 18 किग्रा

8 रु. प्रति किग्रा की दर से 12 किग्रा चावल का मूल्य = (12 × 8) = 96 रु.

10 रु. प्रति किग्रा की दर से 6 किग्रा चावल का मूल्य = (6 ×10) = 60 रु.

मिश्रित चावल का कुल मूल्य = (96 + 60) रु. = 156 रु.

मिश्रित चावल का प्रति किग्रा मूल्य = $\frac{156 \text{ रु.}}{18 \text{ किग्रा}}$ = 8.67 रु./किग्रा

2. **B :** 1 किग्रा सस्ती चायपत्ती का क्रयमूल्य 1 किग्रा मंहगी चायपत्ती का क्रयमूल्य

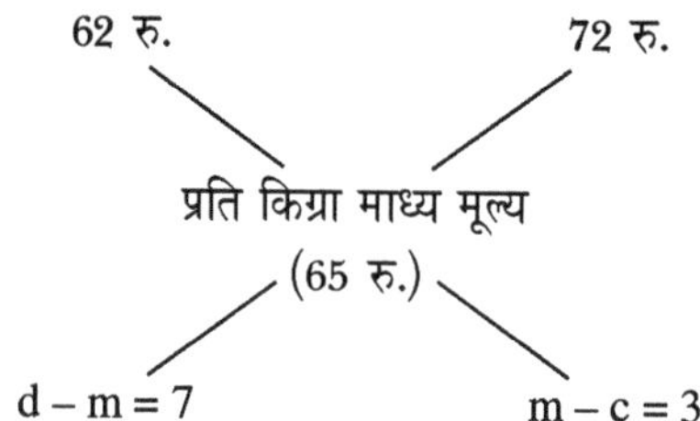

मिश्रण के नियम से,

$$\frac{\text{सस्ती चायपत्ती की मात्रा}}{\text{महंगी चायपत्ती की मात्रा}} = \frac{7}{3}$$

अतः इन्हें 7:3 के अनुपात में मिलाना चाहिए।

3. **D:** दुकानदार के लिए मिश्रित चावल का क्रयमूल्य = $15 \times \frac{100}{180} = \frac{25}{3}$ रु. किग्रा

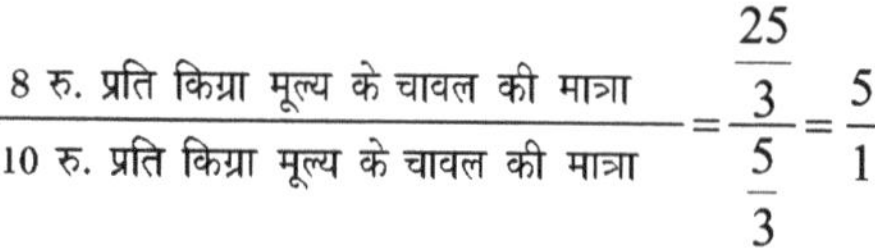

$$\frac{\text{8 रु. प्रति किग्रा मूल्य के चावल की मात्रा}}{\text{10 रु. प्रति किग्रा मूल्य के चावल की मात्रा}} = \frac{\frac{25}{3}}{\frac{5}{3}} = \frac{5}{1}$$

8 10
$\frac{25}{3}$
$\frac{5}{3}$ $\frac{1}{3}$

10 रु. प्रति किग्रा मूल्य के चावल की मात्रा = $25 \times \frac{1}{5}$ = 5 किग्रा

4. A:

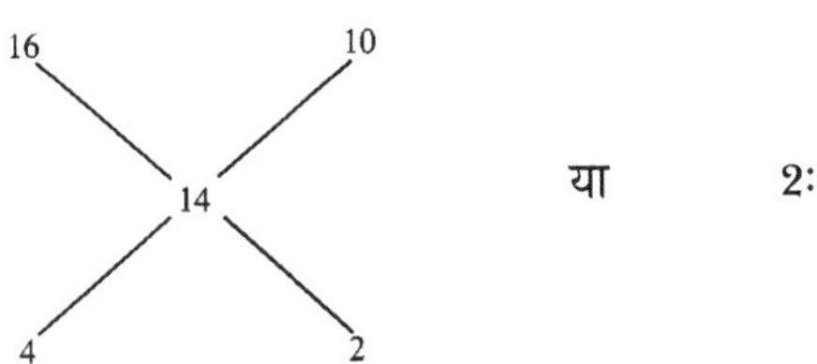

या 2:1

$$\frac{\text{10 रु. प्रति किग्रा मूल्य के दूध की मात्रा}}{\text{16 रु. प्रति किग्रा मूल्य के दूध की मात्रा}} = \frac{1}{2}$$

∴ 10 रु. प्रति किग्रा की दर से खरीदे गए दूध की मात्रा = $\frac{26}{2}$ = 13 किग्रा

5. B: सबसे पहले हम तीनों मिश्रणों में उपस्थित दूध की मात्रा ज्ञात करें:

A पात्र के मिश्रण में दूध की मात्रा = $\frac{7}{12}$

B पात्र के मिश्रण में दूध की मात्रा = $\frac{17}{24}$

नए मिश्रण में दूध की मात्रा = $\frac{5}{8}$

अब मिश्रण के नियम से,

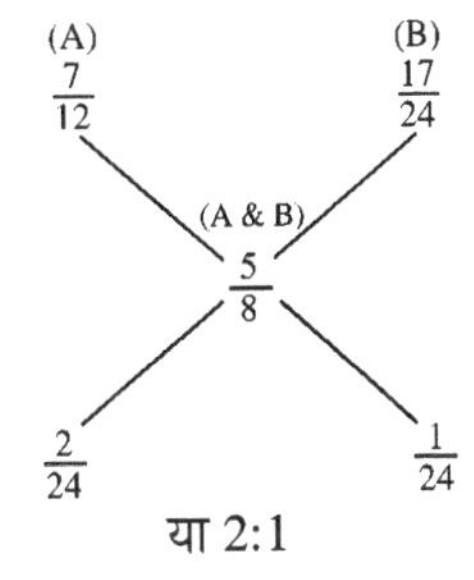

या 2:1

अतः नये मिश्रण मे मिश्रण A और B का अनुपात = 2 : 1

6. B: दोनों पात्रों में दूध और पानी का अंशः

A पात्र में दूध = 4/5 भाग और पानी = $\frac{1}{5}$ भाग

B पात्र में दूध = 9/20 भाग और पानी = $\frac{11}{20}$ भाग

$(3A + 2B) = $ A और B $= \left(\frac{12}{5}+\frac{9}{10}\right)\left(\frac{3}{5}+\frac{11}{10}\right)$ अर्थात् $\frac{33}{10}$ और $\frac{17}{10}$

∴ नए मिश्रण में दूध : पानी = 33:17

7. A:

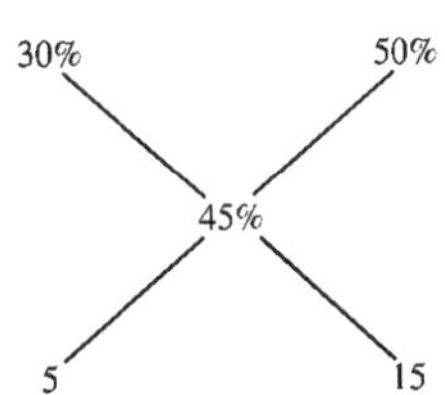

अतः उसे 30% और 50% सांद्रता के विलयनों को 5:15 या 1:3 के अनुपात में मिश्रित करना चाहिए।

$$\frac{30\,\%\text{ सांद्रता का विलयन}}{50\,\%\text{ सांद्रता का विलयन}} = \frac{1}{3} \text{ या } 1:3$$

8. D: परिणामी मिश्रण में, दूध-पानी

$$= \left[\frac{a_1c_1}{a_1+b_1} + \frac{a_2c_2}{a_2+b_2} + \ldots\ldots \frac{a_nc_n}{a_n+b_n}\right] : \left[\frac{b_1c_1}{a_1+b_1} + \frac{b_2c_2}{a_2+b_2} + \ldots\ldots \frac{b_nc_n}{a_n+b_n}\right]$$

$$\therefore \text{ दूध : पानी} = \left[\frac{2\times3}{2+3} + \frac{3\times4}{3+7} + \frac{4\times5}{4+11}\right] : \left[\frac{3\times3}{2+3} + \frac{7\times4}{3+7} + \frac{11\times5}{4+11}\right]$$

$$= \left[\frac{6}{5} + \frac{12}{10} + \frac{20}{15}\right] : \left[\frac{9}{5} + \frac{28}{10} + \frac{55}{15}\right]$$

$$= \left(\frac{56}{15}\right) : \left(\frac{124}{15}\right) = 56:124$$

$= 14 : 31$

9. B: यहाँ प्रदत्त प्रतिशत आंकड़ों से मिश्रण में स्पिरिट का अंश (भिन्नात्मक उपस्थिति) सूचित होता है।

मिश्रण में जल का प्रतिशत ज्ञात करने के लिए हम दिए गए आंकड़ों को 100 से घटाते हैं। अतः जल पात्र के मिश्रण में जल की प्रतिशत मात्रा क्रमशः 40% 30%, 25% और 20% है।

परिणामी मिश्रण में,

$$\text{स्पिरिट : पानी} = (0.6+0.7+0.75+0.8) \ : \ (0.4+0.3+0.25+0.2)$$

$= 2.85 : 1.15 = 57:23$

10. B: दिए गए मिश्रण में 75% दूध है।

मिलाए जाने वाले दूध में 100% दूध है।

दिए गए मिश्रण में दूध 15 : 10 या 3 : 2 के अनुपात में मिलाया जाता है।

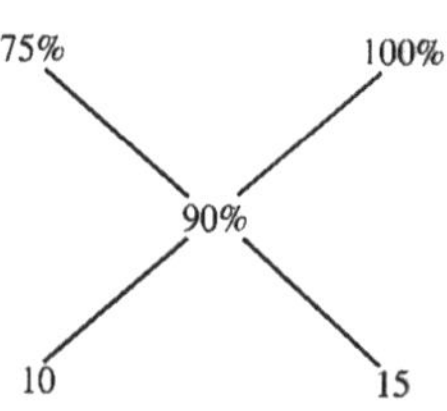

$$\therefore \text{ मिलाए जाने वाले दूध की मात्रा } \frac{3\times6}{2} = 9 \text{ लीटर}$$

14

बीजगणित

महत्त्वपूर्ण सूत्र

A. $a^2 - b^2 = (a + b)(a - b)$

B. $(a + b)^2 = a^2 + 2ab + b^2$

C. $(a - b)^2 = a^2 - 2ab + b^2$

D. $a^3 + b^3 = (a + b)(a^2 - ab + b^2)$

E. $a^3 + b^3 = (a + b)^3 - 3ab(a + b)$

F. $a^3 - b^3 = (a - b)(a^2 + ab + b^2)$

G. $a^3 - b^3 = (a - b)^3 + 3ab(a - b)$

H. $(a + b)^2 = (a - b)^2 + 4ab$

I. $(a - b)^2 = (a + b)^2 - 4ab$

J. $a^3 + b^3 + c^3 - 3abc = (a + b + c)(a^2 + b^2 + c^2 - ab - bc - ca)$

K. यदि $a + b + c = 0$, तो $a^3 + b^3 + c^3 = 3abc$

प्रश्नमाला

1. यदि $x + \frac{1}{x} = 15$ हो, तो $x^2 + \frac{1}{x^2}$ का मान कितना होगा?

A. 228 B. 230
C. 323 D. 223

2. यदि $x = 12$, तथा $y = 4$ हो, तो $(x + y)^{\frac{x}{y}}$ का मान होगा

A. 4096 B. 3896
C. 4196 D. 5086

3. यदि $x = 9$, $y = \sqrt{17}$ हो, तो $(x^2 - y^2)^{-1/2}$ का मान होगा

A. 2^{-4} B. 2^2
C. 3^{-3} D. 2^{-3}

4. $\frac{x}{y}$ में क्या जोड़ा जाये ताकि योगफल $\frac{y}{x}$ हो जाए?

A. $\frac{x^2 - y^2}{xy}$ B. $\frac{y^2 - x^2}{xy}$
C. $\frac{2xy}{x^2 - y^2}$ D. $\frac{y^2 - x^2}{2xy}$

5. यदि $x + y = 2z$ हो, तो $\left(\frac{x}{x - z} + \frac{z}{y - z}\right)$ का मान होगा

A. 1 B. 4

C. $\frac{3}{2}$ D. 2

6. यदि $x + y + z = 0$ हो, तो $\frac{(x+y)(y+z)(z+x)}{xyz}$ का मान होगा

A. –3 B. –2

C. 0 D. –1

7. यदि $x + \frac{1}{x} = 3$ हो, तो $x^4 + \frac{1}{x^4}$ का मान होगा

A. 49 B. 47

C. 37 D. 42

8. यदि $\left(x + \frac{1}{x}\right)^2 = 0$ हो, तो $x^2 + \frac{1}{x^2}$ का मान होगा

A. 1 B. –1

C. 2 D. –2

9. यदि $\left(a + \frac{2}{a}\right) = 3$ हो, तो $\left(a - \frac{2}{a}\right)$ का मान होगा

A. ± 4 B. ± 5

C. ± 2 D. ± 1

10. यदि $\sqrt{a} + \frac{1}{\sqrt{a}} = 4$ हो, तो $a^2 + \frac{1}{a^2}$ का मान कितना होगा?

A. 194 B. 199

C. 178 D. 192

11. यदि $x^2 + y^2 + z^2 = 115$ तथा $xy + yz + zx = 27$ हो, तो $x + y + z$ का मान होगा–

A. ± 15 B. ± 13

C. ± 17 D. ± 19

12. यदि $x = 17, y = 15$ तथा $z = 13$ हो, तो $x^2 + y^2 + z^2 - 2xy - 2xz - 2yz$ का मान होगा

A. 111 B. 109

C. 121 D. 120

13. यदि $x + y = 1$ हो, तो $x^3 + y^3 + 3xy$ का मान होगा

A. 1 B. 4

C. 3 D. 7

14. $x^3 + y^3 + z^3 - 3xyz$ का मान क्या होगा जबकि $x + y + z = 16$ तथा $xy + yz + zx = 78$ हो?

A. 352 B. 452

C. 342 D. 360

15. निम्नलिखित में से $(x^4 + y^4)(x^2 + y^2)(x + y)(x - y)$ किसके बराबर होगा?

A. $x^8 - y^8$ B. $x^{10} - y^{10}$

C. $x^6 - y^6$ D. $x^{12} - y^{12}$

16. $(x^{b+c})^{b-c} . (x^{c+a})^{c-a} . (x^{a+b})^{a-b}$ का मान होगा–

A. 0 B. x^{a+b+c}

C. $x^{a^2+b^2+c^2}$ D. 1

17. यदि $x - \frac{1}{x} = \sqrt{21}$ हो, तो $\left(x^2 + \frac{1}{x^2}\right)\left(x + \frac{1}{x}\right)$ का मान कितना होगा?

A. 120 B. 115

C. 119 D. 118

18. यदि $x^2 = y + z, y^2 = z + x$ तथा $z^2 = x + y$ हो, तो $\left(\frac{1}{x+1} + \frac{1}{y+1} + \frac{1}{z+1}\right)$ का मान कितना होगा?

A. 4 B. 3
C. 1 D. 2

19. यदि $a+b+c=0$ हो, तो $\frac{1}{b^2+c^2-a^2}+\frac{1}{c^2+a^2-b^2}+\frac{1}{a^2+b^2-c^2}$ का मान कितना होगा?

A. 2 B. 1
C. 4 D. 0

20. यदि $a=x\,.\,b=x-y$ तथा $c=2x-1$ हो, तो $a^2+b^2+c^2-2ab+2ac-2bc$ का मान कितना होगा?

A. $(2y+2x-1)^2$
B. $(3y+2x-1)^2$
C. $(2y+3x-1)^2$
D. $(4y+2x-1)^2$

व्याख्यात्मक उत्तर

1. D: $\because\ x+\frac{1}{x}=15 \Rightarrow \left(x+\frac{1}{x}\right)^2=(15)^2 \Rightarrow x^2+\frac{1}{x^2}+2.x.\frac{1}{x}=225$

$\therefore\ x^2+\frac{1}{x^2}=225-2=223.$

2. A: $(x+y)^{\frac{x}{y}}=(12+4)^{\frac{12}{4}}=(16)^3=4096$ $[\because x=12, y=4]$

3. D: $\left(x^2-y^2\right)^{\frac{-1}{2}}=(81-17)^{\frac{-1}{2}}=(64)^{\frac{-1}{2}}=\frac{1}{\sqrt{64}}=\frac{1}{8}=2^{-3}.$

4. B: माना कि $\frac{x}{y}$ में A जोड़ा जाये

$\therefore$ प्रश्नानुसार, $\frac{x}{y}+\text{A}=\frac{y}{x} \Rightarrow \text{A}=\frac{y}{x}-\frac{x}{y}=\frac{y^2-x^2}{xy}$

अतः $\frac{x}{y}$ में $\frac{y^2-x^2}{xy}$ जोड़ने पर योगफल $\frac{y}{x}$ हो जायेगा।

5. A: $\because x+y=2z \Rightarrow x-z=z-y=-(y-z)$

$\therefore\ \frac{x}{x-z}+\frac{z}{y-z}=\frac{x}{-(y-z)}+\frac{z}{y-z}=\frac{z-x}{y-z}=1.$ $[\because x-z=z-y]$

6. D: $\because$ $x+y+z=0 \Rightarrow x+y=-z$
$x+y+z=0 \Rightarrow y+z=-x$
तथा $x+y+z=0 \Rightarrow z+x=-y$

$\therefore\ \frac{(x+y)(y+z)(z+x)}{xyz}=\frac{-z.-x.-y}{xyz}=-1.$

7. B : $\because\ x+\frac{1}{x}=3 \Rightarrow \left(x+\frac{1}{x}\right)^2=(3)^2 \Rightarrow x^2+\frac{1}{x^2}+2.x.\frac{1}{x}=9$

$\Rightarrow \qquad x^2+\frac{1}{x^2}=9-2=7$

$\because \qquad x^2+\frac{1}{x^2}=7 \Rightarrow \left(x^2+\frac{1}{x^2}\right)^2=(7)^2$

$\Rightarrow \qquad x^4+\frac{1}{x^4}+2.x^2.\frac{1}{x^2}=49$

$\therefore \qquad x^4+\frac{1}{x^4}=49-2=47.$

8. D: $\left(x+\frac{1}{x}\right)^2=0 \Rightarrow x^2+\frac{1}{x^2}+2.x.\frac{1}{x}=0 \Rightarrow x^2+\frac{1}{x^2}=-2.$

9. B : $\because\ \left(a-\frac{2}{a}\right)^2=\left(a+\frac{2}{a}\right)^2-4.a.\frac{2}{a}=(3)^2-8=9-8=1$

$\therefore\ \left(a+\frac{2}{a}\right)=\pm\sqrt{1}=\pm 1.$

10. A : $\because\ \sqrt{a}+\frac{1}{\sqrt{a}}=4 \Rightarrow \left(\sqrt{a}+\frac{1}{\sqrt{a}}\right)^2=(4)^2=a+\frac{1}{a}+2.\sqrt{a}.\frac{1}{\sqrt{a}}=16$

$=16-2=14$

$\because\ \left(a+\frac{1}{a}\right)=14 \Rightarrow \left(a+\frac{1}{a}\right)^2=(14)^2 \Rightarrow a^2+\frac{1}{a^2}+2.a.\frac{1}{a}=196$

$\therefore\ a^2+\frac{1}{a^2}=196-2=194.$

11. B : $\because\ (x+y+z)^2=x^2+y^2+z^2+2(xy+yz+zx)$

$\therefore\ (x+y+z)^2=115+2\times 27$

$=115+54=169$

$\therefore\ (x+y+z)=\sqrt{169}=\pm 13.$

12. C: चूंकि दिया हुआ समी. $(x-y-z)^2$ के बराबर होगा

$\therefore\ (x-y-z)^2=(17-15-13)^2$

$=(-11)^2=121.$

13. A : $\because \quad (x + y)^3 = x^3 + y^3 + 3xy\,(x + y)$

$\therefore \quad (1)^3 = x^3 + y^3 + 3xy \times 1$

$\therefore \quad 1 = x^3 + y^3 + 3xy.$

14. A : $\because \quad (x + y + z) = 16 \Rightarrow (x + y + z)^2 = (16)^2$

$= x^2 + y^2 + z^2 + 2(xy + yz + zx) = 256$

$\therefore \quad x^2 + y^2 + z^2 + 2\times 78 = 256 \Rightarrow x^2 + y^2 + z^2$

$= 256 - 156 = 100$

$\therefore \quad x^3 + y^3 + z^3 - 3xyz = (x + y + z)\,[(x^2 + y^2 + z^2) - (xy + yz + zx)]$

$= 16[100 - 78]$

$= 16 \times 22 = 352.$

15. A : $\because \quad (x^4 + y^4)(x^2 + y^2)(x + y)(x - y)$

$= (x^4 + y^4)(x^2 + y^2)(x^2 - y^2)$

$= (x^4 + y^4)(x^4 - y^4)$

$= x^8 - y^8.$

16. D: $\because \quad (x^{b+c})^{b-c} = x^{(b+c)(b-c)} = x^{(b^2-c^2)}$

इसी प्रकार $(x^{c+a})^{c-a} = x^{(c^2-a^2)}$

तथा $(x^{(a+b)})^{(a-b)} = x^{(a^2-b^2)}$

$\therefore \quad (x^{b+c})^{(b-c)}\,(x^{c+a})^{(c-a)}\,(x^{a+b})^{(a-b)} = x^{b^2-c^2} \cdot x^{c^2-a^2} \cdot x^{a^2-b^2}$

$= x^{b^2-c^2+c^2-a^2+a^2-b^2}$

$= x^0 = 1.$

17. B : $\because \quad \left(x+\frac{1}{x}\right)^2 = \left(x-\frac{1}{x}\right)^2 + 4.x.\frac{1}{x} = \left(\sqrt{2}\right)^2 + 4 = 21 + 4 = 25$

$\therefore \quad \left(x+\frac{1}{x}\right) = \sqrt{25} = 5$

$\therefore \quad \left(x+\frac{1}{x}\right) = 5 \Rightarrow \left(x+\frac{1}{x}\right)^2 = (5)^2 \Rightarrow x^2 + \frac{1}{x^2} + 2.x.\frac{1}{x} = 25$

$\therefore \quad x^2 + \frac{1}{x^2} = 25 - 2 = 23.$

18. C : $\because \quad x^2 = y + z \Rightarrow x + x^2 = x + y + z \Rightarrow x(1 + x) = x + y + z$

$y^2 = z + x \Rightarrow y + y^2 = x + y + z \Rightarrow y(1 + y) = x + y + z$

तथा $z^2 = x + y \Rightarrow z + z^2 = x + y + z \Rightarrow z(1 + z) = x + y + z$

$x(1 + x) = y(1 + y) = z(1 + z) = x + y + z = k$

$$\therefore \quad x = \frac{k}{1+x},\ y = \frac{k}{1+y},\ z = \frac{k}{1+z}$$

या $\dfrac{x}{k} = \dfrac{1}{1+k},\ \dfrac{y}{k} = \dfrac{1}{1+y},\ \dfrac{z}{k} = \dfrac{1}{1+z}$

$$\Rightarrow \frac{1}{1+x} + \frac{1}{1+y} + \frac{1}{1+z} = \frac{x}{k} + \frac{y}{k} + \frac{z}{k} = \frac{x+y+z}{k} = \frac{k}{k} = 1$$

$[\because x + y + z = k]$

19. D: $\because \quad a + b + c = 0 \Rightarrow a + b = -c$

$\therefore \quad (a + b)^2 = (-c)^2 \ a^2 + b^2 + 2ab = c^2$

इसी प्रकार $b^2 + c^2 - a^2 = -2bc$

तथा $c^2 + a^2 - b^2 = 2ac$

$$\therefore \frac{1}{b^2 + c^2 - a^2} + \frac{1}{c^2 + a^2 - b^2} + \frac{1}{a^2 + b^2 - c^2}$$

$$= \frac{1}{-2bc} + \frac{1}{-2ac} + \frac{1}{-2ab}$$

$$= \frac{a+b+c}{-2abc} = \frac{0}{-2abc} = 0. \qquad [\because a + b + c = 0]$$

20. A: $\because (a + c - b)^2 = a^2 + c^2 + b^2 - 2ab + 2ac - 2bc$

$\therefore \ a^2 + c^2 + b^2 - 2ab + 2ac - 2bc = (x + y + 2x - 1 - x + y)^2$

$= (2y + 2x - 1)^2.$

15

घातांक एवं करणी

घातांक (Indices) : यदि $a \times a \times a \times a$ को a^4 लिखा जाए, तो 4 को आधार a का घातांक कहा जाता है।

घातांक के नियम–

(i) $a^x \times a^y \times a^z = a^{x+y+z}$ (ii) $a^x \div a^y = a^{x-y}$

(iii) $\{(a^x)^y\}^{z\cdots} = a^{x\times y\times z\times\ldots}$

करणी (Surds) : यदि किसी संख्या का मूल (root) पूर्णरूपेण नहीं किया जा सके तो उस मूल को करणी या अमूलक संख्या कहते हैं। जैसे $\sqrt{3}$, $\sqrt[4]{6}$, $\sqrt[9]{8}$ इत्यादि।

करणी के नियम–

(i) $m\sqrt{x} + n\sqrt{x} - p\sqrt{x} = (m+n-p)\sqrt{x}$

(ii) $\sqrt{x} \times \sqrt{y} \times \sqrt{z} \times \ldots = \sqrt{x \times y \times z \times \ldots}$

(iii) $\sqrt{x} \div \sqrt{y} = \sqrt{x \div y}$ (iv) $\sqrt[x]{a} = \dfrac{1}{a^x}$

(v) $\sqrt[x]{ab} = \sqrt[x]{a} \times \sqrt[x]{b}$ (vi) $\sqrt[n]{\dfrac{a}{b}} = \dfrac{\sqrt[n]{a}}{\sqrt[n]{b}}$

(vii) $\sqrt[x]{\sqrt[y]{a}} = \sqrt[x\times y]{a}$

प्रश्नमाला

1. यदि $\sqrt{\sqrt[3]{0.000001 \times x}} = 0.4$ हो, तो x का मान क्या होगा?

A. 496 B. 4090

C. 4096 D. 4960

2. $2^{x+2} + 2^{x+4} + 2^{x+3} = 896$, तो x का मान ज्ञात कीजिए।

A. 2 B. 7

C. 5 D. 8

3. $3^{x-2} - 3^{x-3} + 3^{x+4} = 6567$, तो x का मान ज्ञात कीजिए।

A. 3 B. 4

C. 9 D. 5

4. $\sqrt{8\sqrt{8\sqrt{8\ldots\ldots}}}$ का मान ज्ञात कीजिए।

A. 8 B. 4

C. 2 D. 64

5. $\left(\frac{a^y}{a^z}\right)^{\frac{1}{yz}} \cdot \left(\frac{a^z}{a^x}\right)^{\frac{1}{zx}} \cdot \left(\frac{a^x}{a^y}\right)^{\frac{1}{xy}}$ को सरल कीजिए।

A. 0 B. 1
C. 2 D. 4

6. यदि $\sqrt{5+\sqrt[3]{x}} = 3$ हो तो x का मान निकालें।

A. 8 B. 64
C. 32 D. 16

7. $\sqrt{\frac{\sqrt{5}+\sqrt{4}}{\sqrt{5}-\sqrt{4}}} - 4\sqrt{5}$ का मान ज्ञात कीजिए।

A. 5 B. 3
C. 9 D. 4

8. यदि $5\sqrt{5} \times 5^3 \div 5^{-\frac{3}{2}} = 5^{(a+2)}$ हो तो a का मान ज्ञात कीजिए।

A. 6 B. 2
C. 4 D. 5

9. यदि $a = 2+\sqrt{3}$ तो a^3-2a^2-7a+2 का मान ज्ञात करें।

A. 0 B. 2
C. 4 D. 3

10. यदि $\frac{(81)^{4x} \times (27)^x \times 9^7}{(729)^{x+2}} = 3^7$ हो, तो x का मान क्या होगा?

A. $\frac{13}{5}$ B. 5
C. $\frac{5}{13}$ D. 7

व्याख्यात्मक उत्तर

1. C: $\sqrt{\sqrt[3]{0.000001 \times x}} = 0.4$

या, $\left\{(0.000001 \times x)^{\frac{1}{3}}\right\}^{\frac{1}{2}} = 0.4$

या, $(0.000001 \times x)^{\frac{1}{6}} = 0.4$

या, $0.1 \times x^{\frac{1}{6}} = 0.4$ या, $x^{\frac{1}{6}} = \frac{0.4}{0.1} = 4$

या, $\left(x^{\frac{1}{6}}\right)^6 = 4^6$ या, $x = 4^6$

या, $x = 4096$

2. C: $2^{x+2} + 2^{x+4} + 2^{x+3} = 896$

या, $2^x \times 2^2 + 2^x \times 2^4 + 2^x \times 2^3 = 896$

या, $2^x \times 2^2 (1 + 2^2 + 2) = 896$

या, $2^x \times 2^2 \times 7 = 896$

या, $2^x = \dfrac{896}{2 \times 2 \times 7} = 32 = 2^5$

$\therefore$ $x = 5$

3. B: $3^{x-2} - 3^{x-3} + 3^{x+4} = 6567$

या, $\dfrac{3^x}{3^2} - \dfrac{3^x}{3^3} + 3^x \times 3^4 = 6567$

या, $3^x\left(\dfrac{1}{9} - \dfrac{1}{27} + 81\right) = 6567$

या, $3^x\left(\dfrac{3-1+2187}{27}\right) = 6567$ या, $3^x \times \dfrac{2189}{27} = 6567$

या, $3^x = \dfrac{6567 \times 27}{2189} = 3 \times 27$

या, $3^x = 3^4$ $\therefore$ $x = 4$

4. A: माना कि $x = \sqrt{8\sqrt{8\sqrt{8......}}}$

दोनों ओर वर्ग करने पर

$$x^2 = 8\sqrt{8\sqrt{8\sqrt{8......}}}$$

या, $x^2 = 8x$ या, $x^2 - 8x = 0$

या, $x(x-8) = 0$ $\therefore$ $x = 0$

या, $x - 8 = 0$ तब $x = 8$

चूँकि x का मान शून्य नहीं हो सकता है। अतः अभीष्ट उत्तर = 8

5. C: दिए गए व्यंजक

$= \left(a^{y-z}\right)^{1/yz} . \left(a^{z-x}\right)^{1/zx} \cdot \left(a^{x-y}\right)^{1/xy}$

$= a^{\frac{y-z}{yz}} \cdot a^{\frac{z-x}{zx}} \cdot a^{\frac{x-y}{xy}} = a^{\frac{y-z}{yz}+\frac{z-x}{zx}+\frac{x-y}{xy}}$

$= a^{\frac{xy-xz+yz-yx+xz-yz}{xyz}} = a^0 = 1$

6. B: $\sqrt{5+\sqrt[3]{x}} = 3$

दोनों ओर वर्ग करने पर,

$$5+\sqrt[3]{x} = 9$$

या, $\sqrt[3]{x} = 9-5=4$ या, $x^{\frac{1}{3}} = 4$

या, $(x^{\frac{1}{3}})^3 = 4^3$ या, $x = 64$

7. B : $\sqrt{\dfrac{\sqrt{5}+\sqrt{4}}{\sqrt{5}-\sqrt{4}}} - 4\sqrt{5}$

$$= \sqrt{\frac{\sqrt{5}+\sqrt{4}}{\sqrt{5}-\sqrt{4}} \times \frac{\sqrt{5}+\sqrt{4}}{\sqrt{5}+\sqrt{4}} - 4\sqrt{5}}$$

$$= \sqrt{\frac{5+4+2\sqrt{20}}{1} - 4\sqrt{5}} = \sqrt{9+2\sqrt{20}-2\sqrt{4\times 5}}$$

$$= \sqrt{9+2\sqrt{20}-2\sqrt{20}} = \sqrt{9} = 3$$

8. B : $5\sqrt{5}\times 5^3 \div 5^{-\frac{3}{2}} = 5^{(a+2)}$

या, $5\times 5^{\frac{1}{2}}\times 5^3 \div 5^{-\frac{3}{2}} = 5^{(a+2)}$

या, $5^{1+\frac{1}{2}+3-\left(-\frac{3}{2}\right)} = 5^{a+2}$

या, $5^6 = 5^{a+2}$

$\therefore$ $6 = a+2$ या, $a = 6-2 = 4$

9. C : $a = 2+\sqrt{3}$

या, $(a-2) = \sqrt{3}$

या, $(a-2)^2 = \left(\sqrt{3}\right)^2$

या, $a^2-4a+4 = 3$

या, $a^2-4a+1 = 0$

अब $a^3-2a^2-7a+2 = (a^3-4a^2+a)+(2a^2-8a+2)$

$= a(a^2-4a+1)+2(a^2-4a+1)$

$= a\times 0+2\times 0 = 0$

10. C: $$\frac{(81)^{4x} \times (27)^{x} \times 9^{7}}{(729)^{x+2}} = 3^{7}$$

या, $$\frac{(3^{4})^{4x} \times (3^{3})^{x} \times (3^{2})^{7}}{(3^{6})^{x+2}} = 3^{7}$$

या, $$\frac{3^{16x} \times 3^{3x} \times 3^{14}}{3^{6(x+2)}} = 3^{7}$$

या, $$3^{16x + 3x + 14 - 16x - 12} = 3^{7}$$

या, $$3^{13x + 2} =$$

अत: $$13x + 2 = 7$$

या, $$13x = 7 - 2 = 5$$

$\therefore$ $$x = \frac{5}{13}$$

16
क्षेत्रमिति

समतल की परिमिति और क्षेत्रफल

त्रिभुज

त्रिभुज का क्षेत्रफल $= \frac{1}{2} \times$ आधार $\times$ ऊँचाई

त्रिभुज का क्षेत्रफल $= \sqrt{s(s-a)(s-b)(s-c)}$,

जहाँ $s = \frac{a+b+c}{2}$

त्रिभुज की परिमाप $= a + b + c$

समबाहु त्रिभुज : समबाहु त्रिभुज का क्षेत्रफल $= \frac{\sqrt{3}}{4} \times$ भुजा^{2}

समबाहु त्रिभुज का परिमाप $= 3 \times$ भुजा

शीर्ष बिन्दु से डाले गए लम्ब की लम्बाई $= \frac{\sqrt{3}}{4} \times$ भुजा

समद्विबाहु त्रिभुज : समद्विबाहु त्रिभुज का क्षेत्रफल

$$= \frac{1}{4} a\sqrt{4b^2 - a^2}$$

समद्विबाहु त्रिभुज की परिमाप $= a + b + c$ या $a + 2b$

शीर्ष बिन्दु A से डाले गए लम्ब की लम्बाई $= \frac{\sqrt{4b^2 - a^2}}{2}$

जहाँ a त्रिभुज का आधार एवं b व c दो समान भुजाएं हैं।

वृत्त

वृत्त की परिधि $= 2\pi \times$ त्रिज्या

वृत्त का क्षेत्रफल $= \pi \times$ त्रिज्या^{2}

वृत्त की त्रिज्या $= \frac{\text{वृत्त की परिधि}}{2\pi}$

या वृत्त की त्रिज्या = $\sqrt{\dfrac{\text{वृत्त का क्षेत्रफल}}{\pi}}$

अर्द्धवृत्त की परिमिति = $(\pi + 2)\ r$

अर्द्धवृत्त का क्षेत्रफल = $\frac{1}{2}\pi r^2$

त्रिज्यखण्ड का क्षेत्रफल = $\frac{\theta^\circ}{360^\circ} \times$ वृत्त का क्षेत्रफल

त्रिज्यखण्ड की परिमिति = $\left(2+\frac{\pi\theta}{180^\circ}\right)r$

वृत्तखण्ड का क्षेत्रफल = $\left(\frac{\pi\theta}{360}-\frac{1}{2}\sin\theta\right)r^2$

वृत्तखण्ड की परिमिति = $l+\frac{\pi r\theta}{180^\circ}$

जहाँ l = जीवा की लम्बाई

चाप की लम्बाई = $\frac{\theta^\circ}{360^\circ} \times$ वृत्त की परिधि

चतुर्भुज

समान्तर चतुर्भुजः समान्तर चतुर्भुज का क्षेत्रफल = आधार × ऊँचाई

समान्तर चतुर्भुज की परिमाप = भुजाओं का योग

आयतः आयत का क्षेत्रफल = लम्बाई × चौड़ाई

आयत की परिमिति = 2 (लम्बाई + चौड़ाई)

आयत का विकर्ण = $\sqrt{(\text{लम्बाई})^2+(\text{चौड़ाई})^2}$

विषमकोण समचतुर्भुजः विषमकोण समचतुर्भुज का क्षेत्रफल = $\frac{1}{2} \times$ दोनों विकर्णों का गुणनफल

विषमकोण समचतुर्भुज की परिमाप = 4 × एक भुजा

वर्गः वर्ग का क्षेत्रफल = (एक भुजा)^2

या वर्ग का क्षेत्रफल = $\frac{1}{2} \times$ (विकर्ण)^2

वर्ग की परिमिति = 4 × एक भुजा

वर्ग का विकर्ण = एक भुजा $\times\sqrt{2}$

या वर्ग का विकर्ण = $\sqrt{2 \times \text{वर्ग का क्षेत्रफल}}$

समलम्ब चतुर्भुजः समलम्ब चतुर्भुज का क्षेत्रफल = $\frac{1}{2} \times$ ऊँचाई × समान्तर भुजाओं का योग

बहुभुज

अंतःकोण + बाह्य कोण = 180°

प्रत्येक अन्तःकोण = $\left(\frac{2n-4}{n}\right)\times 90^\circ$

जहाँ n = भुजाओं की संख्या

बाह्यकोणों का योग = 360°

परिमिति = भुजाओं की संख्या × भुजा की लम्बाई

समबाहु त्रिभुज की भुजा a के लिए:

(a) अन्तःवृत्त की त्रिज्या = $\frac{a}{2\sqrt{3}}$

त्रिभुज की भुजा = $2\sqrt{3}r$

(b) परिवृत्त की त्रिज्या = $\frac{a}{\sqrt{3}}$

समबहुभुज का क्षेत्रफल = $\frac{1}{2}$ (भुजाओं की संख्या) (अन्तःवृत्त की त्रिज्या)

समषट्भुत्र का क्षेत्रफल = $\frac{3\sqrt{3}}{2}$ (भुजा)^2 = 2.598 × (भुजा)^2

समअष्टभुज का क्षेत्रफल = $2\left(\sqrt{2}+1\right)\times$ भुजा^{2} = 4.828 × (भुजा)^2

चतुर्भुज का क्षेत्रफल = $\sqrt{s(s-a)(s-b)(s-c)(s-d)}$

जहाँ $s = \frac{a+b+c+d}{2}$

ठोस का आयतन एवं पृष्ठ क्षेत्रफल

घनाभ

आयतन = लम्बाई × चौड़ाई × ऊँचाई

सम्पूर्ण पृष्ठ का क्षेत्र = 2(लम्बाई × चौड़ाई + चौड़ाई × ऊँचाई + ऊँचाई × लम्बाई)

विकर्ण = $\sqrt{(\text{लम्बाई})^2 + (\text{चौड़ाई})^2 + (\text{ऊँचाई})^2}$

कमरे के चारों दीवारों का क्षेत्रफल = 2 × ऊँचाई (लम्बाई + चौड़ाई)

घन

$$\text{आयतन} = (\text{लम्बाई})^3$$

$$\text{लम्बाई} = \sqrt[3]{\text{आयतन}}$$

$$\text{सम्पूर्ण पृष्ठ का क्षेत्रफल} = 6 \times (\text{लम्बाई})^2$$

$$\text{विकर्ण} = \text{लम्बाई} \times \sqrt{3}$$

$$\text{पार्श्व सतह का क्षेत्रफल} = 4 \times (\text{लम्बाई})^2$$

बेलन

$$\text{आयतन} = \pi\, r^2 h$$

$$\text{वक्र पृष्ठ का क्षेत्रफल} = 2\pi r h$$

$$\text{सम्पूर्ण पृष्ठ का क्षेत्रफल} = 2\pi r\,(r + h)$$

$$\text{जहाँ } r = \text{त्रिज्या}, h = \text{ऊँचाई}$$

गोला

$$\text{आयतन} = \frac{4}{3}\pi r^3$$

$$\text{सम्पूर्ण पृष्ठ का क्षेत्रफल} = 4\pi r^2$$

खोखला गोला

$$\text{आयतन} = \frac{4}{3}\pi\left(R^3 - r^3\right)$$

$$\text{सम्पूर्ण पृष्ठ का क्षेत्रफल} = 4\pi\,(R^2 - r^2)$$

$$\text{जहाँ } R = \text{बाह्य त्रिज्या एवं } r = \text{आंतरिक त्रिज्या}$$

अर्द्धगोला

$$\text{आयतन} = \frac{2}{3}\pi r^3$$

$$\text{वक्र पृष्ठ का क्षेत्रफल} = 2\pi r^2$$

$$\text{सम्पूर्ण पृष्ठ का क्षेत्रफल} = 3\pi r^2$$

शंकु

$$\text{तिरछी ऊँचाई } (l) = \sqrt{r^2 + h^2}$$

$$\text{आयतन} = \frac{1}{3}\pi r^2 h$$

$$\text{वक्र पृष्ठ का क्षेत्रफल} = \pi r l$$

$$\text{सम्पूर्ण पृष्ठ का क्षेत्रफल} = \pi r\,(l + r)$$

छिन्नक

$$\text{तिरछी ऊँचाई} = \sqrt{k^2 + (r_1 - r_2)^2}$$

$$\text{वक्र पृष्ठ का क्षेत्रफल} = \pi (r_1 + r_2) l$$

$$\text{आयतन} = \frac{\pi k}{3}\left(r_1^2 + r_1 r_2 + r_2^2\right)$$

जहाँ k = छिन्नक की गहराई, r_1 तथा r_2 दोनों छोर की त्रिज्याएँ हैं।

प्रश्नमाला

1. एक घनाभ की कोरें क्रमशः 4 सेमी. तथा 2 सेमी. हैं, तो उस घनाभ का आयतन कितना होगा?

A. 20 घन सेमी. B. 22 घन सेमी.
C. 28 घन सेमी. D. 24 घन सेमी.

2. एक टंकी 3 मी. लम्बी, 2 मी. चौड़ी तथा 1 मी. गहरी है । उसकी क्षमता (ली. में) क्या होगी?

A. 8000 ली. B. 10000 ली.
C. 6500 ली. D. 6000 ली.

3. एक घन का पृष्ठ क्षेत्रफल 1014 वर्ग सेमी. है। इसका आयतन कितना होगा?

A. 2197 घन सेमी.
B. 2297 घन सेमी.
C. 2179 घन सेमी.
D. 2117 घन सेमी.

4. यदि दो घनाकृतियों के आयतन में 8 : 1 का अनुपात हो तो उनकी कोरों में क्या अनुपात होगा?

A. 1 : 2 B. 2 : 1
C. 4 : 1 D. 2 : 3

5. दो गोलों के पृष्ठ क्षेत्रफल में 9 : 16 का अनुपात है, तो बताइये उनके आयतनों में क्या अनुपात होगा?

A. 64 : 27 B. 27 : 64
C. 16 : 27 D. 11 : 27

6. एक कमरे की लं., चौ. व ऊँ. क्रमशः 12 मी. 9 मी. तथा 8 मी. है, तो बताइये उस छड़ की अधिक-से-अधिक लम्बाई क्या होगी जो कमरे में ठीक प्रकार रखी जा सके?

A. 17 मी. B. 18 मी.
C. 25 मी. D. 16 मी.

7. किसी लम्बवृत्तीय शंकु की त्रिज्या तथा ऊंचाई में 3 : 5 का अनुपात है। यदि शंकु का आयतन 120π घन मी. हो तो उसकी तिरछी ऊँचाई कितनी होगी?

A. $3\sqrt{34}$ मी.
B. $2\sqrt{28}$ मी.
C. $2\sqrt{44}$ मी.
D. $2\sqrt{34}$ मी.

8. यदि किसी बेलन के आधार की परिधि 88 सेमी. तथा ऊंचाई 42 सेमी. हो तो उस बेलन का आयतन कितना होगा?

A. 25872 घन सेमी.
B. 28572 घन सेमी.
C. 25870 घन सेमी.
D. 22584 घन सेमी.

9. 10 सेमी. भुजा के दो घनों को आपस में सटाकर रखने से प्राप्त घनाभ का पृष्ठ क्या होगा?

A. 1200 वर्ग सेमी.

B. 5000 वर्ग सेमी.

C. 1000 वर्ग सेमी.

D. 1250 वर्ग सेमी.

10. एक आयताकार कागज के टुकडे की लम्बाई व चौड़ाई क्रमश: 30 सेमी. तथा 20 सेमी. है। यदि कागज को मोड़कर एक बेलन का वक्रपृष्ठ बनाया जाये तो बेलन कितने तरीके से बनाया जा सकता है?

A. तीन तरीके से B. दो तरीके से

C. एक तरीके से D. चार तरीके से

11. उपरोक्त प्रश्न में बने बेलनों के आयतनों में अनुपात क्या होगा।

A. 2 : 3 B. 3 : 1

C. 3 : 2 D. 2 : 1

12. यदि 3 सेमी. त्रिज्या के एक ठोस गोले को पिघलाकर उसी त्रिज्या के आधार पर एक शंकु बनाया जाये तो शंकु की ऊंचाई कितनी होगी?

A. 8 सेमी. B. 12 सेमी.

C. 6 सेमी. D. 5 सेमी.

13. किसी रोलर का व्यास 2.4 मी. तथा लम्बाई 1.68 मी. है। यदि किसी मैदान को समतल करने में रोलर को 1000 पूर्ण चक्कर लगाने पड़े तो उस मैदान का क्षेत्रफल क्या होगा?

A. 12672 वर्ग मी.

B. 12671 वर्ग मी.

C. 12762 वर्ग मी.

D. 11768 वर्ग मी.

14. एक घन के किनारे की लम्बाई में 10% वृद्धि करने से घन के धरातल के क्षेत्रफल में कितने प्रतिशत वृद्धि हो जाएगी?

A. 21% B. 18%

C. 15% D. 20%

15. 14 मी. लम्बे तथा 4 मी. त्रिज्या वाले एक ठोस बेलन को पिघलाकर शंकु बनाया जाता है। यदि शंकु की त्रिज्या बेलन की त्रिज्या के बराबर हो तो शंकु की ऊंचाई कितनी होगी?

A. 21 मी. B. 42 मी.

C. 48 मी. D. 54 मी.

16. एक घनाकार कमरे की भुजा 10 मी है। यदि एक विद्यार्थी 5 घन मी. की जगह घेरता हो तो कमरे में कितने विद्यार्थी बैठ सकते हैं?

A. 100 B. 175

C. 200 D. 225

17. तीन घन, जिनके किनारे क्रमश: 2 सेमी. 3 सेमी. तथा 4 सेमी. हैं, को पिघलाकर एक नया घन बनाया जाता है। उस नए घन का किनारा कितना होगा?

A. $\sqrt{99}$ सेमी. B. $3\sqrt{99}$ सेमी.

C. $\sqrt[3]{99}$ सेमी. D. 99 सेमी.

18. किसी घन के पृष्ठ भाग का क्षेत्रफल 600 वर्ग सेमी. है, तो उसके विकर्ण की लम्बाई क्या होगी?

A. $10\sqrt{3}$ सेमी. B. $5\sqrt{3}$ सेमी.

C. $4\sqrt{2}$ सेमी. D. $10\sqrt{2}$ सेमी.

19. एक शंक्वाकार मकबरे का व्यास तथा उसकी ढलवां ऊँचाई क्रमश: 28 मी. तथा 50 मी. है, तो बताइये 80 पैसे प्रति वर्ग मी. की दर से उसकी गोलाकर सतह पर सफेदी कराने का खर्च क्या होगा?

A. 1860 रु. B. 1760 रु.

C. 1950 रु. D. 1875 रु.

20. किसी घनाभ (Cuboid) की लम्बाई व चौड़ाई में क्रमशः 8 : 7 का अनुपात है। यदि घनाभ का आयतन 1120 घन सेमी तथा ऊंचाई 5 सेमी. हो तो घनाभ की चौड़ाई उसकी लम्बाई से कितनी कम होगी?

A. 4 सेमी. B. 2 सेमी.
C. 7 सेमी. D. 5 सेमी.

21. एक 8.0 मी. लम्बी 3.6 मी. ऊँची तथा 0.8 मी. मोटी दीवार को बनाने में 20 सेमी × 12 सेमी. × 5.6 सेमी. माप वाली कितनी ईटों की आवश्यकता होगी, यदि गारा इत्यादि प्रत्येक ईट के आयतन को उसके आयतन का 1/7 भाग बढ़ा देता हो?

A. 15000 B. 17000
C. 14000 D. 13000

22. एक बेलन के पार्श्वपृष्ठ का क्षेत्रफल 528 वर्ग सेमी. तथा उसकी ऊंचाई 8 सेमी. है। बेलन का आयतन कितना होगा?

A. 2882 घन सेमी.
B. 2772 घन सेमी.
C. 3772 घन सेमी.
D. 2782 घन सेमी.

23. दो बेलनाकार मर्तबानों (जारो) के व्यासों के बीच 3 : 1 का अनुपात तथा उनकी ऊँचाइयों के बीच 2 : 1 का अनुपात है। तो बताइये उनके आयतनों के बीच क्या अनुपात होगा?

A. 18 : 1 B. 14 : 3
C. 3 : 5 D. 1 : 18

24. एक शंकु (Cone) तथा एक गोले (Sphere) की त्रिज्या व आयतन बराबर-बराबर हैं। तो बताइए गोले के व्यास व शंकु की ऊँचाई के बीच क्या अनुपात होगा?

A. 1 : 3 B. 3 : 2
C. 1 : 2 D. 2 : 3

25. तीन गोलाकार धात्विक गेंदें जिनकी त्रिज्या क्रमशः 6 सेमी. 8 सेमी. तथा x सेमी. हैं। इन्हें पिघलाकर एक 12 सेमी. त्रिज्या वाला गोला बनाया जाता है तो x का मान कितना होगा?

A. 8 सेमी. B. 10 सेमी.
C. 15 सेमी. D. 12 सेमी.

26. एक टंकी 3 मीटर लम्बा, 2 मीटर चौड़ा और 1 मीटर गहरा है तो इसकी धारिता होगी:

A. 8000 लीटर B. 10000 लीटर
C. 6500 लीटर D. 6000 लीटर

27. एक घन का पृष्ठीय क्षेत्रफल 1014 वर्ग से.मी. है तो इसका आयतन होगा:

A. 2197 घन से.मी.
B. 2297 घन से.मी.
C. 2179 घन से.मी.
D. 2117 घन से.मी.

28. दो घनाकार पिण्ड के आयतनों का अनुपात 8 : 1 है तो उसके किनारों का अनुपात होगा:

A. 1 : 2 B. 2 : 1
C. 4 : 1 D. 2 : 3

29. दो गोले के पृष्ठीय क्षेत्रफल का अनुपात 9 : 16 हैतोउसके आयतन का अनुपात होगा:

A. 64 : 27 B. 27 : 64
C. 16 : 27 D. 11 : 27

30. 12 मीटर लम्बे 9 मीटर चौड़े व 8 मीटर ऊँचे कमरे में रखे जा सकने वाले बृहत्तम छड़ की लम्बाई होगी:

A. 17 मीटर B. 18 मीटर
C. 25 मीटर D. 16 मीटर

31. 10 से.मी. भुजा वाले दो घनों को सटाकर रखा गया है तब इस प्रकार बने घनाभ का पृष्ठीय क्षेत्रफल होगाः

A. 1200 वर्ग से.मी.

B. 5000 वर्ग से.मी.

C. 1000 वर्ग से.मी.

D. 1250 वर्ग से.मी.

32. किसी बेलन का आयतन 120 घन सेमी है, तो उसकी आधार और उसी ऊँचाई के शंकु का आयतन होगा

A. 12 घन सेमी

B. 240 घन सेमी

C. 60 घन सेमी

D. 40 घन सेमी

33. एक शंकु की ऊंचाई 6 सेमी तथा आधार की त्रिज्या 12 सेमी है। यदि इस शंकु का आयतन एक गोले के आयतन के बराबर हो, तो गोले की त्रिज्या होगी

A. 6 सेमी B. 8 सेमी

C. 7.2 सेमी D. 2.5 सेमी

34. एक कमरा घनाकार है जिसकी भुजा 10 मीटर है। यदि रूई की एक गठरी 5 वर्ग मीटर स्थान घेरता हो तो कमरे में रूई की कितनी गठरी रखी जा सकेगी?

A. 100 B. 175

C. 200 D. 225

35. एक घन का पृष्ठीय क्षेत्रफल 600 वर्ग मीटर है तो इसका विकर्ण होगाः

A. $10\sqrt{3}$ से.मी. B. $5\sqrt{3}$ से.मी.

C. $4\sqrt{2}$ से.मी. D. $10\sqrt{2}$ से.मी.

36. यदि किसी गोले को एक ऐसे घन में रखा जाय कि गोला घन में सटीक समा सके तो घन के आयतन व गोले के आयतन का अनुपात होगाः

A. 7 : 12 B. 22 : 21

C. 21 : 11 D. 20 : 7

37. एक शंकु और एक गोले की त्रिज्या व आयतन समान है तो गोले का व्यास और शंकु के ऊँचाई का अनुपात होगाः

A. 1 : 3 B. 3 : 2

C. 1 : 2 D. 2 : 3

38. दो बेलनोंके त्रिज्याओं का अनुपात 2 : 3 और ऊँचाइयों का अनुपात 5 : 3 है तो इनके आयतनों का अनुपात होगाः

A. 4 : 9 B. 9 : 4

C. 20 : 27 D. 27 : 20

39. घनाभ के आकार के एक टंकी की लम्बाई 7.2 मी. एव चौड़ाई 2.5 मीटर है इसको भरने के लिए लगे पाइप जिसका अनुप्रस्थ माप 5 से.मी. × 3 से.मी. है। जिसमें पानी का बहाव 10 मी./से. है। यदि टंकी 40 मिनट में भरता है तो टंकी की ऊंचाई हैः

A. 1 मीटर B. 2 मीटर

C. 3 मीटर D. 4 मीटर

40. एक कुँआ का आन्तरिक व्यास 7 मीटर है और इसे 22.5 मीटर गहरा खोदा गया है। इससे निकाली गई मिट्टी को कुँए के चारों ओर 10.5 मीटर की चौड़ाई में फैलाया गया है। किनारे की ऊँचाई निकालें।

A. 1 मीटर B. 1.5 मीटर

C. 2 मीटर D. 2.5 मीटर

41. एक समबाहु त्रिभुज का क्षेत्रफल $24\sqrt{3}$ वर्ग मी हो तो मैदान का क्षेत्रफल होगाः

A. $12\sqrt{6}$ मी.

B. $6\sqrt{2}$

C. 96 मी

D. इनमें से कोई नहीं

42. एक समकोण त्रिभुजाकर खेत का क्षेत्रफल 30 वर्ग मीटर है। यदि उसकी लम्बाई आधार से 7 मीटर अधिक है तो आधार की भुजा होगी:

A. 7 मीटर B. 5 मीटर

C. 12 मीटर D. 3 मीटर

43. एक आयताकार फर्श का क्षेत्रफल 120 वर्ग मीटर है तथा परिमाप 46 मीटर है तो इसका विकर्ण ज्ञात कीजिए:

A. 15 मीटर B. 17 मीटर

C. 19 मीटर D. 22 मीटर

44. एक त्रिभुजाकार खेत की भुजाएं क्रमशः 26 मीटर, 28 मीटर तथा 30 मीटर हैं तो खेत का क्षेत्रफल है:

A. 335 वर्गमीटर

B. 336 वर्गमीटर

C. 256 वर्गमीटर

D. इनमें से कोई नहीं

45. एक आयत की लम्बाई में 10% की वृद्धि करने पर चौड़ाई में कितनी कमी करनी होगी कि क्षेत्रफल में कोई परिवर्तन न हो?

A. 10% B. 11%

C. $9\frac{1}{11}\%$ D. $11\frac{1}{9}\%$

46. एक आयत की लम्बाई तीन गुनी तथा चौड़ाई आधी कर दी जाए तो परिणामी आयत तथा नए आयत के क्षेत्रफल का अनुपात होगा:

A. 1 : 2 B. 1 : 3

C. 2 : 3 D. 3 : 2

47. एक वृत्ताकार मैदान की परिधि 616 मीटर है तो उसका क्षेत्रफल होगा:

A. 30, 184 वर्ग मीटर

B. 28,126 वर्ग मीटर

C. 34,184 वर्ग मीटर

D. 37,628 वर्ग मीटर

48. एक वृत्ताकार मैदान का क्षेत्रफल 154 वर्गमीटर है। मैदान के 15 चक्कर लगाने में कितनी दूरी तय करनी पड़ेगी?

A. 665 मीटर B. 560 मीटर

C. 660 मीटर D. 676 मीटर

49. एक वृत्ताकार मैदान की त्रिज्या 12 मीटर है, मैदान के अन्दर की ओर 2 मीटर चौड़ा एक रास्ता है तो रास्ते का क्षेत्रफल होगा:

A. 130.85 वर्गमीटर

B. 385.79 वर्गमीटर

C. 138.29 वर्गमीटर

D. 326.27 वर्गमीटर

50. एक साइकिल के पहिए का व्यास 77 सेमी है। 2.42 किलोमीटर चलने में कितने चक्कर लगाएगा?

A. 10 चक्कर B. 50 चक्कर

C. 1,000 चक्कर D. 200 चक्कर

51. एक घनाकार टंकी में 64 लीटर पानी आता है तो टंकी की ऊंचाई होगी:

A. 40 सेमी B. 22 सेमी

C. 30 सेमी D. 20 सेमी

52. एक घन का सम्पूर्ण पृष्ठ 1,350 वर्ग मी है तो घन का आयतन होगा:

A. 3,725 घन मी

B. 2,375 घन मी
C. 1,375 घन मी
D. 3,375 घन मी

53. एक घन का सम्पूर्ण पृष्ठ 600 वर्ग सेमी है, तोइसके विकर्णकी लम्बाईकितनी है:

A. $\frac{10}{\sqrt{3}}$ सेमी B. $\frac{10}{\sqrt{2}}$ सेमी
C. $10\sqrt{3}$ सेमी D. $10\sqrt{2}$ सेमी

54. 4 मीटर लम्बी, 3 मीटर ऊंची तथा 13 सेमी चौड़ी दीवार बनाने के लिए 20 सेमी लम्बी, 12 सेमी चौड़ी तथा 6.5 सेमी ऊंची कितनी ईंटों की आवश्यकता होगी?

A. 500 B. 1,000
C. 1,500 D. 2,000

55. एक समबाहु त्रिभुज की प्रत्येक भुजा $4\sqrt{3}$ सेमी है। इसकी ऊँचाई है:

A. 3 सेमी B. $\sqrt{3}$ सेमी
C. 6 सेमी D. $\frac{\sqrt{3}}{4}$ सेमी

56. एक त्रिभुज का परिमाप 180 सेमी तथा भुजाएँ 5 : 6 : 7 के अनुपात में है। त्रिभुज का क्षेत्रफल है :

A. $600\sqrt{6}$ वर्ग सेमी
B. 1500 वर्ग सेमी
C. 3000 वर्ग सेमी
D. $5000\sqrt{7}$ वर्ग सेमी

57. एक समकोण त्रिभुज का कर्ण 10 सेमी तथा परिमाप 24 सेमी है, तो त्रिभुज का क्षेत्रफल होगाः

A. 24 वर्ग सेमी B. 35 वर्ग सेमी
C. 54 वर्ग सेमी D. 74 वर्ग सेमी

58. यदि किसी त्रिभुज का क्षेत्रफल 1687.5 सेमी^{2} है। आधार और सम्बन्धित ऊँचाई का अनुपात 3 : 5 है। त्रिभुज की ऊँचाई होगी :

A. 42 सेमी B. 52 सेमी
C. 54 सेमी D. 75 सेमी

59. $2\sqrt{3}$ सेमी भुजा वाले समषट्भुज का क्षेत्रफल होगा :

A. $18\sqrt{3}$ वर्ग सेमी
B. $12\sqrt{3}$ वर्ग सेमी
C. $36\sqrt{3}$ वर्ग सेमी
D. $27\sqrt{3}$ वर्ग सेमी

60. 28 सेमी की भुजा वाले वर्ग के भीतर बनाए जा सकने वाले सबसे बड़े वृत्त का क्षेत्रफल क्या होगा?

A. 17248 वर्ग सेमी
B. 784 वर्ग सेमी
C. 8624 वर्ग सेमी
D. 616 वर्ग सेमी

व्याख्यात्मक उत्तर

1. D: $\because$ घनाभ का आयतन = लं. × चौ. × ऊं. = 4 × 3 ×2 = 24 घन सेमी.

2. D: टंकी का आयतन = लं. × चौ. × ऊं. = 3 × 2 × 1 = 6 घन मी. ($\because$ 1 घन मी. = 1000 ली.)
$\therefore$ टंकी की क्षमता = 6 × 1000 = 6000 ली.।

3. A.

4. B : माना दो घनों की भुजा क्रमशः a_1 व a_2 है।

$\therefore$ दोनों घनों का आयतन क्रमशः a_1^3 व a_2^3 होगा

प्रश्नानुसार, $a_1^3 : a_2^3 = 8 : 1$

$$\therefore \quad \frac{a_1^3}{a_2^3} = \frac{8}{1}$$

$$\therefore \left(\frac{a_1}{a_2}\right)^3 = \left(\frac{2}{1}\right)^3 \Rightarrow a_1 : a_2 = 2 : 1$$

अतः उनकी कोरों में 2 : 1 का अनुपात होगा।

5. B : माना कि दो गोलों की त्रिज्या क्रमशः r_1 व r_2 है

दोनों गोलों का पृष्ठ क्षेत्रफल क्रमशः $4\pi r_1^2$ व $4\pi r_2^2$

प्रश्नानुसार, $4\pi r_1^2 : 4\pi r_2^2 = 9 : 16 \Rightarrow r_1^2 : r_2^2 = 9 : 16$

$$\Rightarrow \frac{r_1^2}{r_2^2} = \frac{9}{16} \Rightarrow \left(\frac{r_1}{r_2}\right)^2 = \left(\frac{3}{4}\right)^2 \Rightarrow r_1 : r_2 = 3 : 4$$

$$\Rightarrow \left(\frac{r_1}{r_2}\right)^3 = \left(\frac{3}{4}\right)^3 \Rightarrow \frac{r_1^3}{r_2^3} = \frac{27}{64}$$

$$\Rightarrow r_1^3 : r_2^3 = 27 : 64$$

$\because$ उनके आयतनों अनुपात $= \frac{4}{3}\pi r_1^3 : \frac{4}{3}\pi r_2^3$

$\Rightarrow r_1^3 : r_2^3 = 27 : 64$

6. A.

7. D : माना कि लम्बवृत्तीय शंकु की त्रिज्या व ऊंचाई क्रमशः $3x$ मी. व $5x$ मी. है

$\therefore$ शंकु का आयतन $= \frac{1}{3}\pi r^2 h = \frac{1}{3}\pi \times (3x)^2 \times 5x$ घन मी.

प्रश्नानुसार, शंकु का आयतन = 120π घन मी. (दिया है)

$$\therefore \frac{1}{3}\pi \times 9x^2 \times 5x = 120\pi \Rightarrow x^3 = \frac{120 \times 3}{9 \times 5}$$

$\Rightarrow x^3 = 8 \Rightarrow x^3 = (2)^3 \Rightarrow x = 2$ मी.

$\therefore$ लम्बवृत्तीय शंकु की त्रिज्या व ऊंचाई क्रमशः $3 \times 2 = 6$ मी. तथा $5 \times 2 = 10$ मी. होगी।

$\therefore \quad$ तिर्यक ऊंचाई $= \sqrt{(\text{त्रिज्या})^2 (\text{ऊंचाई})^2} = \sqrt{(6)^2 + (10)^2}$

$= \sqrt{36 + 100} = \sqrt{136} = 2\sqrt{34}$ मी.।

8. A: माना कि बेलन के आधार की त्रिज्या = r सेमी.

$\therefore$ बेलन के आधार की परिधि = $2\pi r$ सेमी.

प्रश्नानुसार, $2\pi r = 88$

$\Rightarrow r = \frac{88}{2\pi} = \frac{88}{2 \times \frac{22}{7}} = \frac{88 \times 7}{2 \times 22} = 14$ सेमी.

$\therefore$ बेलन का आयतन = $\pi r^2 h = \frac{22}{7} \times (14)^2 \times 42$

$= 22 \times 2 \times 14 \times 42 = 25872$ घन सेमी. ।

9. C.

10. B.

11. C.

12. B: $\because$ 3 सेमी. त्रिज्या वाले गोले का आयतन = $\frac{4}{3}\pi \times (3)^3 = \frac{4}{3}\pi \times 27$ घन सेमी.

माना कि शंकु की ऊंचाई h सेमी. है

$\therefore$ उसी त्रिज्या के आधार पर शंकु का आयतन = $\frac{1}{3}\pi(3)^2 \times h$ घन सेमी.

चूंकि शंकु का आयतन = गोले का आयतन

$\therefore \frac{1}{3}\pi \times (3)^2 \times h = \frac{4}{3}\pi \times 27 \Rightarrow h = 12$ सेमी.

अतः शंकु की ऊंचाई 12 सेमी होगी।

13. A: $\because$ रोलर का व्यास = 2.4 मी. $\therefore$ रोलर की त्रिज्या = 1.2 सेमी.

तथा रोलर की लम्बाई (ऊंचाई) = 1.68 मी.

$\therefore$ रोलर की वक्रपृष्ठ = $2\pi rh = 2 \times \frac{22}{7} \times 1.2 \times 1.68 = 12.672$ वर्ग मी.

$\therefore$ 1 चक्कर में रोलर मैदान पर चला = 12.672 वर्ग मी.

$\therefore$ 1000 चक्कर में मैदान पर चलेगा = $12.672 \times 1000 = 12672$ वर्ग मी.

अर्थात् मैदान का क्षेत्रफल = 12672 वर्ग मी. होगा।

14. A: $\because$ घन के धरातल के क्षेत्रफल दो कोरों में 10% की वृद्धि होती है। अर्थात् $x\% = y\% = 10\%$

तथा प्रतिशत वृद्धि की स्थिति में x, y के मान (+) धनात्मक होंगे।

$\therefore$ घन के धरातल के क्षेत्रफल में प्रतिशत वृद्धि = $\left(x + y + \frac{xy}{100}\right)\%$

$= \left(10 + 10 + \frac{10 \times 10}{100}\right)\% = 21\%$

15. B : $\because$ ठोस बेलन का आयतन $= \pi r^2 h = \pi r^2 \times 14$ घन मी.
प्रश्नानुसार, शंकु की त्रिज्या = बेलन की त्रिज्या r मी = 4 मी.
चूंकि शंकु का आयतन = बेलन का आयतन

$\therefore \frac{1}{3}\pi r^2 \times$ ऊंचाई $= \pi r^2 \times 14$

$\therefore$ ऊंचाई $= 14 \times 3 = 42$ मी.
अत: शंकु की ऊंचाई 42 मी. होगा।

16. C : $\because$ घनाकार कमरे का आयतन $= (10)^3 = 1000$ घन मी.

कमरे में बैठने वाले विद्यार्थियों की संख्या $= \dfrac{\text{कमरे का आयतन}}{\text{एक विद्यार्थी का आयतन}}$

$= \frac{1000}{5} = 200.$

17. C : $\because$ तीन घन के किनारे क्रमश: 2 सेमी., 3 सेमी. तथा 4 सेमी. है।
$\therefore$ तीनों घनों के आयतन क्रमश: $(2)^3 = 8$ घन सेमी., $(3)^3 = 27$ घन सेमी.
तथा $(4)^3 = 64$ घन सेमी. होगी।
$\therefore$ नए घन का आयतन = तीनों घनों का आयतन
$\therefore$ नए घन का आयतन $= 8 + 27 + 64 = 99$ घन सेमी.
$\therefore$ नए घन का किनारा $= \sqrt[3]{99}$ सेमी.।

18. A : $\because$ घन के पृष्ठ भाग का क्षेत्रफल $= 6 \times (\text{भुजा})^2$
$\therefore 6 \times (\text{भुजा})^2 = 600 \Rightarrow (\text{भुजा})^2 = 100$
$\Rightarrow$ भुजा = 10 सेमी.
$\therefore$ घन के विकर्ण की लम्बाई $= \sqrt{3} \times$ भुजा $= \sqrt{3} \times 10 = 10\sqrt{3}$ सेमी.

19. B : $\because$ शंकु के वक्रतल का क्षेत्रफल $= \pi r l$
(जहां r = शंकु की त्रिज्या l = शंकु की ढलवां ऊंचाई)

$\therefore$ वक्रतल का क्षेत्रफल $= \frac{22}{7} \times \frac{28}{2} \times 50 = 2200$ वर्ग मी.

$\therefore$ 80 पैसे प्रति वर्ग मी. की दर से सफेदी कराने का खर्च $= 2200 \times \frac{80}{100} = 1760$ रु. होगा।

20. B.

21. A : चूंकि दीवार का आयतन $= 8 \times 3.6 \times .8 = 23.04$ घन मी. $= 23040000$ घन सेमी.
तथा ईंट का आयतन $= 20 \times 12 \times 5.6 = 1344$ घन सेमी.

प्रश्नानुसार, गारा इत्यादि सहित ईंट का आयतन = 1344 + 1344 का $\frac{1}{7}$ = 1344 + 192
= 1536 घन सेमी.

$\therefore$ ईटों की संख्या = $\frac{\text{दीवार का आयतन}}{\text{गारा इत्यादि सहित ईंट का आयतन}}$

$= \frac{23040000}{1536} = 15000.$

22. B : $\because$ बेलन की पार्श्वपृष्ठ का क्षेत्रफल = $2\pi rh$

$\because \quad 2\pi rh = 528$

$\therefore \quad r = \frac{528}{2\pi h} = \frac{528}{2 \times \frac{22}{7} \times 8} = \frac{528 \times 7}{2 \times 22 \times 8}$ = 10.5 सेमी.

$\therefore$ बेलन का आयतन = $\pi r^2 h = \frac{22}{7} \times (10.5)^2 \times 8 = 2772$ घन सेमी.।

23. A : माना कि दो बेलनाकार मर्तबानों के व्यास क्रमशः $6x$ व $2x$ हैं

$\therefore$ उनकी त्रिज्या = $\frac{6x}{2} = 3x$ व $\frac{2x}{2} = x$ होगी तथा ऊंचाई क्रमशः $2h$ व h है

$\therefore$ उनके आयतन क्रमशः $\pi(3x)^2 \times 2h$ व $\pi \times (x)^2 \times h$ होगे।

$\therefore$ आयतनों में अनुपात = $\pi \times 9x^2 \times 2h : \pi x^2 h = 18 : 1$

24. C : माना कि शंकु की त्रिज्या व ऊंचाई क्रमशः r व h है

$\therefore$ गोले की त्रिज्या = r होगी

प्रश्नानुसार, शंकु का आयतन = गोले का आयतन

$\therefore \frac{1}{3}\pi r^2 h = \frac{4}{3}\pi r^3 \Rightarrow h = 4r$

$\therefore$ गोले व शंकु के क्रमशः व्यास व ऊंचाई में अनुपात = $2r : h = 2r : 4r = 1 : 2.$

25. B.

26. D : टंकी का आयतन = $l \times b \times h = 3 \times 2 \times 1 = 6$ घन मीटर ($\because$ 1 घन मीटर = 1000 लीटर)

$\therefore$ टंकी की क्षमता = 6 × 1000 = 6000 लीटर

27. A.

28. B : यहाँ $\quad a_1^3 : a_2^3 = 8 : 1$

$\therefore \quad \left(\frac{a_1}{a_2}\right)^3 = \left(\frac{2}{1}\right)^3 \Rightarrow a_1 : a_2 = 2 : 1$

अतः उनके किनारों का अनुपात = 2 : 1

29. B : यहाँ $4\pi r_1^2 : 4\pi r_2^2 = 9 : 16 \Rightarrow r_1^2 : r_2^2 = 9 : 16$

$$\Rightarrow \left(\frac{r_1}{r_2}\right)^2 = \left(\frac{3}{4}\right)^2 \quad \Rightarrow r_1 : r_2 = 3 : 4$$

$$\Rightarrow \quad \frac{r_1^3}{r_2^3} = \frac{27}{64} \quad \Rightarrow r_1^3 : r_2^3 = 27 : 64.$$

अतः उनके आयतनों का अनुपात = $\frac{4}{3}\pi r_1^3 : \frac{4}{3}\pi r_2^3 = r_1^3 : r_2^3 = 27 : 64$

30. A : बृहत्तम छड़ जो घनाभाकार कमरे में रखी जा सकती है = कमरे के विकर्ण की लम्बाई

$= \sqrt{l^2 + b^2 + h^2} = \sqrt{(12)^2 + (9)^2 + (8)^2}$

$= \sqrt{144 + 81 + 64} = \sqrt{289} = 17$ मीटर

31. C : यहाँ, घनाभ की लम्बाई = प्रथम घन का किनारा + दूसरे घन का किनारा = 10 + 10 = 20 से.मी.

$\therefore$ घनाभ का पृष्ठीय क्षेत्रफल = $2(20 \times 10 + 10 \times 10 + 10 \times 20)$
$= 2(200 + 100 + 200)$
$= 2 \times 500 = 1000$ वर्ग सेमी.

32. D.

33. A.

34. C : घनाकार कमरे का आयतन = $(10)^3 = 1000$ घन मीटर
गठरी की कुल संख्या जो कमरे में रखा जा सके

$$= \frac{\text{कमरे का आयतन}}{\text{गठरी का आयतन}} = \frac{1000}{5} = 200.$$

35. A : यहाँ, $6 \times (\text{भुजा})^2 = 600$

$\Rightarrow \quad \text{भुजा}^2 = 100$

$\Rightarrow \quad \text{भुजा} = \sqrt{100} = 10$ से.मी.

$\therefore$ घन का विकर्ण = $\sqrt{3} \times \text{भुजा} = \sqrt{3} \times 10 = 10\sqrt{3}$ से.मी.

36. C.

37. C : यहाँ, $4/3\pi r^3 = \frac{1}{3}\pi r^2 h \quad \Rightarrow \quad 4r = h$

$\Rightarrow \quad 2d = h \quad \therefore \quad \frac{d}{h} = \frac{1}{2}$

अतः, अभीष्ट अनुपात = 1 : 2

38. C: यहाँ $\frac{V_1}{V_2} = \frac{\pi \times 2^2 \times 5}{\pi \times 3^2 \times 3} = \frac{20}{27}$

अतः, अभीष्ट अनुपात = 20 : 27.

39. B: यहाँ, 40 मिनट में जल स्तम्भ की लम्बाई = $10 \times 40 \times 60$ मीटर

चूँकि, $7.2 \times 2.5 \times h = \frac{5}{100} \times \frac{3}{100} \times 10 \times 40 \times 60 \Rightarrow h = \frac{36 \times 100}{72 \times 25} = 2$ मीटर

40. B: यहाँ, $\pi\left[(10.5+3.5)^2 - (3.5)^2\right]h = \pi(3.5)^2 \times 22.5$

$\Rightarrow (196 - 12.25)h = 12.25 \times 22.5 \quad \therefore \quad h = \frac{12.25 \times 22.5}{183.75}$

= 1.5 मीटर

41. A: समबाहु Δ का क्षेत्रफल = $\frac{\sqrt{3}}{4}$ (भुजा)^2

$24\sqrt{3} = \frac{\sqrt{3}}{4}$ (भुजा)^2

$\therefore$ भुजा = $\sqrt{24 \times 4} = 4\sqrt{6}$ सेमी

अतः परिमाप = $3 \times 4\sqrt{6} = 12\sqrt{6}$ सेमी

42. B.

43. B.

44. B.

45. C: माना चौड़ाई में $x\%$ की कमी या वृद्धि होती है।

क्षेत्रफल में % वृद्धि, $0 = 10 + x + \frac{10x}{100}$

या $-10 = \frac{110x}{100} \quad \therefore x = -\frac{100}{11} = -9\frac{1}{11}\%$.

46. D.

47. A: वृत्त का क्षेत्रफल = वृत्त की परिधि × (त्रिज्या का आधार)

$= 616 \times \frac{98}{2} = 30{,}184$ वर्गमीटर।

48. C. **49. C.** **50. C.**

51. A: $l^3 = 64 \times 1000$ घन सेमी

$l = 3\sqrt{64 \times 1000} = 40$ घन सेमी

52. D: $6l^2 = 1350$

$l^2 = \frac{1350}{6} = 225$

$l = 15$ मी.

आयतन $= l^3 = 15 \times 15 \times 15 = 3375$ घन मी.

53. C: माना घन की भुजा a सेमी है।

प्रश्नानुसार, $6a^2 = 600$ या $a^2 = 100$ या $a = 10$

अतः घन के विकर्ण की लम्बाई $= \sqrt{3}a = 10\sqrt{3}$ सेमी

54. B.

55. C.

56. A: माना $a = 5x, b = 6x$ तथा $c = 7x$

$\therefore \quad 180 = 5x + 6x + 7x$

$\Rightarrow \quad x = 10$

अतः $\quad a = 50,\ b = 60,\ c = 70$

$s = \frac{50+60+70}{2} = 90$

$\therefore$ त्रिभुज का क्षेत्रफल $= \sqrt{s(s-a)(s-b)(s-c)}$

$= \sqrt{90 \times 40 \times 30 \times 20} = 600\sqrt{6}$ वर्ग सेमी

57. A.

58. D.

59. A: समषट्भुज का क्षेत्रफल $= 6 \times \frac{\sqrt{3}}{4} \times \left(2\sqrt{3}\right)^2 = 6 \times \frac{\sqrt{3}}{4} \times 4 \times 3 = 18\sqrt{3}$ वर्ग सेमी

60. D: अभीष्ट क्षेत्रफल $= \frac{\pi \times (28)^2}{4} = \frac{22}{7} \times \frac{28 \times 28}{4} = 616$ वर्ग सेमी

17
त्रिकोणमिति

माना ABC कोई समकोण त्रिभुज है। जहाँ AB आधार, BC लम्ब एवं AC कर्ण है तथा $\angle BAC = \theta$ उन्नयन कोण है। तब

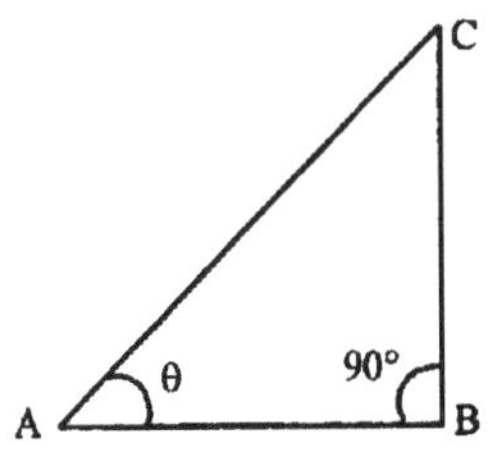

$$\sin\theta = \frac{\text{लम्ब}}{\text{कर्ण}} = \frac{BC}{AC} = \frac{1}{\text{cosec}\,\theta}$$

$$\cos\theta = \frac{\text{आधार}}{\text{कर्ण}} = \frac{AB}{AC} = \frac{1}{\sec\theta}$$

$$\tan\theta = \frac{\text{लम्ब}}{\text{आधार}} = \frac{BC}{AB} = \frac{1}{\cot\theta}$$

इसी प्रकार $\text{cosec}\,\theta = \frac{\text{कर्ण}}{\text{लम्ब}} = \frac{AC}{BC} = \frac{1}{\sin\theta}$

$$\sec\theta = \frac{\text{कर्ण}}{\text{आधार}} = \frac{AC}{AB} = \frac{1}{\cos\theta}$$

$$\cot\theta = \frac{\text{आधार}}{\text{लम्ब}} = \frac{AB}{BC} = \frac{1}{\tan\theta}$$

सूत्र और उनके प्रयोग–

(*i*) $\sin^2\theta + \cos^2\theta = 1$

(*ii*) $1 + \tan^2\theta = \sec^2$

(*iii*) $1 + \cot^2\theta = \text{cosec}^2\,\theta$

(*iv*) $\sec^2\theta - 1 = \tan^2\theta$

(*v*) $\text{cosec}^2\,\theta - 1 = \cot^2\theta$

(*vi*) $\sec^2\theta - \tan^2\theta = 1$

(*vii*) $\text{cosec}^2\,\theta - \cot^2\theta = 1$

त्रिकोणमितीय कोणों के मान की सारणी

	0°	30° $\left(\frac{\pi}{6}\right)$	45° $\left(\frac{\pi}{4}\right)$	60° $\left(\frac{\pi}{3}\right)$	90° $\left(\frac{\pi}{2}\right)$
$\sin\theta$	0	$\frac{1}{2}$	$\frac{1}{\sqrt{2}}$	$\frac{\sqrt{3}}{2}$	1
$\cos\theta$	1	$\frac{\sqrt{3}}{2}$	$\frac{1}{\sqrt{2}}$	$\frac{1}{2}$	0
$\tan\theta$	0	$\frac{1}{\sqrt{3}}$	1	$\sqrt{3}$	∞

उपरोक्त सारणी की सहायता से $\cot\theta$, $\sec\theta$ तथा $\operatorname{cosec}\theta$ का मान भी ज्ञात किया जा सकता है। क्योंकि

$$\cot\theta = \frac{1}{\tan\theta}, \sec\theta = \frac{1}{\cos\theta}, \operatorname{cosec}\theta = \frac{1}{\sin\theta}$$

त्रिकोणमितीय सर्व समिकाएँ (T. Identity) के मानों की सारणी

(*i*) $\sin(A+B) = \sin A\cos B + \cos A\sin B$

(*ii*) $\sin(A-B) = \sin A\cos B - \cos A\sin B$

(*iii*) $\cos(A+B) = \cos A\cos B - \sin A\,.\,\sin B$

(*iv*) $\cos(A-B) = \cos A.\cos B + \sin A.\sin B$

(*v*) $\tan(A-B) = \dfrac{\tan A - \tan B}{1+\tan A\times\tan B}$

(*vi*) $\tan(A+B) = \dfrac{\tan A - \tan B}{1+\tan A\times\tan B}$

प्रश्नमाला

1. $\dfrac{\cos 90° + \sin 0°}{\cot 30°}$ का मान बताइये।

A. 1 B. 0

C. $\sqrt{3}$ D. $\frac{1}{\sqrt{3}}$

2. $\dfrac{\cos\frac{\pi}{4} + \sin\frac{\pi}{4}}{\tan\frac{\pi}{4}}$ का मान बताइये।

A. 2 B. $\frac{1}{2}$

C. $\sqrt{2}$ D. $\frac{1}{\sqrt{2}}$

3. यदि $\sec\theta = \sqrt{2}$ तो $\text{cosec}\,\theta$ का मान ज्ञात करें।

A. $\sqrt{2}$ B. 2

C. $\frac{1}{\sqrt{2}}$ D. 1

4. यदि $\cos\theta = \frac{1}{2}$ हो तो $\frac{2\sec\theta}{1+\tan^2\theta}$ का मान ज्ञात करें।

A. 1 B. 4

C. 3 D. 2

5. यदि $\cos\theta = \frac{3}{5}$ हो, तो $\frac{\sin\theta+\cot\theta}{\tan\theta}$ का मान ज्ञात करो।

A. $\frac{31}{20}$ B. $\frac{3}{4}$

C. $\frac{80}{93}$ D. $\frac{93}{80}$

6. यदि $\tan\theta = \frac{4}{5}$ हो तो $\frac{5\sin\theta-3\cos\theta}{5\sin\theta+2\cos\theta}$ का मान ज्ञात कीजिए।

A. $\frac{3}{4}$ B. $\frac{1}{6}$

C. $\frac{3}{2}$ D. $\frac{5}{3}$

7. यदि $\frac{\cos\theta}{\text{cosec}\,\theta+1}+\frac{\cos\theta}{\text{cosec}\,\theta-1}=2$ हो, तो θ का मान बताइये।

A. 45° B. 60°

C. 30° D. 90°

8. यदि $\tan\theta = \frac{8}{15}$ हो, तो $\cos\theta$ का मान कितना होगा ज्ञात करें।

A. $\frac{17}{15}$ B. $\frac{15}{17}$

C. $\frac{5}{7}$ D. इनमें से कोई नहीं

9. यदि $\tan\theta = \frac{12}{13}$ हो, तो $\frac{\cos\theta+\sin\theta}{\cos\theta-\sin\theta}$ का मान बताइये।

A. 12 B. 13

C. 25 D. 1

10. $\frac{\cos\theta}{1-\sin\theta}+\frac{\cos\theta}{1+\sin\theta}=4$ हो, तो θ का मान ज्ञात करें।

A. 30° B. 45°

C. 60° D. 75°

11. एक मीनार $100\sqrt{3}$ मीटर ऊँची है। इसके पाद (Foot) से 100 मीटर दूर स्थित किसी बिन्दु से इसके शिखर (Top) का उन्नयन कोण होगा :

A. 60° B. 30°

C. 45° D. 90°

12. एक सीढ़ीकिसी दीवार के सहारे इस प्रकार झुकी हुई है कि उसका उन्नयन कोण 60° है। यदि सीढ़ी का निचला सिरा दीवार के पाद से 9.6 मीटर दूर स्थित हो, तो सीढ़ी की लम्बाई होगी :

A. 11.18 मीटर B. 19.2 मीटर
C. 18 मीटर D. 19 मीटर

13. समुद्र के किनारे पर स्थित 150 मीटर ऊँची एक सीधी चट्टान (cliff) से, समुद्र में चल रहे जहाज का किसी क्षण, अवनमन कोण 30° है। जहाज की जट्टान के पाद (तलहटी) से दूरी होगी :

A. 260 मीटर B. 220 मीटर
C. 423 मीटर D. 42.36 मीटर

14. एक पतंग की डोर 100 मीटर लम्बी है तथा यह आसमान में उड़ते समय क्षैतिज तल से 60° का कोण बनाती है। यह मानते हुए कि पतंग की डोर बिल्कुल सीधी तनी हुई है, पतंग की क्षैतिज से ऊँचाई होगी :

A. 80.6 मीटर B. 90.6 मीटर
C. 86.6 मीटर D. 80 मीटर

15. एक जैट हवाई जहाज (Jet Plane) का जमीनी सतह पर स्थित एक बिन्दु A से किसी क्षण उन्नयन कोण 60° है। यदि 15 सैकेण्ड पश्चात् हवाई जहाज का उन्नयन कोण 30° हो जाता हो तो हवाई जहाज की चाल होगी :

A. 300 कि.मी./घं
B. 600 कि.मी./घं
C. 720 कि.मी./घं
D. 800 कि.मी./घं

व्याख्यात्मक उत्तर

1. B : $\because \dfrac{\cos 90^\circ + \sin 0^\circ}{\cot 30^\circ} = \dfrac{0+0}{1/\sqrt{3}} = \dfrac{0}{1/\sqrt{3}} = 0$

2. C : $\because \dfrac{\cos\frac{\pi}{4} + \sin\frac{\pi}{4}}{\tan\frac{\pi}{4}} = \dfrac{\cos 45^\circ + \sin 45^\circ}{\tan 45^\circ} = \dfrac{\frac{1}{\sqrt{2}} + \frac{1}{\sqrt{2}}}{1} = 2 \times \dfrac{1}{\sqrt{2}} = \sqrt{2}$

3. A : $\because \quad \sec\theta = \dfrac{\text{कर्ण}}{\text{आधार}} = \dfrac{\sqrt{2}}{1} \Rightarrow \text{कर्ण} = \sqrt{2}$, आधार $= 1$

$\therefore \quad (\text{लम्ब})^2 = (\text{कर्ण})^2 - (\text{आधार})^2 = \left(\sqrt{2}\right)^2 - (1)^2 = 2 - 1 = 1$

$\therefore \quad \text{लम्ब} = 1$

$\therefore \quad \operatorname{cosec}\theta = \dfrac{\text{कर्ण}}{\text{लम्ब}} = \dfrac{\sqrt{2}}{1} = \sqrt{2}$

उपरोक्त प्रश्न को निम्न प्रकार से भी हल किया जा सकता है:

$$\sec\theta = \frac{\sqrt{2}}{1} \Rightarrow \frac{1}{\cos\theta} = \frac{\sqrt{2}}{1} \Rightarrow \cos\theta = \frac{1}{\sqrt{2}}$$

$\Rightarrow \quad \cos\theta = \cos 45° \Rightarrow \theta = 45°$

$\therefore \ \text{cosec}\,\theta = \text{cosec}\,45° = \sqrt{2}$

4. A: $\because \cos\theta = \frac{1}{2} \Rightarrow \cos\theta = \cos 60° \Rightarrow \theta = 60°$

$$\therefore \frac{2\sec\theta}{1+\tan^2\theta} = \frac{2\sec 60°}{1+\tan^2 60°} = \frac{2\times 1/1/2}{1+\left(\sqrt{3}\right)^2} = \frac{4}{1+3} = \frac{4}{4} = 1$$

5. D: $\because \cos\theta = \frac{3}{5} \Rightarrow \frac{\text{आधार}}{\text{कर्ण}} = \frac{3}{5} \Rightarrow \text{आधार} = 3,\ \text{कर्ण} = 5$

$$\therefore \text{लम्ब} = \sqrt{(\text{कर्ण})^2 - (\text{आधार})^2} = \sqrt{(5)^2-(3)^2} = \sqrt{25-9} = \sqrt{16} = 4$$

$$\therefore \frac{\sin\theta+\cot\theta}{\tan\theta} = \frac{\frac{4}{5}+\frac{3}{4}}{4/3} = \frac{\frac{16+15}{20}}{4/3} = \frac{31\times 3}{20\times 4} = \frac{93}{80}$$

6. B: $\because \frac{5\sin\theta - 3\cos\theta}{4\sin\theta + 2\cos\theta} = \frac{\cos\theta(5\tan\theta - 3)}{\cos\theta(5\tan\theta + 2)}$

$$= \frac{(5\tan\theta-3)}{(5\tan\theta+2)} = \frac{5\times\frac{4}{3}-3}{5\times\frac{4}{5}+2} = \frac{20-15}{20+10} = \frac{5}{30} = \frac{1}{6}$$

7. A: $\frac{\cos\theta}{\text{cosec}\,\theta+1} + \frac{\cos\theta}{\text{cosec}\,\theta-1} = 2$

$$\Rightarrow \frac{2\cos\theta\cdot\text{cosec}\,\theta}{(\text{cosec}\,\theta+1)(\text{cosec}\,\theta-1)} = 2 \Rightarrow \frac{\cos\theta\times\frac{1}{\sin\theta}}{\text{cosec}^2\theta-1} = 1$$

$$\Rightarrow \frac{\cos\theta\times\frac{1}{\sin\theta}}{(1-\sin^2\theta)\times\frac{1}{\sin^2\theta}} = 1 \Rightarrow \frac{\cos\theta\times\sin\theta}{\cos^2\theta} = 1$$

$\Rightarrow \tan\theta = 1 \Rightarrow \tan\theta = \tan 45° \Rightarrow \theta = 45°$

8. B : $\because \sec\theta = 1 + \tan^2\theta = 1 + \left(\frac{8}{15}\right)^2 = 1 + \frac{64}{225} = \frac{225+64}{225}$

$= \frac{289}{225} \Rightarrow \sec\theta = \frac{\sqrt{289}}{\sqrt{225}} = \frac{17}{15}$

$\Rightarrow \frac{1}{\cos\theta} = \frac{17}{15} \Rightarrow \cos\theta = \frac{15}{17}$

9. C: $\frac{\cos\theta + \sin\theta}{\cos\theta - \sin\theta} = \frac{b+a}{b-a} = \frac{13+12}{13-12} = \frac{25}{1} = 25$

10. C: $\because \frac{\cos\theta}{1-\sin\theta} + \frac{\cos\theta}{1+\sin\theta} = 4$

$\Rightarrow \frac{2\cos\theta}{(1-\sin\theta)(1+\sin\theta)} = 4 \Rightarrow \frac{\cos\theta}{1-\sin^2\theta} = 2$

$\Rightarrow \frac{\cos\theta}{\cos^2\theta} = 2 \Rightarrow \frac{1}{\cos\theta} = 2 \Rightarrow \cos\theta = \frac{1}{2}$

$\Rightarrow \cos\theta = \cos 60° \Rightarrow \theta = 60°$

11. A: माना AB मीनार है जिसकी ऊँचाई $100\sqrt{3}$ मीटर है। माना मीनार के निम्नतम बिन्दु A से 100 मीटर की दूरी पर बिन्दु C स्थित है।
यह भी माना कि मीनार के शिखर B का बिन्दु C के सापेक्ष उन्नयन कोण θ है।
अब समकोण त्रिभुज CAB में,

$$\tan\theta = \frac{AB}{AC} = \frac{100\sqrt{3}}{100} = \sqrt{3}$$

$$\Rightarrow \quad \tan\theta = \sqrt{3} = \tan 60°$$

$$\Rightarrow \quad \theta = 60°$$

अतः मीनार के शिखर का उन्नयन कोण 60° होगा।

12. B : चित्र के अनुसार माना सीढ़ी AB दीवार OB के सहारे इस प्रकार झुकी है कि इसका उन्नतांश $\angle OAB = 60°$
यह दिया गया है कि OA = 9.6 मीटर
अब हमें सीढ़ी की लम्बाई AB ज्ञात करनी है
माना $\quad AB = x$

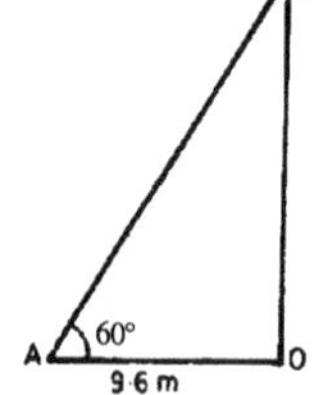

त्रिभुज AOB में

$$\cos 60^\circ = \frac{AO}{AB}$$

$$\Rightarrow \quad AB = \frac{AO}{\cos 60^\circ} = \frac{9.6 \times 2}{1}$$

$\Rightarrow \quad AB = 19.2$ मीटर

अतः सीढ़ी की लम्बाई = 19.2 मीटर

13. A: माना सीधी चट्टान OB है जिसकी ऊँचाई 150 मीटर है। A किसी क्षण (जब कि B से A का अवनमन कोण 30° हो) जहाज की स्थिति है, तो $\angle OAB = 30^\circ$

ΔAOB में

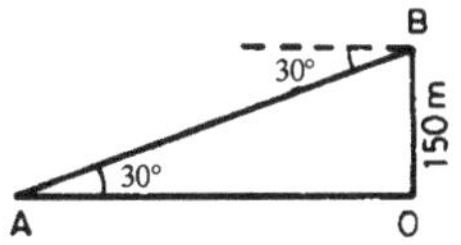

$$\tan 30^\circ = \frac{OB}{OA}$$

$$\Rightarrow \quad \tan 30^\circ = \frac{150}{OA}$$

$\Rightarrow \quad OA = \frac{150}{\tan 30^\circ} = \frac{150}{1} \times \sqrt{3} = 260$ मीटर (लगभग)

अतः सीधी चट्टान के निचले सिरे से जहाज की क्षैतिज दूरी = 423.60 मीटर (लगभग)।

14. C: माना पतंग की स्थिति चित्र के अनुसार बिन्दु K पर है जिसके ठीक नीचे (ऊर्ध्वाधर दिशा में) बिन्दु A है। बिन्दु O व A दोनों एक ही तल (क्षितिज तल) में इस प्रकार स्थित हैं कि OK = डोर की लम्बाई = 10 मीटर

माना AK = पतंग की ऊँचाई = h मीटर है तथा यह दिया गया है कि $\angle AOK = 60^\circ$

अतः समकोण त्रिभुज OAK में

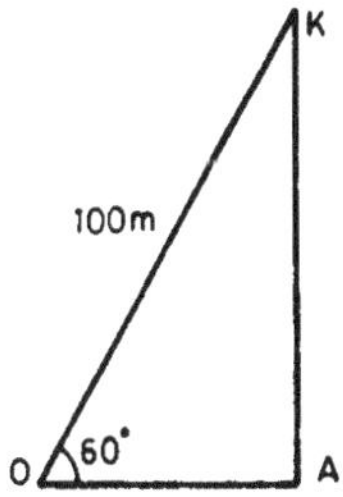

$$\Rightarrow \quad \sin 60^\circ = \frac{AK}{OK}$$

$$\Rightarrow \quad \sin 60^\circ = \frac{h}{100}$$

$\Rightarrow \quad h = 100 \sin 60^\circ = 100\frac{\sqrt{3}}{2} = 50\sqrt{3}$ मीटर

$\Rightarrow \quad h = (50 \times 1.732)$ मीटर = 86.60 मीटर

अतः पतंग की ऊँचाई = 86.60 मीटर

15. C.

18
ज्यामिति

त्रिभुज से संबंधित महत्वपूर्ण तथ्य

- तीन भुजाओं से घिरा समतल क्षेत्र त्रिभुज कहलाता है।
- त्रिभुज के तीनों अन्तःकोणों का योग दो समकोण अर्थात् 180° के बराबर होता है।
- त्रिभुज में तीन भुजाएँ होती हैं।
- किसी त्रिभुज में कम-से-कम दो न्यूनकोण हो सकते हैं।
- किसी त्रिभुज में अधिक-से-अधिक एक अधिक कोण या एक समकोण हो सकता है।
- त्रिभुज के समान भुजाओं के सम्मुख कोण समान होते हैं।
- यदि किसी त्रिभुज के दो कोण बराबर हों, तो उनकी सम्मुख भुजाएँ भी बराबर होती हैं।
- किसी भी त्रिभुज की दो भुजाओं का योग तीसरी भुजा से बड़ा होता है।
- किसी भी त्रिभुज की दो भुजाओं का अन्तर तीसरी भुजा से छोटा होता है।
- किसी भी त्रिभुज की परिमिति तीनों भुजाओं का योगफल होता है।
- यदि एक त्रिभुज को दूसरे त्रिभुज पर रखने से दूसरा उसे पूरा-पूरा ढक ले, तो दोनों त्रिभुज प्रत्येक दशा में बराबर होंगे।
- यदि दो त्रिभुज सब प्रकार से बराबर हों, तो उसकी भुजाएँ भी अलग-अलग बराबर होंगी।
- दो बराबर त्रिभुज के तीनों कोण भी अलग-अलग बराबर होते हैं अर्थात् संगत भुजाओं के सामने के कोण बराबर होते हैं।
- दो बराबर त्रिभुजों के क्षेत्रफल भी आपस में बराबर होते हैं।
- समद्विबाहु त्रिभुज में दो भुजाएँ आपस में बराबर होती हैं। बराबर भुजाओं के सामने के कोण भी बराबर होते हैं।
- समबाहु त्रिभुज में तीनों भुजाएँ बराबर होती हैं तथा इसके तीनों कोण बराबर यानि प्रत्येक 60° के होते हैं
- यदि एक ही त्रिभुज के तीनों कोण समान हों, तो उसे समानकोणीय त्रिभुज कहते हैं।
- यदि दो या दो से अधिक त्रिभुजों के कोण आपस में अलग-अलग बराबर हों, तो त्रिभुजों को समानकोणिक त्रिभुज कहते हैं।

समरूप त्रिभुजों के गुण

- एक त्रिभुज की एक भुजा के समान्तर खींची गई रेखा अन्य दो भुजाओं को जिन दो बिन्दुओं पर प्रतिच्छेद करती है, वे बिन्दु भुजाओं को समान अनुपात में विभाजित करते हैं।
- यदि कोई रेखा किसी त्रिभुज की दो भुजाओं को समान अनुपात में विभाजित करती है, तो यह रेखा तीसरी भुजा के समान्तर होती है।
- यदि दो त्रिभुजों में संगत कोण बराबर हों (अर्थात् दोनों त्रिभुज समानकोणिक हों), तो उनकी संगत भुजाएँ आनुपातिक होंगी।
- यदि दो त्रिभुजों की संगत भुजाएँ आनुपातिक हों, तो वे त्रिभुज समरूप होते हैं।
- यदि दो त्रिभुजों की संगत भुजाएँ आनुपातिक हों, तो वे त्रिभुज समानकोणिक होते हैं।
- यदि दो त्रिभुजों में संगत भुजाओं का एक युग्म आनुपातिक हो और अन्तरित कोण बराबर हों, तो ये त्रिभुज समरूप होते हैं।
- यदि समकोण त्रिभुज के समकोण वाले शीर्ष से कर्ण पर लम्ब डाला गया हो, तो लम्ब रेखा के दोनों ओर के त्रिभुज परस्पर और मूल त्रिभुज के समरूप होते हैं।
- समरूप त्रिभुजों के क्षेत्रफलों का अनुपात संगत भुजाओं के वर्गों के अनुपात के बराबर होता है।
- एक समकोण त्रिभुज में कर्ण का वर्ग अन्य दो भुजाओं के वर्गों के योगफल के बराबर होता है।
- एक त्रिभुज में यदि एक भुजा का वर्ग अन्य दो भुजाओं के वर्गों के योगफल के बराबर हों, तो सबसे बड़ी भुजा के सामने का कोण समकोण होता है।

चतुर्भुज के प्रकार

समान्तर चतुर्भुज के गुण

- सम्मुख भुजाएँ बराबर होती हैं।
- सम्मुख कोण बराबर होते हैं।
- विकर्ण एक-दूसरे को समद्विभाजित करते हैं।
- विकर्ण बराबर नहीं होते हैं।

वर्ग के गुण

- चारों भुजाएँ बराबर होती हैं।
- प्रत्येक अन्तःकोण समकोण होता है।
- विकर्ण बराबर होते हैं।

- विकर्ण एक-दूसरे को 90° पर समद्विभाजित करते हैं।
- विकर्ण एक-दूसरे पर लम्बवत् होते हैं।

आयत के गुण

- सम्मुख भुजाएँ बराबर होती हैं।
- प्रत्येक अन्तःकोण समकोण होता है।
- विकर्ण बराबर होते हैं।
- विकर्ण एक-दूसरे को समद्विभाजित करते हैं।

समचतुर्भुज के गुण

- चारों भुजाएँ बराबर होती हैं।
- विकर्ण एक-दूसरे को 90° पर समद्विभाजित करते हैं।
- विकर्ण बराबर नहीं होते हैं।
- भुजाओं के वर्गों का योग विकर्णों के वर्गों के योग के बराबर होता है। अर्थात् $AB^2 + BC^2 + CD^2 + DA^2 = AC^2 + BD^2$

वृत्त के गुण

- एक वृत्त में, केन्द्र से जीवा पर डाला गया लम्ब जीवा को समद्विभाजित करता है।
- एक वृत्त में, जीवा के मध्य बिन्दु को केन्द्र से मिलाने वाली रेखा जीवा पर लम्ब होती है।
- वृत्त की समान जीवाएँ केन्द्र से समदूरस्थ होती हैं।
- केन्द्र से समदूरस्थ जीवाएँ समान होती हैं।
- वृत्त की समान जीवाएँ केन्द्र पर समान कोण बनाती हैं।
- वृत्त की वे जीवाएँ, जो केन्द्र पर समान कोण बनाती हैं, समान होती हैं।
- तीन असंरेखीय बिन्दुओं से होकर के एक और केवल एक ही वृत्त खींचा जा सकता है।

वृत्त की स्पर्श रेखाओं पर आधारित महत्वपूर्ण परिणाम

- वृत्त के किसी बिन्दु पर खींची गई स्पर्श रेखा, उस स्पर्श बिन्दु से गुजरने वाली त्रिज्या रेखा के लम्बवत् होती है।
- किसी वृत्त पर, इसके किसी बाह्य बिन्दु से खींची गई दोनों स्पर्श रेखाएँ, समान लम्बाई की होती हैं।
- यदि किसी वृत्त की दो जीवाएँ एक-दूसरे को वृत्त के अन्दर या वृत्त के बाहर (आगे बढ़ाने पर) किसी बिन्दु पर काटती हों तो एक जीवा के खण्डों से बने आयत का क्षेत्रफल, दूसरी जीवा के खण्डों से बने आयत के क्षेत्रफल के बराबर होगा।

- यदि वृत्त की किसी स्पर्श रेखा के स्पर्श बिन्दु से गुजरने वाली वृत्त की कोई जीवा खींची जाये, तो इस जीवा द्वारा स्पर्श रेखा के साथ बनाये गये कोण, क्रमशः इस जीवा द्वारा एकान्तर वृत्तखण्डों में बनाये गये कोणों के बराबर होते हैं।
- यदि दो वृत्त एक-दूसरे को स्पर्श करते हों (अन्तः स्पर्श या बाह्य स्पर्श) तो इनका स्पर्श बिन्दु, वृत्तों के केन्द्रों को मिलाने वाली रेखा पर स्थित होता है।

प्रश्नमाला

1. यदि किसी संकेन्द्रीय वृत्त की दो त्रिज्याओं की लम्बाइयाँ r_1 (अन्तः) एवं r_2 (अन्तः) हों, तो निम्नांकित में से कौन-सा सम्बन्ध सत्य होगा?

A. $r_1 + r_2 = 0$ B. $r_1 > r_2$
C. $r_1 < r_2$ D. $r_1 = r_2$

2. यदि किसी वृत्त की त्रिज्या r हो एवं व्यास d हो, तो निम्नांकित में से कौन्सा सम्बन्ध सत्य होगा?

A. $r = d$ B. $r = 2d$
C. $2r = d$ D. $3r = d$

3. उस त्रिभुज का नाम बताइए, जिसके परिकेन्द्र और अन्तः केन्द्र एक ही होते हैं

A. समकोण त्रिभुज
B. विषमबाहु त्रिभुज
C. समद्विबाहु त्रिभुज
D. समबाहु त्रिभुज

4. अर्द्धवृत्त में बना कोण–

A. समकोण होता है
B. न्यूनकोण होता है।
C. अधिकोणीय होता है
D. त्रिभुज सम्भव नहीं

5. त्रिभुज के शीर्षों से समान दूरी पर होता है, त्रिभुज का–

A. परिकेन्द्र B. अन्तः केन्द्र
C. केन्द्रक D. लम्बकेन्द्र

6. एक समबाहु वृत्त के अन्दर बनाया गया है, वृत्त का केन्द्र O है, तब ∠BOC बराबर है

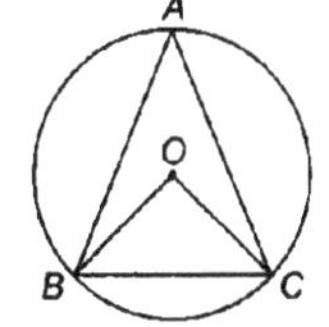

A. 120°
B. 75°
C. 180°
D. 60°

7. यदि निम्न वृत में केन्द्र O पर ∠AOB = 90° हो, तो ∠APB का मान होगा

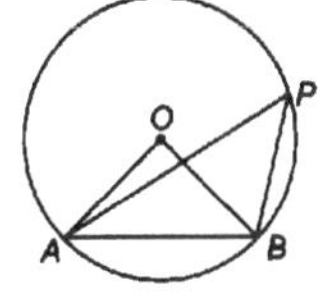

A. 25°
B. 90°
C. 45°
D. 75°

8. पार्श्व चित्र में, O वृत्त का केन्द्र है। वृत्त के अन्तर्गत एक ΔABC बना है। यदि ∠ABC = 60° हो, तो ∠BAC का मान होगा

A. 20°
B. 30°
C. 45°
D. 60°

9. चित्र में, चक्रीय चतुर्भुज ABCD की भुजा AB बाह्य बिन्दु E तक बढ़ाई गई है। बहिष्कोण ∠CBE का मान है

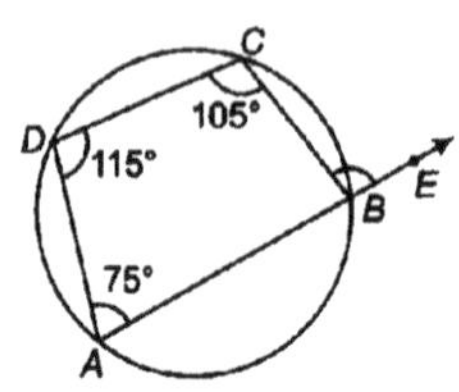

A. 75° B. 105°
C. 115° D. 65°

10. चित्र में, O वृत्त का केन्द्र है। जीवा AB = 4 सेमी तथा त्रिज्या OA = 4 सेमी है। वृत्त पर एक बिन्दु C है, तो ∠ACB का मान है

A. 45°
B. 60°
C. 30°
D. 90°

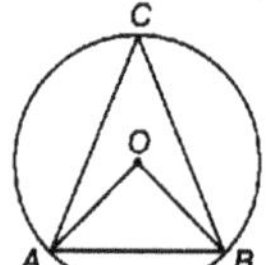

11. 7 सेमी. त्रिज्या वाले वृत्त के केन्द्र से 25 सेमी. दूर स्थिति किसी बिन्दु से वृत्त पर खींची गई स्पर्श रेखा की लम्बाई होगी

A. 25 सेमी.
B. 24 सेमी.
C. 49 सेमी.
D. इनमें से कोई नहीं

12. चित्र में वृत्त की दो जीवाएँ AB तथा CD एक-दूसरे को बिन्दु O पर काटती हैं। यदि AO = 8 सेमी., CO = 6 सेमी. तथा OD = 4 सेमी. हो तो OB ज्ञात करो।

A. 8 सेमी.
B. 4 सेमी.
C. 6 सेमी.
D. 3 सेमी.

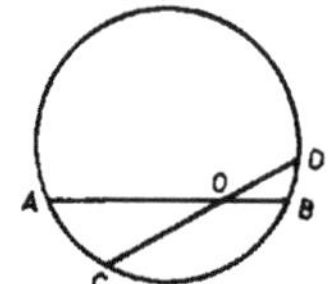

व्याख्यात्मक उत्तर

1. C.

2. C.

3. D: समबाहु त्रिभुज का परिकेन्द्र और अन्तःकेन्द्र एक ही होते हैं।

4. A: अर्द्धवृत्त में बना कोण समकोण होता है।

5. B: त्रिभुज का अन्तःकेन्द्र, शीर्षों से समान दूरी पर होता है।

6. A: $\because$ ABC एक समबाहु त्रिभुज है।

तब, $\angle A = 60°$

$\therefore$ केन्द्र पर बना कोण = 2 × परिधि पर बना कोण

$$\angle BOC = 2 \times 60° = 120°$$

7. C: $\because$ वृत्त की परिधि पर कोण = $\frac{1}{2}$ × वृत्त के केन्द्र पर बना कोण

$$\angle APB = \frac{1}{2} \times \angle AOB = \frac{1}{2} \times 90° = 45°$$

8. B: ΔABC में $\angle B = 60°$, $\angle C$ = अर्द्धवृत्त पर बना कोण = 90°

$\because$ त्रिभुज के तीनों कोणों का योग = 180°

$$\angle A + \angle B + \angle C = 180^\circ$$
$$\angle A + 60^\circ + 90^\circ = 180^\circ$$
$$\angle A = 180^\circ - 150^\circ = 30^\circ$$

9. C: $\because$ चक्रीय चतुर्भुज का बहिष्कोण, सम्मुख अन्तःकोण के बराबर होता है।

$\therefore$ $\angle CBE = \angle ADC = 115^\circ$

10. C: ΔAOB में,

$$AB = OA = OB = 4 \text{ सेमी}$$

अतः ΔAOB एक समबाहु त्रिभुज है।

$\therefore$ $\angle AOB = 60^\circ$

$\therefore$ परिधि पर अन्तरित कोण $= \frac{1}{2} \times$ केन्द्र पर अन्तरित कोण

$$\angle ACB = \frac{1}{2} \times 60^\circ = 30^\circ$$

11. B: माना वृत्त के केन्द्र O से 25 सेमी. दूर स्थित बिन्दु P है जहाँ से वृत्त पर स्पर्श रेखा PT खींची गई है। अतः OP = 25 सेमी. तथा OT = वृत्त की त्रिज्या = 7 सेमी.।

अब चूंकि PT वृत्त के बिन्दु T पर स्पर्श रेखा है। अतः

$PT \perp OT$ अर्थात् $\angle OTP = 90^\circ$

$\Rightarrow$ $\angle OTP$ एक समकोण त्रिभुज होगा।

$\Rightarrow$ $OP^2 = OT^2 + PT^2$ [पाइथागोरस प्रमेय]

$\Rightarrow$ $25^2 = 7^2 + PT^2$

$\Rightarrow$ $PT^2 = 625 - 49 = 576$

$\Rightarrow$ $PT = \sqrt{576} - 24$ सेमी.

अतः स्पर्श रेखा PT की लम्बाई = 24 सेमी.

12. D: हम जानते हैं कि किसी वृत्त की दो जीवाएँ AB तथा CD, एक दूसरे को किसी बिन्दु O पर काटती हों तो

$$AO \times BO = CO$$

$\Rightarrow$ $8 \times BO = 6 \times 4$

$\Rightarrow$ $BO = \frac{6 \times 4}{8} = 3$

अतः OB = 3 सेमी.

19

सारणी एवं आरेख

सारणी

सारणी का प्रयोग प्रायः रिपोर्ट, पत्रिकाएँ, समाचार पत्र आदि में संख्यात्मक आंकड़े प्रस्तुत करने के लिए किए जाते हैं। यह आंकड़े प्रस्तुत करने के सबसे आसान एवं शुद्धतम तरीकों में से एक है। सारणी के उपयोग का प्रमुख उद्देश्य जटिल सूचनाओं को समझने में आसान बनाना है। अतः आंकड़ों को सारणी रूप में प्रस्तुत करने का सबसे बड़ा लाभ है कि कोई व्यक्ति दी गई सूचनाओं को एक नजर में देख और समझ सकता है।

प्रश्नमाला

निर्देश (प्र.सं. **1-5**): *निम्नलिखित प्रश्नों का उत्तर देने के लिए नीचे दी गई सारणी को ध्यान से पढ़िए।*

विगत वर्षों में छः विभिन्न कंपनियों द्वारा निर्मित इकाइयों (हजारों में) की संख्या

कंपनी / वर्ष	A	B	C	D	E	F
2004	14.5	13.8	11.6	16.2	13.9	15.1
2005	15.8	14.9	12.4	16.3	14.1	15.2
2006	15.9	14.6	12.7	16.0	15.4	15.5
2007	16.0	15.0	12.9	15.3	15.7	16.1
2008	15.4	15.5	13.8	15.6	16.4	16.7
2009	16.2	16.7	14.9	16.3	16.6	16.7

1. वर्ष 2009 में कंपनी A और B द्वारा निर्मित इकाइयों की कुल संख्या का उसी वर्ष कंपनी C और D द्वारा निर्मित इकाइयों से क्रमशः अनुपात कितना है?

A. 312 : 329
B. 317 : 311
C. 329 : 312
D. 311 : 317

2. वर्ष 2005 में कंपनी E द्वारा निर्मित इकाइयों की संख्या सभी वर्षों में मिलाकर उसके द्वारा निर्मित इकाइयों की कुल संख्या का लगभग कितने प्रतिशत है?

A. 31　　B. 27
C. 7　　D. 15

3. वर्ष 2004 और 2007 में मिलाकर कंपनी D द्वारा बेची गई इकाइयों का औसत क्या है?

A. 14650 B. 15750
C. 13750 D. 16470

4. सभी वर्षों में मिलाकर कंपनी C द्वारा निर्मित कुल इकाइयों की संख्या कितनी है?

A. 783 B. 7830
C. 783000 D. इनमें से कोई नहीं

5. वर्ष 2008 में कंपनी F द्वारा निर्मित इकाइयों की संख्या में पिछले वर्ष से कितने प्रतिशत वृद्धि हुई? (दशमलव के बाद दो अंकों तक पूर्णांकित)

A. 3.73 B. 3.62
C. 4.35 D. 4.16

निर्देश (प्र.सं. **6-10**): *इन प्रश्नों का उत्तर देने के लिए नीचे दी गई सारणी को ध्यान से पढ़िए।*

विगत वर्षों में छः कंपनियों द्वारा अर्जित प्रतिशत लाभ

वर्ष \ कंपनी	P	Q	R	S	T	U
2004	11	12	3	7	10	6
2005	9	10	5	8	12	6
2006	4	5	7	13	12	5
2007	7	6	8	14	14	7
2008	12	8	9	15	13	5
2009	14	12	11	15	14	8

6. यदि वर्ष 2008 में कंपनी R द्वारा अर्जित लाभ रु. 18.9 लाख था, तो उस वर्ष इसकी आय कितनी थी?

A. रु. 303.7 लाख
B. रु. 264.5 लाख
C. रु. 329.4 लाख
D. रु. 228.9 लाख

7. वर्ष 2009 में कंपनी T के प्रतिशत लाभ में वर्ष 2004 से कितने प्रतिशत वृद्धि हुई?

A. 42 B. 35
C. 26 D. इनमें से कोई नहीं

8. यदि वर्ष 2007 में कंपनी P द्वारा अर्जित लाभ रु. 2.1 लाख था, तो उस वर्ष उसका व्यय कितना था?

A. रु. 30 लाख B. रु. 15 लाख
C. रु. 23 लाख D. रु. 27 लाख

9. सभी वर्षों में मिलाकर कंपनी S का औसत प्रतिशत लाभ कितना था?

A. 13.5 B. 11
C. 12 D. 14

10. वर्ष 2005 में कंपनी Q द्वारा अर्जित प्रतिशत लाभ और उस वर्ष बाकी कंपनियों द्वारा मिलकर अर्जित औसत प्रतिशत लाभ के बीच कितना अंतर है?

A. 4 B. 2
C. 1 D. 3

व्याख्यात्मक उत्तर

1. **A:** अभीष्ट अनुपात $= (16.2 + 16.7) : (14.9 + 16.3)$

$$= 32.9 : 31.2 = 329 : 312$$

2. **D:** अभीष्ट प्रतिशतता $= \frac{14.1}{13.9+14.1+15.4+15.7+16.4+16.6} \times 100$

$$= \frac{14.1}{92.1} \times 100 \approx 15\%$$

3. **B:** अभीष्ट औसत $= \frac{16.2+15.3}{2}$ हजार $= 15.75$ हजार $= 15750$

4. **D:** कुल इकाईयों की अभीष्ट संख्या

$= (11.6 + 12.4 + 12.7 + 12.9 + 13.8 + 14.9)$ अतः,

$= 78.3$ हजार $= 78300$

5. **A:** अभीष्ट वृद्धि प्रतिशत $= \frac{16.7-16.1}{16.1} \times 100 = \frac{6}{161} \times 100 \approx 3.73\%$

6. **D:** अभीष्ट आय = रु.$\left(\frac{18.9}{9} \times 100 + 18.9\right)$लाख

= रु. $(210 + 18.9)$ लाख

= रु. 228.9 लाख

7. **D:** अभीष्ट प्रतिशतता $= \frac{14-10}{10} \times 100 = \frac{4}{10} \times 100 = 40\%$

8. **A:** अभीष्ट खर्च = रु. $\frac{2.1}{7} \times 100$ = रु. 30 लाख

9. **C:** अभीष्ट औसत लाभ प्रतिशत $= \frac{7+8+13+14+15+15}{6} = \frac{72}{2} = 12\%$

10. **B:** अभीष्ट अंतर $= 10 - \left(\frac{9+5+8+12+6}{5}\right) = 10 - \frac{40}{5} = 10 - 8 = 2$

आयत चित्र

एक सांख्यिकी आलेख जो आँकड़ों को आयताकार स्तम्भ की ऊँचाई द्वारा प्रदर्शित करता है। इसके स्तम्भों की संख्या वर्ग-अन्तराल की संख्या के बराबर होती है। जैसे– निम्नलिखित सारणी एक शहर के वयस्क लोगों के विभिन्न उम्र-वर्गों की संख्या को प्रदर्शित करता है।

आयु वर्ग	लोगों की संख्या	आयु वर्ग	लोगों की संख्या
15-20	200	35-40	750
20-25	350	40-45	900
25-30	475	45-50	100
30-35	600		

उपरोक्त आँकड़ों का आयत-चित्र निम्नलिखित है।

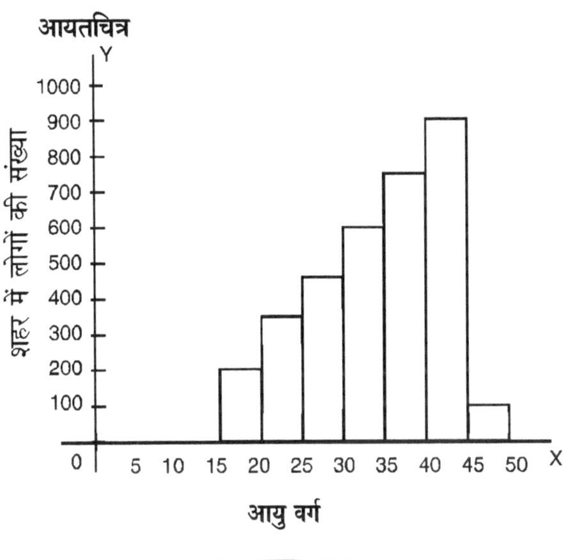

प्रश्नमाला

निर्देश (प्र.सं. **1-5**): *निम्नलिखित ग्राफ का अध्ययन कर नीचे दिए गए प्रश्नों के उत्तर दीजिए।*

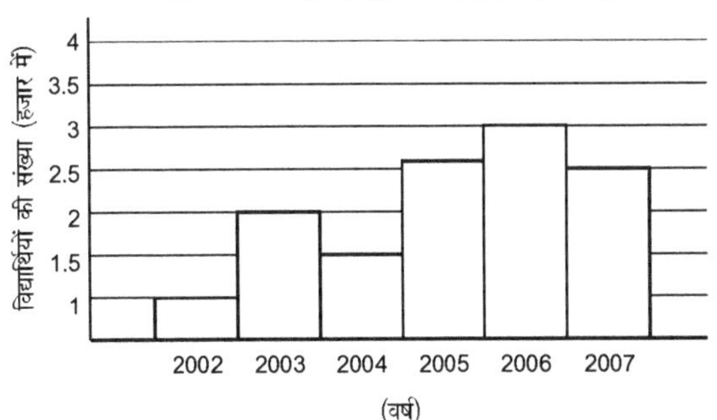

1. वर्ष 2006 में वर्ष 2002 के अपेक्षा छात्रों का प्रतिशत कितना अधिक था?
A. 300% B. 200%
C. 100% D. 150%

2. वर्ष 2004 एवं वर्ष 2005 को मिलाकर छात्रों की संख्या एवं वर्ष 2003 में छात्रों की संख्या का अनुपात क्या था?
A. 1 : 2 B. 3 : 4
C. 4 : 3 D. 2 : 1

3. वर्ष 2006 में छात्रों की संख्या सभी वर्षों को मिलाकर छात्रों की संख्या का कितना प्रतिशत था?
A. 24% B. 416.67%
C. 316.67% D. इनमें से कोई नहीं

4. प्रारंभ के तीन वर्षों में विद्यार्थियों की कुल संख्या और अंतिम तीन वर्षों में विद्यार्थियों की कुल संख्या का अंतर है :
A. 2.5 हजार B. 2 हजार
C. 1.5 हजार D. 3.5 हजार

5. छात्रों की संख्या में सर्वाधिक प्रतिशत वृद्धि किस वर्ष हुई है?
A. 2003 B. 2005
C. 2006 D. इनमें से कोई नहीं

निर्देश (प्र.सं. **6-10**): *निम्नलिखित आयत चित्र का अध्ययन कर निम्नलिखित प्रश्नों के उत्तर दीजिए।*

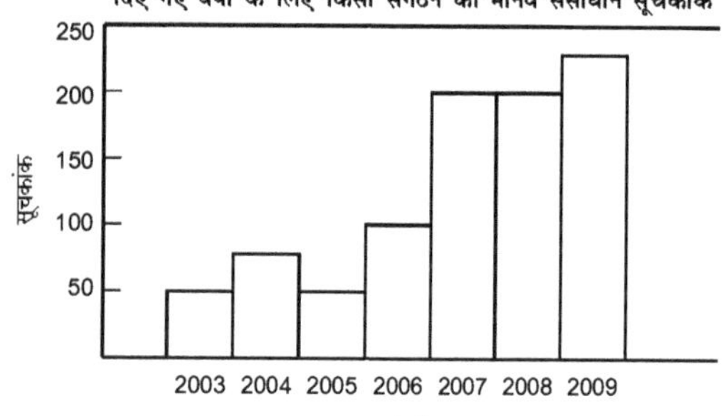

6. वर्ष 2008 का सूचकांक वर्ष 2006 के सूचकांक का कितना प्रतिशत था?
A. 100 B. 150
C. 200 D. 50

7. वर्ष 2003 से 2009 में वृद्धि का प्रतिशत क्या है?
A. 250 B. 300
C. 245 D. इनमें से कोई नहीं

8. दिए गए वर्षों के लिए मानव-संसाधन सूचकांक का औसत आसन्नतः क्या है?
A. 100 B. 150
C. 140 D. 130

9. अपने पिछले वर्ष की तुलना में किस वर्ष प्रतिशत वृद्धि अधिकतम है?
A. 2006 और 2007 दोनों
B. 2008
C. 2004
D. 2009

10. निम्नांकित में से कौननिश्चित रूप से सत्य है?
A. सूचकांक में हर साल बढ़ोतरी होती गई।
B. सूचकांक में कई उतार-चढ़ाव दिखे।
C. सूचकांक में वर्ष-दर-वर्ष अच्छी प्रगति दिखाई गई है।
D. कुछेक गतिवृद्धियों को छोड़कर सूचकांक साधारणतया एक-सा ही रहा है।

व्याख्यात्मक उत्तर

1. **B :** अभीष्ट प्रतिशत = $\frac{3-1}{1} \times 100 = \frac{2}{1} \times 100 = 200\%$

2. **D :** अभीष्ट अनुपात = $\frac{1.5+2.5}{2} = \frac{4}{2} = \frac{2}{1} = 2:1$

3. **A :** अभीष्ट प्रतिशत = $\frac{3}{12.5} \times 100 = 24\%$

4. **D :** अभीष्ट अन्तर = $(2.5 + 3 + 2.5) - (1 + 2 + 1.5) = 8 - 4.5 = 3.5$ हजार

5. **A :** 2003 में प्रतिशत वृद्धि = $\frac{2-1}{1} \times 100 = 100\%$

   2005 में प्रतिशत वृद्धि = $\frac{2.5-1.5}{1.5} \times 100 = 66.67\%$

   2006 में प्रतिशत वृद्धि = $\frac{3-2.5}{2.5} \times 100 = 20\%$

   अतः विद्यार्थियों की संख्या में सर्वाधिक प्रतिशत वृद्धि 2003 में हुई।

6. **C :** अभीष्ट प्रतिशत = $\frac{200}{100} \times 100 = 200\%$

7. **D :** अभीष्ट प्रतिशत वृद्धि = $\frac{250-50}{50} \times 100 = \frac{200}{50} \times 100 = 400\%$

8. **D :** औसत सूचकांक = $\frac{50+75+50+100+200+200+250}{7}$

   $= \frac{925}{7} = 132.14 \approx 130$

9. **A :** 2004 में प्रतिशत वृद्धि = $\frac{75-50}{50} \times 100 = 50\%$

   2006 में प्रतिशत वृद्धि = $\frac{100-50}{50} \times 100 = 100\%$

   2007 में प्रतिशत वृद्धि = $\frac{200-100}{100} \times 100 = 100\%$

   2009 में प्रतिशत वृद्धि = $\frac{225-200}{200} \times 100 = 12.5\%$

   अतः अधिकतम प्रतिशत वृद्धि 2006 एवं 2007 में है।

10. **B.**

बारम्बारता बहुभुज

जब आयत चित्र के प्रत्येक आयताकार स्तम्भ के शीर्ष रेखाओं के मध्य-बिन्दुओं को रेखा-खण्डों द्वारा मिलाया जाता है तो प्राप्त आकृति का बारम्बारता बहुभुज या आवृत्ति बहुभुज कहते हैं। बहुभुज का क्षेत्रफल आयताकार दण्डों के कुल क्षेत्रफल के बराबर होता है। बारम्बारता बहुभुज की रचना वर्ग अन्तराल के मध्य बिन्दुओं और उससे सम्बन्धित बारम्बारताओं के उभनिष्ठ बिन्दुओं (common points) को रेखाखण्डों द्वारा मिलाने पर भी होता है। जैसे, आयत चित्र के उदाहरण में दिए गए आँकड़ों का बारम्बारता बहुभुज नीचे दी गई है।

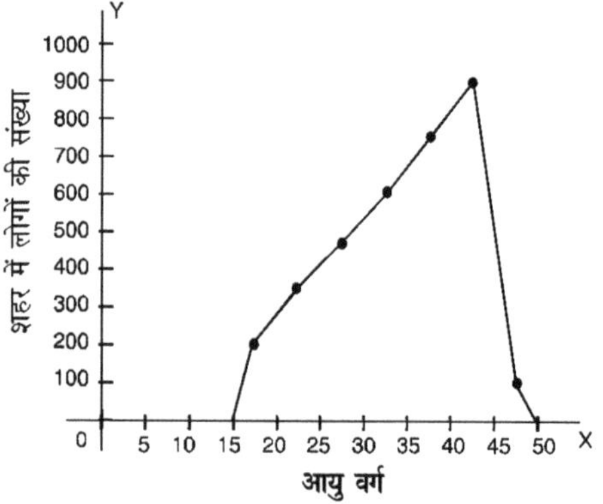

प्रश्नमाला

निर्देश (प्रश्न 1 से 5): *दिए गए प्रश्नों के उत्तर देने के लिए निम्नलिखित ग्राफ का अध्ययन कीजिए।*

विगत वर्षों में एक कंपनी द्वारा उत्पादित (करोड़ में) और निर्यातित (करोड़ में) यूनिटों की संख्या

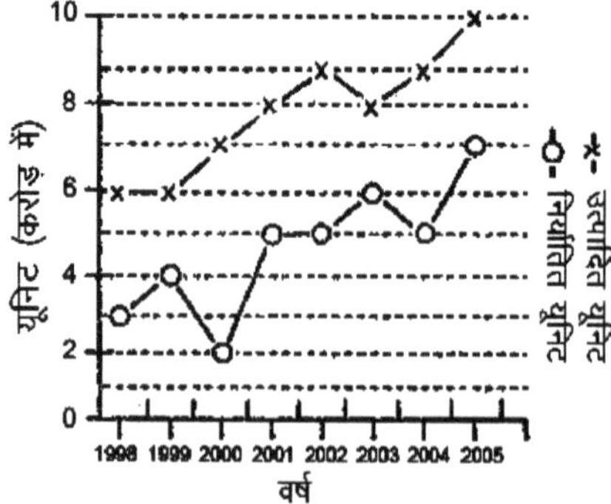

1. 1999 और 2000 में निर्यातित यूनिटों की संख्या के बीच कितना अंतर है?
A. 20000000 B. 200000000
C. 2000000 D. 200000

2. किस वर्ष में उत्पादित यूनिटों में वृद्धि का प्रतिशत पिछले वर्ष से अधिकतम है?
A. 2005 B. 2004
C. 2001 D. 2000

3. उत्पादित और निर्यातित यूनिटों के बीच अंतर किस वर्ष में सर्वाधिक है?
A. 2002
B. 2004
C. 2005
D. इनमें से कोई नहीं

4. विगत वर्षों में निर्यातित यूनिटों की औसत संख्या कितनी है?
A. 27857000 B. 462500000
C. 46250000 D. 248570000

5. किस वर्ष उत्पादित यूनिटों से निर्यातित यूनिटों का प्रतिशत सर्वाधिक है?
A. 2005 B. 2003
C. 2001 D. 1999

निर्देश (प्रश्न 6 से 10): *निम्नलिखित ग्राफ को ध्यानपूर्वक पढ़िए और नीचे दिए प्रश्नों के उत्तर दीजिए।*

विगत वर्षों में दो कंपनियों A और B द्वारा अर्जित लाभ का प्रतिशत

$$\% \text{ लाभ} = \frac{\text{आय}-\text{व्यय}}{\text{व्यय}} \times 100$$

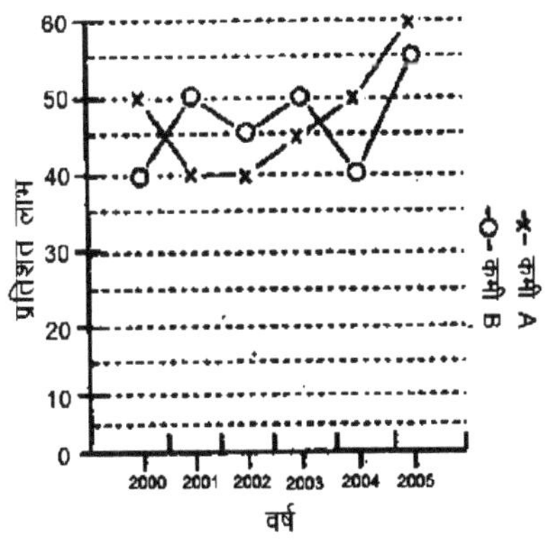

प्रतिशत लाभ

वर्ष

-x- कंपनी A
-o- कंपनी B

6. 2003 में कंपनी A और B के व्यय का अनुपात क्रमशः 4 : 5 था। उस वर्ष उनकी आय का क्रमशः अनुपात क्या था?
A. 10 : 29
B. 20 : 29
C. 9 : 10
D. इनमें से कोई नहीं

7. 2004 और 2005 में कंपनी A का व्यय क्रमशः रु॰ 12 लाख और रु॰ 14.5 लाख है। 2004 और 2005 में मिलाकर कंपनी A की कुल आय कितनी थी (रु॰ लाख में)?
A. 41.2 B. 38.5
C. 44.6 D. 36.9

8. यदि 2002 और 2003 में कंपनी B की आय क्रमशः 3 : 4 के अनुपात में थी, तो इन दो वर्षों में उस कंपनी के व्यय का अनुपात क्रमशः कितना था?
A. 29:45 B. 29:56
C. 45:58 D. 56:29

9. यदि कंपनी A, B का 2001 में व्यय एक समान था और दोनों कंपनियों की कुल आय रु॰ 116 लाख थी, तो उस वर्ष दोनों कंपनियों का कुल व्यय कितना था?
A. रु॰ 65 लाख
B. रु॰ 80 लाख
C. रु॰ 42 लाख
D. निर्धारित नहीं किया जा सकता

10. सब वर्षों में मिलाकर कंपनी A का कुल व्यय रु॰ 128.5 लाख था। सब वर्षों में मिलाकर कंपनी की कुल आय कितनी थी?
A. रु॰ 147.5 लाख
B. रु॰ 153 लाख
C. रु॰ 189.5 लाख
D. निर्धारित नहीं किया जा सकता

व्याख्यात्मक उत्तर

1. A: वर्ष 1999 में निर्यातित यूनिटों की संख्या = 4 करोड़

वर्ष 2000 में निर्यातित यूनिटों की संख्या = 2 करोड़

अतः इन वर्षों में निर्यातित यूनिटों की संख्याओं का अन्तर = 4 – 2 = 2 करोड़

= 20000000 रु.

2. D: वर्ष 1999 में उत्पादित यूनिटों में वृद्धि का प्रतिशत = $\frac{0}{6} \times 100 = 0\%$

वर्ष 2000 में उत्पादित यूनिटों में वृद्धि का प्रतिशत = $\frac{7-6}{6} \times 100$

वर्ष 2001 में उत्पादित यूनिटों में वृद्धि का प्रतिशत = $\frac{1}{7} \times 100 = \frac{100}{7}\%$

वर्ष 2002 में उत्पादित यूनिटों में वृद्धि का प्रतिशत = $\frac{1}{8} \times 100 = \frac{100}{8}\%$

वर्ष 2004 में उत्पादित यूनिटों में वृद्धि का प्रतिशत = $\frac{1}{8} \times 100 = \frac{100}{8}\%$

वर्ष 2005 में उत्पादित यूनिटों में वृद्धि का प्रतिशत = $\frac{1}{9} \times 100 = \frac{100}{9}\%$

अतः इन वर्षों में उत्पादित यूनिटों को देखने से पता चलता है कि अधिकतम वृद्धि का प्रतिशत वर्ष 2000 में दर्ज की गई।

3. D: रेखा-चित्र का निरिक्षण करने से पता चलता है कि वर्ष 2000 में उत्पादित और निर्यातित यूनिटों के बीच सर्वाधिक अन्तर रहा।

4. C: विगत वर्षों में निर्यातित यूनिटों की औसत संख्या

$= \frac{3+4+2+5+5+6+5+7}{8} = \frac{37}{8}$ करोड़ = 46250000 रु.

5. B: वर्ष 1999 में उत्पादित यूनिटों से निर्यातित यूनिटों का प्रतिशत = $\frac{4}{6} \times 100 = \frac{200}{3}$

$= 66.67\%$

वर्ष 2001 में उत्पादित यूनिटों से निर्यातित यूनिटों का प्रतिशत = $\frac{5}{8} \times 100 = 62.5\%$

वर्ष 2003 में उत्पादित यूनिटों से निर्यातित यूनिटों का प्रतिशत = $\frac{6}{8} \times 100 = 75\%$

वर्ष 2005 में उत्पादित यूनिटों से निर्यातित यूनिटों का प्रतिशत = $\frac{7}{10} \times 100 = 70\%$

अतः विगत वर्षों के निर्यातित यूनिटों का अवलोकन करने से पता चलता है कि वर्ष 2003 में निर्यातित यूनिटों का प्रतिशत सर्वाधिक था।

6. D: माना कि वर्ष 2003 में कम्पनी A का व्यय $4x$ तथा कम्पनी B का व्यय $5x$ है। पुनः माना कि कम्पनी A की आय I_A तथा कम्पनी B की I_B है।

अतः $45 = \dfrac{I_A - 4x}{4x} \times 100 \quad \Rightarrow \quad I_A - 4x = \dfrac{45x}{25}$

$\Rightarrow \quad I_A - 4x = \dfrac{9x}{5} \quad \Rightarrow \quad 5I_A - 20x = 9x$

$\Rightarrow \quad I_A = \dfrac{29x}{5}$

इसी प्रकार, कम्पनी B के लिए,

$50 = \dfrac{I_B - 5x}{5x} \times 100 \quad \Rightarrow \quad I_B - 5x = \dfrac{50x}{20}$

$\Rightarrow \quad 2I_B - 10x = 5x \quad \Rightarrow \quad I_B = \dfrac{15x}{2}$

$\therefore \quad \dfrac{I_A}{I_B} = \dfrac{\frac{29x}{5}}{\frac{15x}{2}} = \dfrac{29x}{5} \times \dfrac{2}{15x} = \dfrac{58}{75}$

7. A: माना कि वर्ष 2004 में कम्पनी A की आय $= I_{A4}$
तथा वर्ष 2005 में आय $= I_{A5}$

अतः, $50 = \dfrac{I_{A4} - 12}{12} \times 100$

$\Rightarrow \quad 6 = I_{A4} - 12 \quad \Rightarrow \quad I_{A4} = 18$

और, $60 = \dfrac{I_{A5} - 14.5}{14.5} \times 100$

$\Rightarrow \quad 3 \times 14.5 = 5(I_{A5} - 14.5) \quad \Rightarrow \quad 43.5 = 5I_{A5} - 14.5 \times 5$

$5I_{A5} = 43.5 + 72.5$

$\therefore \quad I_{A5} = \dfrac{116.0}{5} = 23.2$

अतः वर्ष 2004 और 2005 में कम्पनी A की कुल आय $= 18 + 23.2 = 41.2$

8. C: माना कि वर्ष 2002 में कम्पनी B की आय $= 3x$
तथा वर्ष 2003 में आय $= 4x$

2002 में, $45 = \dfrac{3x - E_B}{E_B} \times 100$ (जहां E_B = कम्पनी B का व्यय)

$\Rightarrow \qquad 9E_B = 20\,(3x - E_B)$

$\Rightarrow \qquad 29E_B = 60x$

$\therefore \qquad E_B = \dfrac{60x}{29}$ ...(i)

2003 में, $\qquad 50 = \dfrac{4x - E_B}{E_B} \times 100$

$\Rightarrow \qquad E_B = 2\,(4x - E_B) \qquad \Rightarrow \qquad 3E_B = 8x$

$\therefore \qquad E_B = \dfrac{8x}{3}$ ...(ii)

$\therefore \dfrac{\text{वर्ष 2002 में कम्पनी B का व्यय}}{\text{वर्ष 2003 में कम्पनी B का व्यय}} = \dfrac{\frac{60x}{29}}{\frac{8x}{3}} = \dfrac{180}{29 \times 8} = \dfrac{45}{58}$

9. B : मानाकि कम्पनी A की आय $= x$

तब, कम्पनी B की आय $= 116 - x$

मानाकि दोनो कम्पनियों का एक समान व्यय $= y$

अब, कम्पनी A के लिए,

$$40 = \frac{x - y}{y} \times 100 \qquad \Rightarrow \qquad 2y = 5\,(x - y)$$

$\Rightarrow \qquad 7y = 5x \qquad \Rightarrow \qquad x = \dfrac{7}{5}y$ ...(i)

और कम्पनी B के लिए,

$$50 = \frac{116 - x - y}{y} \times 100$$

$\Rightarrow \qquad y = 2(116 - x - y) = 232 - 2x - 2y$

$\Rightarrow \qquad 2x = 232 - 3y$

$\Rightarrow \qquad x = \dfrac{232 - 3y}{2}$ ...(ii)

समीकरण (i) और (ii) की तुलना करने पर

$$\frac{7}{5}y = \frac{232 - 3y}{2} \qquad \Rightarrow \qquad 14y = 1160 - 15y$$

$\Rightarrow \qquad 29y = 1160 \qquad \therefore \quad y = \dfrac{1160}{29} = 40$

अतः कुल व्यय $= 2y = 2 \times 40 = 80$ लाख

10. D : विगत वर्षों में कम्पनी की कुल आय की गणना नहीं की जा सकती क्योंकि विगत वर्षों का कुल लाभ ज्ञात नहीं है।

दण्डालेख

एक आलेख जिसमें दण्ड होते हैं, जिसकी लम्बाई-आँकड़ों के समूह की मात्रा के समानुपाती होता है। इसका उपयोग तब होता है, जब एक अक्ष पर संख्यात्मक पैमाने नहीं होते हैं। जैसेः यह दिखाना कि मिश्रित बीजों के एक पैकेट से विभिन्न रगों के फूल के कितने पौधे उगते हैं।

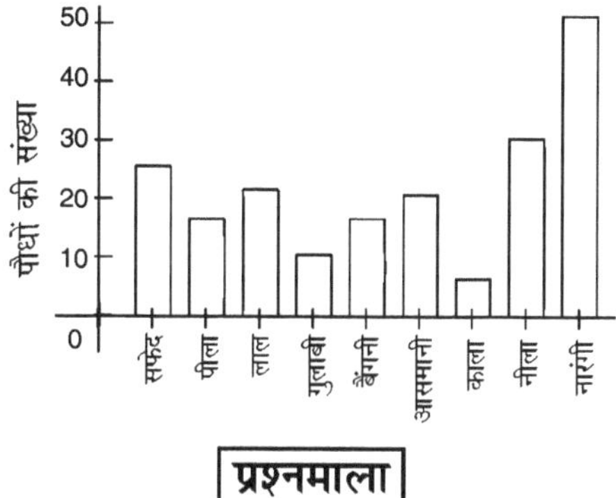

प्रश्नमाला

निर्देश (प्र.सं. 1-5): *इन प्रश्नों का उत्तर देने के लिए नीचे दिए गए ग्राफ को ध्यान से पढ़िए।*

छः विभिन्न शहरों से एक प्रवेश परीक्षा में पास और फेल होने वाले छात्रों की संख्या (हजारों में)

**प्रत्येक शहर के छात्रों की कुल संख्या में प्रवेश परीक्षा में पास और फेल होने वाले छात्रों की संख्या शामिल है।*

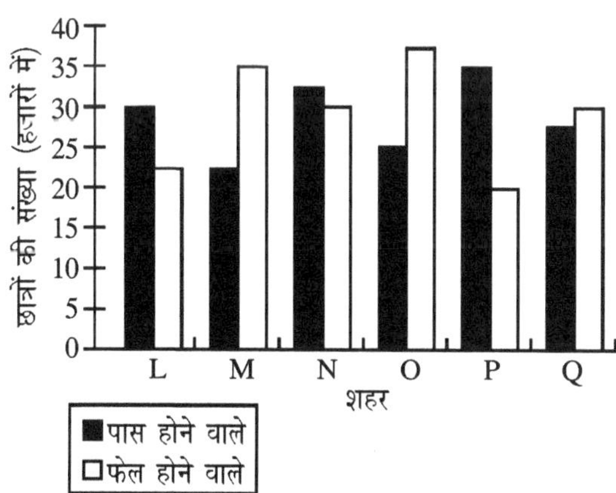

1. प्रवेश परीक्षा में शहर M से पास होने वाले छात्रों का शहर Q से पास होनवाले छात्रों से क्रमशः अनुपात कितना है?

A. 11 : 7
B. 9 : 11
C. 7 : 12
D. 9 : 5

2. शहर L और M से मिलाकर परीक्षा में फेल होने वाले छात्रों की औसत संख्या कितनी है?

A. 22570 B. 20180
C. 21650 D. 28750

3. सभी शहरों से मिलाकर प्रवेश परीक्षा में फेल होने वाले छात्रों की कुल संख्या कितनी है?

A. 175000 B. 16800
C. 217500 D. 168000

4. प्रवेश परीक्षा में शहर P से फेल होने वाले छात्रों की संख्या उस शहर के छात्रों की कुल संख्या का कितने प्रतिशत है? (दशमलव के बाद दो अंकों तक पूर्णांकित)

A. 29.75 B. 32.48
C. 36.36 D. 27.19

5. परीक्षा में शहर O से पास होने वाले छात्रों की संख्या सभी शहरों से मिलाकर परीक्षा में पास होने वाले छात्रों की कुल संख्या का लगभग प्रतिशत कितना है?

A. 4 B. 26
C. 21 D. 14

निर्देश (6-10) : *इन प्रश्नों के उत्तर देने के लिए निम्नलिखित ग्राफ़ को ध्यान से पढ़िए :*

एक शहर के पांच अलग-अलग इलाकों में अंग्रेजी और हिंदी अखबारों की कुल बिक्री

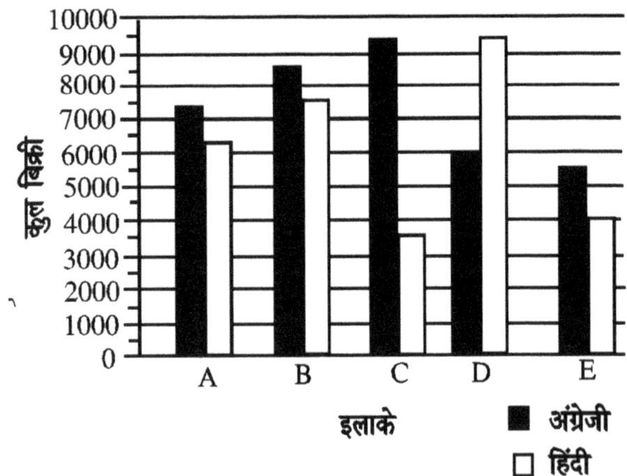

6. सभी इलाकों में मिलाकर हिंदी अखबार और अंग्रेजी अखबार की कुल बिक्री के बीच कितना अंतर है?

A. 6000 B. 6500
C. 7000 D. 7500

7. इलाके A में अंग्रेजी अखबार की बिक्री सभी इलाकों में मिलाकर अंग्रेजी अखबार की कुल बिक्री का **लगभग** कितने प्रतिशत है?

A. 527 B. 25
C. 111 D. 236

8. इलाके A में हिंदी अखबार की बिक्री का इलाके D में हिंदी अखबार की बिक्री से क्रमशः क्या अनुपात है?

A. 11 : 19 B. 6 : 5
C. 5 : 6 D. 19 : 11

9. इलाके B व D में मिलाकर अंग्रेजी अखबार की बिक्री इलाके A, C और E में मिलाकर अंग्रेजी अखबार की बिक्री का **लगभग** कितने प्रतिशत है?

A. 162 B. 84
C. 68 D. 121

10. सभी इलाकों में मिलाकर हिंदी अखबार की औसत बिक्री कितनी है?

A. 6600 B. 8250
C. 5500 D. 4715

व्याख्यात्मक उत्तर

1. B : अभीष्ट अनुपात = (22.5) : (27.5) = 9 : 11

2. D : छात्रों की अभीष्ट औसत संख्या = $\frac{22.5+35}{2}$ हजार = 28.75 हजार = 28750

3. A : छात्रों की अभीष्ट संख्या = (22.5 + 35 + 30 + 37.5 + 20 +30) हजार
= 175 हजार = 175000

4. C : अभीष्ट प्रतिशतता = $\frac{20}{(20+35)}\times 100 = \frac{20}{55}\times 100 = 36.36\%$

5. D : अभीष्ट प्रतिशतता = $\frac{25}{(30+22.5+32.5+25+35+27.5)}\times 100$

$= \frac{25}{172.5}\times 100 \approx 14\%$

6. B : अभीष्ट अंतर
= (7500 + 9000 + 7000 + 6500) – (5500 + 8500 + 4500 + 9500 + 5000)
= 39500 – 33000 = 6500

7. D : अभीष्ट प्रतिशत $= \frac{7500}{39500}\times 100 = 18.98\% \approx 19\%$

8. A : अभीष्ट अनुपात = 5500 : 9500 = 11 : 19

9. C : अभीष्ट प्रतिशत $= \frac{(900+7000)}{(7500+9500+6500)}\times 100 = \frac{16000}{23500}\times 100 \approx 68\%$

10. A : अभीष्ट औसत $= \frac{5500 + 8500 + 4500 + 9500 + 5000}{5}$

$= \frac{33000}{5} = 6600$

वृत्त चार्ट

एक आलेख जिसमें अंश वृत्त खण्डों में प्रदर्शित किए जाते हैं। वृत्तखण्डों केक्षेत्रफल सम्बन्धित विभिन्न अंशों का प्रदर्शित करते हैं। जैसेः 100 सेना के जवानों में से 25 जवान टैंक, 30 जवान युद्धपोत, 40 जवान हवाई जहाज और शेष राइफल का प्रयोग करते हैं तो उक्त आँकड़ों का वृत्त चार्ट निम्नलिखित हैं।

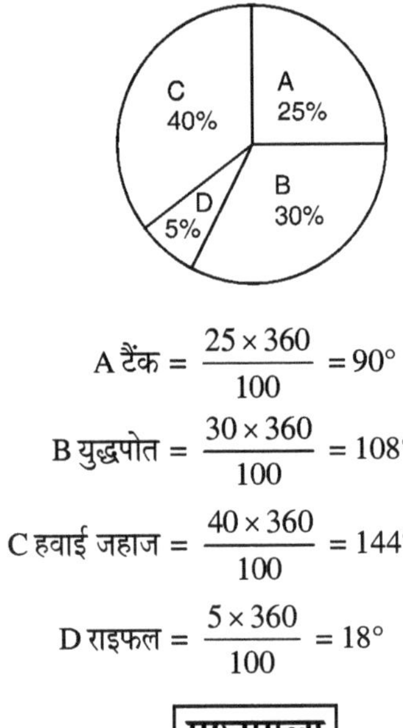

$$\text{A टैंक} = \frac{25 \times 360}{100} = 90^\circ$$

$$\text{B युद्धपोत} = \frac{30 \times 360}{100} = 108^\circ$$

$$\text{C हवाई जहाज} = \frac{40 \times 360}{100} = 144^\circ$$

$$\text{D राइफल} = \frac{5 \times 360}{100} = 18^\circ$$

प्रश्नमाला

निर्देश (1-5) : *इन प्रश्नों का उत्तर देने के लिए पाई-चार्ट को ध्यान से पढ़िए।*

MBA **में विशेषज्ञता के अनुसार छात्रों का प्रतिशत-वार विवरण छात्रों की कुल संख्या = 8000**

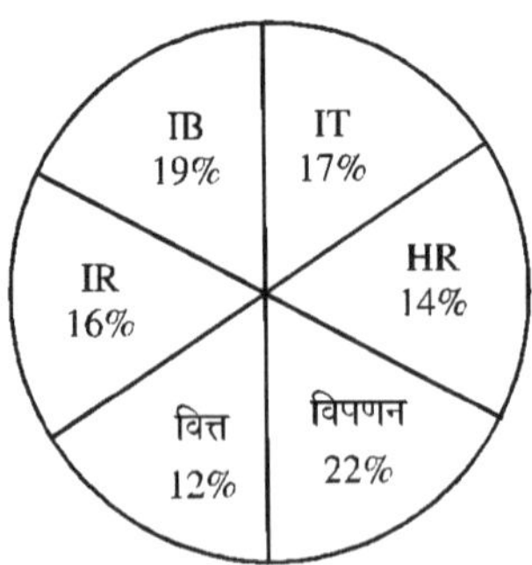

1. IR, विपणन और IT में विशेषज्ञता वाले छात्रों की कुल संख्या कितनी है?
A. 4640 B. 4080
C. 4260 D. 4400

2. IB विशेषज्ञता वाले छात्र विपणन विशेषज्ञता वाले छात्रों का **लगभग** कितने प्रतिशत है?
A. 116 B. 86
C. 124 D. 74

3. IB विशेषज्ञता वाले छात्रों की कुल संख्या कितनी है?
A. 1520 B. 1280
C. 1360 D. 1120

4. वित्त विशेषज्ञता वाले छात्रों का HR विशेषज्ञता वाले छात्रों से क्रमशः क्या अनुपात है?
A. 11 % 19 B. 18 % 13
C. 6 % 7 D. 12 % 21

5. IR विशेषज्ञता वाले छात्र HR विशेषज्ञता वाले छात्रों का **लगभग** कितने प्रतिशत है?
A. 87 B. 106
C. 76 D. 114

निर्देशः (प्रश्न 6 से 10): *निम्नलिखित पाई ग्राफ को ध्यान से पढ़िए और नीचे दिए गए प्रश्नों के उत्तर दीजिए:*

एक परिवार द्वारा अनुमानित अपने मासिक व्यय का बज़ट

कुल वेतन – रु.32,000 प्रति मा

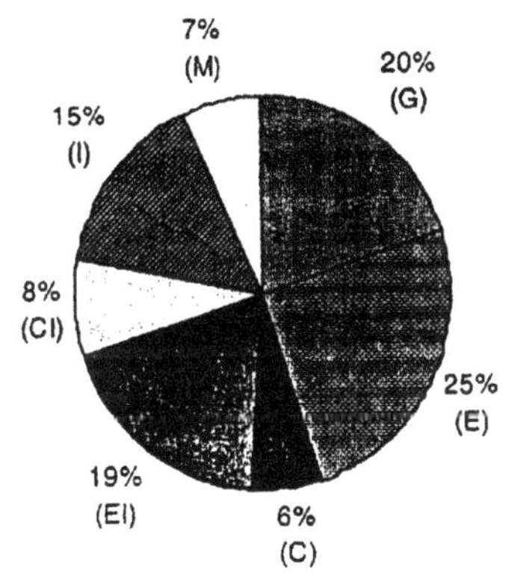

- किराना (G)
- शिक्षा (E)
- मोबाइल बिल (C)
- बिज़ली (El)
- कपड़े (Cl)
- निवेश (I)
- विविध (M)

6. परिवार द्वारा कपड़े और किराने पर मिलाकर अनुमानित बज़ट कितना है?
A. रु. 8,960 B. रु. 8,550
C. रु. 8,780 D. रु. 8,690

7. अचानक एक शादी की वजह से परिवार कुल रु. 3040/- का विविध व्यय करता है। इस शीर्ष के अन्तर्गत बज़ट में निर्धारित राशि से कितनी वृद्धि हुई है?
A. रु. 2,240 B. रु. 304
C. रु. 800 D. रु. 224

8. परिवार ने किराने पर वास्तव में 4,672/- रु. खर्च किए। किराने पर बज़ट की गई और खर्च की गई राशि में कितना अंतर है?
A. रु. 1,738 B. रु. 1,672
C. रु. 467 D. इनमें से कोई नहीं

9. परिवार द्वारा बिजली और मोबाइल बिल के अनुमान की राशि में कितना अंतर है?

A. रु. 1,920 B. रु. 4,160
C. रु. 6,080 D. रु. 8,000

10. परिवार ने अपने बिजली के बिल में रु. 1,920 की बचत की क्योंकि यह अनुमानित बज़ट से कम था। बिजली के बिल की राशि कुल वेतन की कितने प्रतिशत है?

A. 10.5 B. 12
C. 14.5 D. 13

व्याख्यात्मक उत्तर

1. D: छात्रों की अभीष्ट संख्या $= \frac{(16+22+7)}{100} \times 8000 = 55 \times 90 = 4400$

2. B: अभीष्ट प्रतिशत $= \frac{19}{22} \times 100 = \frac{1900}{22} \approx 86\%$

3. A: छात्रों की अभीष्ट संख्या $= \frac{19}{22} \times 8000 = 1520$

4. C: अभीष्ट अनुपात $= 12 : 14 = 6 : 7$

5. D: अभीष्ट प्रतिशत $= \frac{16}{14} \times 100 = \frac{800}{7} \approx 114\%$

6. A: कपड़े पर कुल व्यय $= \frac{8}{100} \times 32000 = 2560$ रु.

किराने पर कुल व्यय $= \frac{20}{100} \times 32000 = 6400$ रु.

अतः दोनों पर कुल व्यय $= 2560 + 6400 = 8960$ रु.

7. C: अनुमानित बजट विविध व्यय $= \frac{7}{100} \times 32000 = 2240$ रु.

अतिरिक्त व्यय $= 3040 - 2240 = 800$ रु.

8. D: अनुमानित बजट के अनुसार किराने पर कुल व्यय $= \frac{20}{100} \times 32000 = 6400$ रु.

अतः अन्तर $= 6400 - 4672 = 1728$ रु.

9. B: बिजली और मोबाइल बिल की अनुमानित राशि में अन्तर

$= \frac{19-6}{100} \times 32000 = 13 \times 320 = 4160$ रु.

10. D: बिजली पर अनुमानित व्यय $= \frac{32000 \times 19}{100} = 6080$ रु.

बिजली व्यय में बचत $= 1920$ रु.

$\therefore$ बिजली पर कुल व्यय $= 6080 - 1920 = 4160$ रु.

अतः अभिष्ट प्रतिशत $= \frac{4160 \times 100}{31000} = 13\%$

सामान्य विज्ञान

सामान्य विज्ञान

1. मानव शरीर का सामान्य तापमान होता है :
   (*a*) 40.5°C (*b*) 36.9°C
   (*c*) 98.4°C (*d*) 82.4°C

2. वनस्पति तेल को ठोस वसा में बदला जाता है :
   (*a*) हाइड्रोलाइसिस
   (*b*) चीनी के द्वारा
   (*c*) ऑक्सीकरण
   (*d*) हाइड्रोजेनेशन

3. ब्रह्माण्ड में प्रचुरता से पाया जाने वाला तत्व है :
   (*a*) नाइट्रोजन (*b*) हाइड्रोजन
   (*c*) ऑक्सीजन (*d*) सिलिकन

4. निम्नलिखित में किसकी वायु में सर्वाधिक तीव्र गति होती है?
   (*a*) प्रकाश (*b*) ध्वनि
   (*c*) वायुयान (*d*) रॉकेट

5. निम्नलिखित में छूत का रोग है?
   (*a*) मधुमेह (*b*) डिप्थीरिया
   (*c*) गठिया (*d*) कैंसर

6. पीलिया किसके संक्रमित होने के कारण होता है?
   (*a*) मस्तिष्क (*b*) यकृत
   (*c*) वृक्क (*d*) पिल्ली

7. प्रोटीन किसका बना होता है?
   (*a*) न्यूक्लिक अम्ल
   (*b*) ऐमिनो अम्ल
   (*c*) ग्लाइसेरिक अम्ल
   (*d*) फास्फोरिक अम्ल

8. यीस्ट प्रमुख स्रोत है :
   (*a*) विटामिन A
   (*b*) विटामिन B कॉम्पलेक्स
   (*c*) विटामिन C
   (*d*) विटामिन D

9. इन्सुलिन स्रावित होता है :
   (*a*) लीवर (*b*) अग्नाशय
   (*c*) पिल्ली (*d*) थाइरॉयड ग्रन्थि

10. नेत्र के लिए उत्तम विटामिन है :
    (*a*) विटामिन A (*b*) विटामिन C
    (*c*) विटामिन D (*d*) विटामिन K

11. प्रोटीन के लिए सबसे अच्छा स्रोत है :
    (*a*) सेब (*b*) मक्खन
    (*c*) सेम (*d*) मछली

12. एक स्वस्थ वयस्क मानव में रक्त की मात्रा होती है :
    (*a*) 10 लीटर (*b*) 5-6 लीटर
    (*c*) 8 लीटर (*d*) 3 लीटर

13. मानव-हृदय कितने कोष्ठकों में विभाजित होता है?
    (*a*) दो (*b*) तीन
    (*c*) चार (*d*) छः

14. मानव-शरीर में कुल अस्थियों की संख्या होती है :
    (*a*) 208 (*b*) 206
    (*c*) 204 (*d*) 210

15. जबड़ा बैठ जाना (Lock fam) किस बीमारी का अंतिम लक्षण है?

(*a*) डिप्थीरिया (*b*) न्युमोनिया

(*c*) स्फिलिस (*d*) टिटनस

16. प्रत्यावर्ति क्रियाओं का नियंत्रण किया जाता है :

(*a*) मस्तिष्क (*b*) मेरु रज्जु

(*c*) तंत्रिका (*d*) कोशिका

17. मक्खियाँ फैलाती हैं :

(*a*) जुकाम (*b*) मलेरिया

(*c*) फ्लू (*d*) टायफायड

18. निम्नलिखित किसमें रक्त का थक्का नहीं बन पाता है?

(*a*) मस्तिष्क आघात

(*b*) हेमेटुरिया

(*c*) हीमोफीलिया

(*d*) एनीमिया

19. स्वर्ण धुलता है :

(*a*) हाइड्रोक्लारिक अम्ल

(*b*) नाइट्रिक अम्ल

(*c*) अम्लराज (एक्वारजिया)

(*d*) एसीटिक अम्ल

20. जब बायें निलय में संकुचन होता है तो रक्त जाता है :

(*a*) मस्तिष्क (*b*) फुफुस धमनी

(*c*) अरोटा (*d*) फेफड़ा

21. तंत्रिका तंत्र का कौन-सा भाग आन्तरिक अंगों की क्रियाओं को नियंत्रित करता है?

(*a*) मेरु रज्जु

(*b*) सेरेब्रम

(*c*) सेरेवेलम

(*d*) मेंडुला आव्लेंगटा

22. दियासलाई निर्माण में किस तत्व का उपयोग किया जाता है?

(*a*) फास्फोरस (*b*) मैग्निशियम

(*c*) सिलिकन (*d*) सल्फर

23. निम्नलिखित में सर्वाधिक कठोर धातु है :

(*a*) सोना (*b*) लोहा

(*c*) प्लेटिनम (*d*) टंगस्टन

24. निम्नलिखित में किस हेलाइड का उपयोग फोटोग्राफिक फिल्म में किया जाता है?

(*a*) सोडियम क्लोराइड

(*b*) सिल्वर ब्रोमाइड

(*c*) सिल्वर आयोडाइड

(*d*) सिल्वर क्लोराइड

25. अल्कोहल उद्योग में उपयोग किया जाने वाला फंगस है :

(*a*) मशरूम

(*b*) यीस्ट

(*c*) रिजोप्स

(*d*) केनडिडा अलविकेन्स

26. निर्वात में संचारित नहीं होने वाली तरंगें हैं :

(*a*) प्रकाश

(*b*) ध्वनि

(*c*) ताप

(*d*) विद्युत चुम्बकीय तरंगें

27. प्रमुख वायु प्रदूषण का उदाहरण है :

(*a*) ऑक्सीजन

(*b*) कार्बन-डाइऑक्साइड

(*c*) हीलियम

(*d*) कार्बन मोनोक्साइड

28. चार-स्ट्रोक पेट्रोल इंजन आधारित है :
(*a*) कार्नोट-चक्र (*b*) ऑटो-चक्र
(*c*) डीजल-चक्र (*d*) ब्यॉल-चक्र

29. हीमोग्लोबिन प्रमुख घटक है :
(*a*) श्वेत रक्त कण
(*b*) लाल रक्त कण
(*c*) रक्त कणिकाएँ
(*d*) प्लाज्मा

30. रक्तदाब वह दाब है जो निम्नलिखित में किसकी सतह पर रक्त द्वारा उत्पन्न होता है?
(*a*) हृदय (*b*) नस
(*c*) धमनी (*d*) कशेरुकी

31. निम्नलिखित कौन अन्तःस्रावी ग्रन्थि मास्टर ग्रन्थि के नाम से जानी जाती है?
(*a*) पीयूष ग्रन्थि (*b*) एड्रिनल
(*c*) थायरॉइड (*d*) पैराथाइरॉइड

32. पित्त उत्पन्न किया जाता है :
(*a*) यकृत (*b*) अमाशय
(*c*) अग्नाशय (*d*) डोडेनग

33. स्थायी और जंग के धब्बे किसके द्वारा हटाये जाते हैं?
(*a*) ऑक्जेलिक अम्ल
(*b*) अल्कोहल
(*c*) ईथर
(*d*) मिट्टी का तेल

34. वह अक्रिय गैस जिसे ऑक्सीजन के साथ मिश्रित कर श्वास के रोगी को दी जाती है :
(*a*) हीलियम (*b*) क्रिप्टन
(*c*) रेडान (*d*) ऑर्गन

35. दो तत्व जो सबसे अधिक यौगिकों का निर्माण करते हैं :
(*a*) कार्बन और हाइड्रोजन
(*b*) कार्बन और नाइट्रोजन
(*c*) कार्बन और ऑक्सीजन
(*d*) कार्बन और सल्फर

36. काँच नलिका तथा काँच नली दोनों को जल से भरे बीकर में डालने पर किसमें जल ऊपर चढ़ेगा?
(*a*) दोनों
(*b*) काँच नली
(*c*) केवल काँच नलिका
(*d*) किसी में भी नहीं

37. हाड्रोलिक ब्रेक किस सिद्धान्त पर काम करता है?
(*a*) पास्कल सिद्धान्त
(*b*) थॉमसन सिद्धान्त
(*c*) न्यूटन नियम
(*d*) वर्नोली प्रमेय

38. तारे आकाश में टिमटिमाते नजर आते है, क्योंकि :
(*a*) अपवर्तनांकों की शृंखला
(*b*) परावर्तनों की शृंखला
(*c*) पृष्ठ तनाव
(*d*) उपर्युक्त कोई नहीं

39. वह पौधा जो गांठ (Spores) द्वारा जनन करता है :
(*a*) सरसों (*b*) कारियांदर
(*c*) फर्न (*d*) पुदीना

40. निम्नलिखित में शीघ्र ऊर्जा प्रदान करने वाला है :
(*a*) लेक्टोज (*b*) सेल्युलोज
(*c*) माल्टोज (*d*) ग्लूकोज

41. परागण के समय पुष्प पादप पराग ग्रहण करता है :

(*a*) अंडाशय (*b*) वर्तिका

(*c*) वर्तिकाग्र (*d*) बीजांड

42. निम्नलिखित में कौन पादप का सूक्ष्म पोषक तत्व है?

(*a*) कार्बन (*b*) ऑक्सीजन

(*c*) नाइट्रोजन (*d*) बोरॉन

43. खाने योग्य भूमिगत तना है :

(*a*) अदरक (*b*) शकरकन्द

(*c*) गन्ना (*d*) मूली

44. आइसबर्ग का 10 भाग में कितना भाग जल से ऊपर रहता है?

(*a*) एक भाग (*b*) दो भाग

(*c*) चार भाग (*d*) छः भाग

45. रेशम के कीड़े पालन को कहते हैं :

(*a*) एपी कल्चर (*b*) हॉर्टि कल्चर

(*c*) पिसी कल्चर (*d*) सिरी कल्चर

46. मानव-कान के मध्य भाग में होता है :

(*a*) वायु (*b*) इन्डोलिन्फ

(*c*) पेरिलिम्फ (*d*) ऑटोकॉनिया

47. मानव-रक्त-प्लाज्मा में प्रतिशत जल की मात्रा होती है :

(*a*) 60-64 (*b*) 70-75

(*c*) 80-82 (*d*) 91-92

48. सोडियम पम्प का उपयोग किया जाता है :

(*a*) हृदय स्पन्दन

(*b*) पेशी संकुचन

(*c*) तंत्रिका आवेग

(*d*) उपर्युक्त कोई नहीं

49. निम्नलिखित में ग्रीन हाउस गैस है :

(*a*) ऑक्सीजन

(*b*) नाइट्रोजन

(*c*) कार्बन-डाइऑक्साइड

(*d*) ओजोन

50. पत्तीदार सब्जियों में प्रचुर मात्रा में होता है :

(*a*) फास्फोरस (*b*) जस्ता

(*c*) लोहा (*d*) कैल्शियम

51. पोलियो का कारण है :

(*a*) बैक्टिरिया (*b*) फंगस

(*c*) वायरस (*d*) कीड़े

52. अर्द्धचालक का उदाहरण है :

(*a*) जर्मन सिल्वर (*b*) जरमेनियम

(*c*) फास्फोरस (*d*) आर्सेनिक

53. बिच्छू में विष होता है :

(*a*) पैर (*b*) हाथ

(*c*) मुँह (*d*) पूंछ

54. 'गारवेज का उत्तम तरीके से निष्कासन' को कहते हैं :

(*a*) वर्मिकल्चर (*b*) इन्सिनेरेशन

(*c*) भूमि भराव (*d*) जलाना

55. "पेस मेकर" का कार्य है :

(*a*) पेशाब निर्माण को नियंत्रित करना

(*b*) पाचन तंत्र को नियंत्रित करना

(*c*) हृदय धड़कन को बनाए रखना

(*d*) श्वसन क्रिया को बनाए रखना

56. रेफ्रीजेरेशन वह प्रक्रिया है जिसमें :

(*a*) बैक्टीरिया को मारा जाता है

(*b*) बैक्टीरिया को निष्क्रिय किया जाता है

(*c*) बैक्टीरिया वृद्धि दर को कम किया जाता है

(*d*) बैक्टीरिया का प्लाज्मीकरण किया जाता है

57. नहीं चिपकने वाला रसोई बर्तनों पर लेप चढ़ाया जाता है :

(*a*) PVC (*b*) ग्रेफाइट

(*c*) टेफ्लॉन (*d*) सिलिकन

58. गोबर गैस में मुख्यतः होता है :

(*a*) कार्बन-डाइआक्साइड

(*b*) कार्बन मोनोक्साइड

(*c*) हाइड्रोजन सल्फाइड

(*d*) मीथेन

59. विनेगार (Vinegar) का प्रमुख घटक है :

(*a*) फॉर्मिक अम्ल

(*b*) एसीटिक अम्ल

(*c*) सोलि साइलिक अम्ल

(*d*) ऑक्जेलिक अम्ल

60. समुद्री खरपतवार महत्वपूर्ण स्रोत है :

(*a*) लोहा (*b*) क्लोरीन

(*c*) ब्रोमीन (*d*) आयोडीन

61. वह धागा जो जल्दी आग नहीं पकड़ता है :

(*a*) नायलोन

(*b*) पॉलीयस्टर

(*c*) कपास (सूती)

(*d*) टेरीलिन

62. प्लास्टर ऑफ पेरिस का जमने का कारण है :

(*a*) डिहाड्रेशन विधि

(*b*) हाइड्रेशन विधि

(*c*) ऑक्सीडेशन

(*d*) अवकरण विधि

63. NaOH का साधारण नाम है :

(*a*) कॉस्टिक सोडा

(*b*) कॉस्टिक पोटाश

(*c*) सोडा राख

(*d*) सोडियम हाइड्रोक्साइड

64. वृक्क में होने वाला पत्थर होता है :

(*a*) सोडियम ऑक्जेलेट

(*b*) कैल्सियम ऑक्जेलेट

(*c*) सोडियम क्लोराइड

(*d*) कैल्शियम एसीटेट

65. अस्थि राख में होता है :

(*a*) कैल्शियम सल्फेट

(*b*) फॉस्फोरिक अम्ल

(*c*) कैल्शियम फास्फेट

(*d*) कैल्शियम हाइपोफास्फेट

66. हीलयम गैस को गुब्बारों में भरा जाता है, क्योकि :

(*a*) इसकी परमाणु संख्या 2 है

(*b*) वायु से यह हल्की होती है

(*c*) यह जल का एक घटक है

(*d*) यह एक अक्रिय गैस है

67. 18 कैरेट सोना में शुद्ध सोना होता है :

(*a*) 100% (*b*) 80%

(*c*) 75% (*d*) 60%

68. पश्यदृष्टि सिद्धान्त निम्न में किसके साथ होता है?

(*a*) कैमरा (*b*) स्पेक्ट्रोस्कोप

(*c*) सिनेमा (*d*) पेरिस्कोप

69. नाभिकीय रिएक्टर में ईंधन के रूप में प्रयुक्त होता है :

(*a*) कोयला (*b*) यूरेनियम

(*c*) रेडियम (*d*) डीजल

70. जब द्रव को गर्म किया जाता है तो इसका घनत्व :
(*a*) घट जाता है
(*b*) बढ़ जाता है
(*c*) परिर्वतन नहीं होता है
(*d*) बढ़ना तथा घटना दाब पर निर्भर करता है

71. नोड तथा संलग्न एंटीनोड के बीच दूरी 30 cm है तो तरंगदैर्ध्य की लम्बाई है :
(*a*) 30 cm (*b*) 90 cm
(*c*) 120 cm (*d*) 60 cm

72. फ्यूज तार की प्रकृति होती है :
(*a*) उच्च प्रतिरोध और निम्न द्रवणांक
(*b*) उच्च प्रतिरोध और उच्च द्रवणांक
(*c*) निम्न प्रतिरोध और उच्च द्रवणांक
(*d*) निम्न प्रतिरोध और निम्न द्रवणांक

73. रेलवे लाइन में दो पटरियों के बीच खाली जगह क्यों छोड़ी जाती है?
(*a*) स्टील की बचत के लिए
(*b*) शीत काल में संकुचन के कारण रेलवे दुर्घटनाओं से बचाने के लिए
(*c*) वायु रिक्तियों के कारण दौड़ती रेल को संतुलित रखता है
(*d*) ग्रीष्म काल में फैलाव से होने वाली दुर्घटना को रोकने के लिए

74. गर्भाशय में भ्रूण के विकास का पता लगाया जाता है :
(*a*) एक्स-रे-किरण (*b*) गामा किरण
(*c*) अल्ट्रा साउन्ड (*d*) अल्ट्रा वायलेट

75. शुष्क सेल का एनोड बनाया जाता है :
(*a*) लोहा (*b*) कैडमियम
(*c*) जस्ता (*d*) शीशा

76. वाहन टायरों में खाचें क्यों बने होते हैं?
(*a*) वाहन अधिक वजन ढो सके
(*b*) फिसलन को रोकने तथा घर्षण को कम करने के लिए
(*c*) तीव्र गति प्रदान करना तथा ईंधन की बचत करना
(*d*) उपर्युक्त कोई नहीं

77. मानव-शरीर में डिहाड्रेशन के कारण ह्रास होता है :
(*a*) विटामिन (*b*) लवण
(*c*) हार्मोन्स (*d*) जल

78. टेस्ट ट्यूब बेबी के संबंध में :
(*a*) गर्भाशय में अण्डाणु का निषेचन
(*b*) भ्रूण का पूर्ण विकास टेस्ट ट्यूब में होता है
(*c*) भ्रूण को 2 माह बाद गर्भाशय में रोपण किया जाता है
(*d*) अण्डाणु को माता के शरीर के बाहर निषेचित किया जाता है

79. वृक्ष की उम्र का निर्धारण किया जाता है :
(*a*) ग्रथ (*b*) ऊँचाई
(*c*) वृद्धि वयल (*d*) बाह्य प्रकट्य

80. किस प्रदूषण के कारण मानव-वृक्क रोग से ग्रसित होता है?
(*a*) कैडमियम (*b*) लोहा
(*c*) कोबाल्ट (*d*) कार्बन

81. वह पादप जिसका फल भूमिगत होता है :
(*a*) आलू (*b*) मूली
(*c*) मूँगफली (*d*) प्याज

82. एक नाव डूब जायेगी, यदि वह अपने

किसके समान जल का स्थानान्तरण करे?

(*a*) आयतन (*b*) वजन

(*c*) सतह क्षेत्रफल (*d*) घनत्व

83. क्षुद्र ग्रह, सूर्य के चारों ओर परिक्रमा किन ग्रहों के बीच में करता है?

(*a*) पृथ्वी और मंगल

(*b*) मंगल और बृहस्पति

(*c*) वृहस्पति और शनि

(*d*) शनि और यूरेनस

84. लौंग का मुख्यतः मसाले के रूप में उपयोग किया जाता है, जो होता है :

(*a*) फल (*b*) तना

(*c*) जड़ (*d*) पुष्पकली

85. प्रकाश का रंग संबंधित है :

(*a*) विस्थापन (*b*) आवृत्ति

(*c*) गुण (*d*) वेग

86. स्वचालित वाहनों में हाइड्रोलिक ब्रेक किस सिद्धान्त पर कार्य करता है?

(*a*) वर्नोली नियम

(*b*) पासेइलिज सिद्धान्त

(*c*) पास्कल नियम

(*d*) आर्कमीडिज सिद्धान्त

87. रक्त का वह घटक जो रोगाणु से रक्षा करता है :

(*a*) लूकोसाइट्स (*b*) मोनोसाइट्स

(*c*) न्यूट्रोफिल्स (*d*) लिम्फोसाइट्स

88. वह ग्रंथि जो मानव-शरीर का थर्मोस्टेट है :

(*a*) पिनियल (*b*) पीयूष

(*c*) थाइराइड (*d*) हाइपोथेल्मस

89. फ्लोरोसेन्ट ट्यूब में सामान्यतः प्रयुक्त पदार्थ है :

(*a*) सोडियम ऑक्साइड और ऑर्गन

(*b*) सोडियम वाष्प और नियॉन

(*c*) पारा वाष्प और ऑर्गन

(*d*) मरक्युरी ऑक्साइड और नियॉन

90. मानव अण्डाणु में गुणसूत्र की संख्या होती है :

(*a*) 23

(*b*) 46

(*c*) 48

(*d*) उपर्युक्त कोई नहीं

91. हशीश पादप के किस भाग से प्राप्त किया जाता है?

(*a*) पत्तियों

(*b*) तना

(*c*) पत्तियों तथा मादा जननांग से

(*d*) तना तथा नर जननांग से

92. शरीर का वह अंग जो कभी भी विश्राम नही करता है :

(*a*) नेत्र (*b*) अग्नाशय

(*c*) यकृत (*d*) हृदय

93. सामान्य वयस्क का औसत हृदय धड़कन दर प्रति गिनट है :

(*a*) 82 (*b*) 92

(*c*) 72 (*d*) 98

94. एन्जाइम्स मुख्यतः होते हैं :

(*a*) कार्बोहाइड्रेट (*b*) लिपिड

(*c*) प्रोटीन (*d*) एमिनो एसिड

95. उपापचय क्रिया है :

(*a*) जैव अणुओं का निर्माण

(*b*) जैव अणुओं का विघटन

(*c*) जैव अणुओं का उपचय तथा अपचय

(*d*) जैव अणुओं का पुनर्निर्माण

96. निम्नलिखित जीवों का समूह जो तीव्र गति से प्रजनन करता है :

(*a*) शैवाल (*b*) फंगस

(*c*) बैक्टीरिया (*d*) अमीबा

97. पोर्टलैण्ड सीमेन्ट के आविष्कारक थे :

(*a*) लियोनार्डो दा विन्सी

(*b*) डेनिस गैसॉन

(*c*) जोसेफ असप्दीन

(*d*) पर्सिल स्पेंसर

98. ग्रहीय गति के नियम का प्रतिपादन किसने किया था?

(*a*) निकोलस कॉपरनिक्स

(*b*) केपलर

(*c*) न्यूटन

(*d*) गैलीलियो

99. किस विकरित किरण में सबसे कम ऊर्जा होती है?

(*a*) गामा किरण

(*b*) अल्ट्रा वायेल्ट किरण

(*c*) दृश्य किरण

(*d*) सूक्ष्म तरंग किरण

100. व्यापारिक वेसलीन प्राप्त किया जाता है :

(*a*) पादप गम (*b*) कोलतार

(*c*) काष्ठ मोम (*d*) पेट्रोलियम

101. निम्नलिखित खाद्य पदार्थों में सबसे अधि
क कैलोरी किसमें निहीत है?

(*a*) मक्खन (*b*) सेब

(*c*) पनीर (*d*) चीनी

102. ई.ई.जी. (E.E.G.) एक तकनीक है, जिसके द्वारा रिकार्ड किया जाता है :

(*a*) हृदय (*b*) फेफड़ा

(*c*) मस्तिष्क (*d*) पेशी

103. गाय का दूध हल्का पीला होता है, यह किसकी उपस्थिति के कारण होता है?

(*a*) जैन्थोफिल (*b*) कैरोटिन

(*c*) राइबो फ्लेविन(*d*) राइबोज

104. निम्नलिखित में कौन सौर विकरण के एक भाग को अवशोषित करता है तथा भूमंडल के ताप को नियत रखता है?

(*a*) ऑक्सीजन

(*b*) नाइट्रोजन

(*c*) जलवाष्प

(*d*) कार्बन-डाइऑक्साइड

105. हास्य गैस का रासायनिक नाम है :

(*a*) नाइट्रिक ऑक्साइड

(*b*) नाइट्रोजन डाइऑक्साइड

(*c*) नाइट्रोजन पेंटाऑक्साइड

(*d*) नाइट्रस ऑक्साइड

106. पीतल मिश्रित धातु है :

(*a*) जस्ता और टिन

(*b*) जस्ता और ताँबा

(*c*) एन्टीमनी, टिन और शीशा

(*d*) जस्ता टिन और ताँबा

107. 'पेस मेकर' संबंधित है :

(*a*) वृक्क (*b*) मस्तिष्क

(*c*) हृदय (*d*) फेफड़ा

108. ध्वनि की सर्वाधिक गति होती है :

(*a*) जल (*b*) वायु

(*c*) स्टील (*d*) लकड़ी

109. किस ग्रह की कक्षा पृथ्वी के सबसे निकट है?

(*a*) मंगल (*b*) वृहस्पति

(*c*) शुक्र (*d*) बुध

110. रक्त के थक्का बनने का कारण है :

(*a*) थ्रम्बीन (*b*) हीमोग्लोबिन

(*c*) पेक्टिन (*d*) उपर्युक्त सभी

111. बेकरीज में ब्रेड बनाने मे यीस्ट का उपयोग किया जाता है, क्योंकि :

(*a*) ब्रेड कड़ा बनता है

(*b*) ब्रेड मुलायम तथा स्पंजी बनता है

(*c*) ब्रेड की गुणवत्ता में वृद्धि होती है

(*d*) ब्रेड को ताजा बनाये रखने में मदद करता है

112. एड्स वायरस नष्ट करता है :

(*a*) लाल रक्त कणिका

(*b*) लीवर

(*c*) इम्युन प्रणाली

(*d*) परिसंचरण प्रणाली

113. मसाले की सुगन्ध का कारण है :

(*a*) तेल

(*b*) फिनॉल

(*c*) सुगन्धित एमिनो अम्ल

(*d*) हार्मोन्स

114. प्रकाश और लगातार वर्षण उपर्युक्त होते हैं :

(*a*) घास मैदान (*b*) वन

(*c*) सवाना (*d*) फसल

115. ऊँट मरुस्थल में बिना पानी के कुछ दिन तक रह सकता है, क्योंकि :

(*a*) पेशियों में स्थित जल का उपयोग करता है

(*b*) कूबड़ में जमा वसा का उपयोग करता है

(*c*) अपचय क्रियाओं को कम कर देता है

(*d*) जल उपयोग को कम कर देता है

116. पृथ्वी का सफाई कर्मचारी (Scan-vengers) है :

(*a*) पशु

(*b*) पक्षी

(*c*) मिट्टी और जल

(*d*) बैक्टीरिया और फंगस

117. ऊन का प्रमुख विकल्प है :

(*a*) मरसेराइज्ड सूत

(*b*) नायलॉन 66

(*c*) पी.वी.सी.

(*d*) एक्रायलॉन

118. नाभिकीय विखण्डन में ऊर्जा निष्कर्षित होता है :

(*a*) प्रकाश

(*b*) ताप

(*c*) रासायनिक ऊर्जा

(*d*) यांत्रिक ऊर्जा

119. कर्टिलेज तथा अस्थि निर्माण में प्रयुक्त तत्व है :

(*a*) मैगनेशियम (*b*) कैल्शियम

(*c*) जस्ता (*d*) सिलिकन

120. हीमोग्लोबिन और क्लोरोफिल दो जैव अणु हैं। निम्नलिखित में से कौन-सा कथन सही नही है?

(*a*) दोनों में लोहा होता है

(*b*) दोनों में मैग्नीशियम होता है

(*c*) क्लोरोफिल में मैग्नीशियम तथा हीमोग्लोबिन में लोहा होता है

(*d*) हीमोग्लोबीन में कोबाल्ट और क्लोरोफिल में क्लोरिन होती है

121. सोल्डर मिश्रित धातु है :

(*a*) टिन और शीशा
(*b*) टिन और जस्ता
(*c*) जस्ता और शीशा
(*d*) ताँबा और जस्ता

122. वह ग्लेक्सी, पृथ्वी जिसका ग्रह है :
(*a*) अन्ड्रोमेड़ा (*b*) उर्स मेजर
(*c*) उर्स माइनर (*d*) आकाश गंगा

123. विटामिन जो रक्त थक्का बनने में मदद करता है :
(*a*) D (*b*) A
(*c*) K (*d*) C

124. अनिषेचित मानव अण्डाणु में होता है :
(*a*) एक X गुणसूत्र
(*b*) एक Y गुणसूत्र
(*c*) एक X गुणसूत्र तथा Y गुण सूत्र
(*d*) दो X गुणसूत्र

125. प्रोटीन के प्रमुख स्रोत हैं :
(*a*) दूध, आम, गाजर
(*b*) अण्डा, मटर, मछली
(*c*) सोयाबीन, चना, मक्का
(*d*) सेब, दही, मांस

126. सामान्य नेत्र के लिए निकटतम दृष्टि दूरी है :
(*a*) 25 mm
(*b*) 25 cm
(*c*) 25 m
(*d*) उपर्युक्त कोई नहीं

127. तारों का रंग निर्भर करता है :
(*a*) सूर्य से दूरी (*b*) त्रिज्या
(*c*) घनत्व (*d*) सतह का ताप

128. रतौंधी किसकी कमी का परिणाम है?
(*a*) ग्लूकोज (*b*) विटामिन E
(*c*) विटामिन B_2 (*d*) विटामिन A

129. मानव-शरीर में सर्वाधिक मात्रा में पाया जाने वाला तत्व है :
(*a*) ऑक्सीजन (*b*) कार्बन
(*c*) लोहा (*d*) नाइट्रोजन

130. सौर परिवार का सर्वाधिक गर्म ग्रह है :
(*a*) बुध (*b*) मंगल
(*c*) पृथ्वी (*d*) शनि

131. सूर्य से निकलने वाली ऊर्जा का कारण है :
(*a*) फोटो इलेक्ट्रिक उत्सर्जन
(*b*) नाभिकीय विखण्डन
(*c*) नाभिकीय संलयन
(*d*) थर्मोआयनिक उत्सर्जन

132. दूध का स्वाद खट्टा हो जाता है, यदि इसे कुछ समय के लिए खुला छोड़ दिया जाए तो, किसके निर्माण से ऐसा होता है?
(*a*) लेक्टिक अम्ल
(*b*) साइट्रिक अम्ल
(*c*) एसीटिक अम्ल
(*d*) कार्बोनिक अम्ल

133. लेड स्टोरेज सेल में किस अम्ल का उपयोग किया जाता है?
(*a*) फास्फोरिक अम्ल
(*b*) हाइड्रोक्लोरिक अम्ल
(*c*) नाइट्रिक अम्ल
(*d*) सल्फ्यूरिक अम्ल

134. वह पदार्थ जो ठोस अवस्था में विद्युत वहन करता है :
(*a*) हीरा
(*b*) ग्रेफाइट

(*c*) आयोडीन
(*d*) सोडियम क्लोराइड

135. किसी गैस को द्रव में परिवर्तित करने का सबसे आसान तरीका है :
(*a*) निम्न ताप तथा उच्च दाब
(*b*) उच्च दाब तथा निम्न दाब
(*c*) निम्न ताप तथा निम्न दाब
(*d*) उच्च ताप तथा उच्च दाब

136. किसने सर्वप्रथम स्वचालित वाहन का निर्माण किया था?
(*a*) गॉटलेव डायम्लर
(*b*) हेनरी फोर्ड
(*c*) रूडोल्फ डीजल
(*d*) कार्ल बेन्ज

137. निम्नलिखित में से कौन केवल महिला में पाया जाता है?
(*a*) थाइरॉइड (*b*) पीयूष
(*c*) अण्डाशय (*d*) एडेनॉयड

138. गामा किरण के कारण हो सकता है :
(*a*) जीन उत्परिवर्तन
(*b*) संकुचन
(*c*) जलन
(*d*) बुखार

139. पादप में जल का परिवहन होता है :
(*a*) केम्बियन (*b*) फ्लोयम
(*c*) जायलम (*d*) एपिडर्मिस

140. प्रमुख प्रदूषण गैस जो स्वचालित वाहनों से उत्सर्जित होती है :
(*a*) कार्बन मोनोऑक्साइड
(*b*) मीथेन
(*c*) कार्बन-डाइऑक्साइड
(*d*) ओजोन

141. एक कम्पेक्ट डिस्क में आँकड़ों को संग्रहित किया जाता है :
(*a*) चुम्बकीय
(*b*) प्रकाशीय
(*c*) विद्युतीय
(*d*) विद्युत चुम्बकीय

142. द्रव में पृष्ठ तनाव का कारण है :
(*a*) दो अणुओं के बीच एडेसिव बल के कारण
(*b*) दो अणुओं के बीच कोहेसिव बल के कारण
(*c*) अणुओं के बीच गुरुत्वाकर्षण बल के कारण
(*d*) अणुओं के बीच विद्युतीय बल के कारण

143. एक वृत्ताकार प्लेट, एक घन और एक गोला सभी एक ही पदार्थ के बने हैं और सभी की मात्रा समान है, उसे 300°C तक गर्म करके कमरे में छोड़ दिया जाता है, इनमें से कौन सबसे कम दर से ठंडा होगा?
(*a*) वृत्ताकार प्लेट
(*b*) घन
(*c*) गोला
(*d*) सभी एक समान दर से ठंडे होंगे

144. ऑक्सीजन जो हमें जीवित रखती है, कहाँ से आती है?
(*a*) कार्बन-डाइऑक्साइड
(*b*) मृदा से अवशोषित कार्बोनेट
(*c*) अयस्को के ऑक्साइड
(*d*) जल

145. रेस्प्रीन का उपयोग है :
(*a*) उच्च रक्त दाब को कम करता है

(*b*) जब रक्त दाब कम होता है तो उसे बढ़ाता है

(*c*) दर्द निवारक है

(*d*) गठिया को ठीक करता है

146. "एलिसा" जाँच का उपयोग किया जाता है :

(*a*) पोलियो वायरस के लिए

(*b*) एड्स एन्टीवॉडी के लिए

(*c*) क्षयरोग बैक्टीरिया के लिए

(*d*) कैंसर के लिए

147. अधिक उच्चताप तथा बार-बार उपयोग किये गये खाद्य तेल का उपयोग करना हानिकारक क्यों होता है?

(*a*) तेल वाष्प प्रदूषण फैलाता है

(*b*) बेंजापाइरीन विषैले पदार्थ का निर्माण होता है

(*c*) तेल के पोषक तत्व नष्ट हो जाते हैं

(*d*) तेल की व्यर्थ हानि होती है

148. कृत्रिम रूप से हरे फल को पकाने में उपयोग किये जाने वाली गैस है :

(*a*) इथिलीन (*b*) एसीटीलीन

(*c*) इथेन (*d*) मिथेन

149. ऑप्टिक फाइबर का उपयोग किया जाता है :

(*a*) कैट स्कैन

(*b*) एक्स-रे

(*c*) अल्ट्रासाउन्ड स्कैन

(*d*) इन्डोस्कोपी

150. रासायनिक उर्वरक में तीन उपयोगी तत्व हैं :

(*a*) सल्फर, फास्फोरस और सोडियम

(*b*) नाइट्रोजन, पोटैशियम और फास्फोरस

(*c*) कैल्शियम, फास्फोरस और पोटैशियम

(*d*) फास्फोरस, सोडियम और नाइट्रोजन

151. आप्टीकल फाइबर की खोज किसने की थी?

(*a*) सैमुअल कोहेन

(*b*) नरेन्द्र कपानी

(*c*) पर्सी.एल. स्पेन्सर

(*d*) टी.एन. माइमाह

152. व्यापारिक नाइट्रिक अम्ल रंगीन होता है, क्योंकि इसमें घुला रहता है :

(*a*) ऑक्सीजन

(*b*) नाइट्रस ऑक्साइड

(*c*) नाइट्रोजन डाइऑक्साइड

(*d*) रंगीन अशुद्धियाँ

153. उर्वरक जिसमें सर्वाधिक नाइट्रोजन होती है :

(*a*) यूरिया

(*b*) अमोनियम सल्फेट

(*c*) अमोनियम नाइट्रेट

(*d*) कैल्शियम सिट्रेट

154. किसने रडार का अविष्कार किया था?

(*a*) जे.एच. वान टसेल

(*b*) विल्हेल्म के. रांग्जन

(*c*) पी.टी. फर्नवर्थ

(*d*) ए.एच. टेलर और लियो सी यंग

155. शहरों में स्वचालितों के द्वारा प्रदूषित पदार्थ का उत्सर्जन होता है :

(*a*) कैडमियम (*b*) क्रोमियम

(*c*) लेड (*d*) ताँबा

156. निम्नलिखित में से किसमें मादा जनन हार्मोन्स हैं?
(*a*) एस्ट्रोजन (*b*) एन्ड्रोजन
(*c*) आक्सीटोसिन (*d*) इन्सुलिन

157. 'बेकिंग सोडा' का रासायनिक नाम है :
(*a*) सोडियम कार्बोनेट
(*b*) सोडियम बाइकार्बोनेट
(*c*) सोडियम नाइट्रेट
(*d*) सोडियम नाइट्राइट

158. दो तरगें जिसमें प्रत्येक का आयाम 1.5 mm तथा आवृति 10Hz है, विपरीत दिशा में 20mm/Sec गमन कर रही है, दो संलग्न नोड के बीच की दूरी (mm) है :
(*a*) 1.0 (*b*) 1.2
(*c*) 1.5 (*d*) 2.0

159. टिटनस बीमारी होने का कारण है :
(*a*) बैक्टीरिया (*b*) फंगस
(*c*) वायरस (*d*) प्रोटोजोआ

160. सूर्य ताप द्वारा गर्म होने के बावजूद भी पर्वतों की बर्फ एक साथ क्यों नहीं पिघल जाता?
(*a*) यह बहुत कठोर होता है
(*b*) सूर्य ताप के अधिकांश भाग को परावर्तित कर देता है
(*c*) ताप विखण्डन के लिए उच्च गुप्त ऊष्मा होता है
(*d*) इसमें निम्न विशिष्ट ऊष्मा होती है

161. एनाटोमिक पाइल का उपयोग किया जाता है :
(*a*) एक्स-रे उत्पन्न करने के लिए
(*b*) नाभिकीय विखण्डन के लिए
(*c*) थर्मोन्यूक्लियर विखण्डन के लिए
(*d*) परमाणु को तीव्रता प्रदान करने के लिए

162. मजदूर जो कठिन शारीरिक परिश्रम करता है, उसकी हथेली की त्वचा मोटी क्यों हो जाती है?
(*a*) मोटी एपिडर्मिस
(*b*) मोटी डर्मिस
(*c*) मोटी सब कुटेनियस ऊत्तक
(*d*) उपर्युक्त सभी

163. प्रकाश संश्लेषण की अत्यधिक दर होती है :
(*a*) नीला और लाल प्रकाश
(*b*) हरा और पीला प्रकाश
(*c*) नीला और नांरगी प्रकाश
(*d*) बैंगनी और नांरगी प्रकाश

164. एड्स वायरस है :
(*a*) एकल गुणित आर.एन.ए.
(*b*) द्विगुणित आर.एन.ए.
(*c*) एकल गुणित डी.एन.ए.
(*d*) द्विगुणित डी.एन.ए.

165. शरीर गें रोगाणुओं से रक्षा करता है :
(*a*) आर.बी.सी. (*b*) डब्ल्यू.बी.सी.
(*c*) रक्त प्लाज्मा (*d*) हीमोग्लोबिन

166. इथाइल अल्कोहल किसे मिलाने के बाद पीने योग्य नहीं रहता है?
(*a*) पोटैशियम सायनाइड
(*b*) मिथोनॉल और पाइरिडाइन
(*c*) एसीटिक अम्ल और पइरिडाइन
(*d*) नेफ्थालिन

167. समय के मापक विज्ञान को कहते हैं :
(*a*) होरोलॉजी (*b*) कोस्मोलॉजी
(*c*) टीमोग्रेफी (*d*) हाइड्रोलॉजी

168. इन्द्रधनुष के रंगों का सही क्रम है :
(*a*) नीला, हरा, बैंगनी
(*b*) बैंगनी, हरा, नीला
(*c*) नीला, पीला, हरा
(*d*) नीला, हरा, पीला

169. ट्रिप्सिन एन्जाइम निम्नलिखित में किसको परिवर्तित करता है?
(*a*) प्रोटीन को पेप्टोन
(*b*) प्रोटीन को पेप्टाइड
(*c*) प्रोटीन को एमिनो अम्ल
(*d*) स्टार्च को ग्लूकोज

170. आइसोटोमिक वर्ग है :
(*a*) ${}_6C^{12}$, ${}_7N^{14}$, ${}_8O^{16}$
(*b*) ${}_6C^{12}$, ${}_7N^{14}$, ${}_8O^{18}$
(*c*) ${}_6C^{12}$, ${}_7N^{15}$, ${}_8O^{16}$
(*d*) ${}_6C^{14}$, ${}_7N^{15}$, ${}_8O^{16}$

171. जल में कार्बन-डाइऑक्साइड गैस पास कराने पर सोडा वाटर प्राप्त होता है जो होता है :
(*a*) ऑक्सीकरण एजेंट
(*b*) क्षारीय
(*c*) अम्लीय
(*d*) अवकारक

172. आयोडीन युक्त हार्मोन्स, थाइरोक्सिन है :
(*a*) कार्बोहाइड्रेट (*b*) अमिनो अम्ल
(*c*) एस्टर (*d*) पेप्टाइड

173. वह एन्जाइम जो रक्त को थक्का बनने में जो फाइब्रोजन को फाइब्रिन में बदलता है :
(*a*) पेप्सिन (*b*) माल्टेज
(*c*) थ्रोमबिन (*d*) प्रोथ्रोम्बिन

174. मुलायम अयस्क **टेल्क** है :
(*a*) मैगनीज सिलिकेट
(*b*) सोडियम सिलिकेट
(*c*) सोडियम फास्फेट
(*d*) मैग्नीशियम सिलिकेट

175. वह व्यक्ति जो फिनाइकेटोनुरिया रोग से पीड़ित होने के कारण है :
(*a*) वृक्क अयोग्य
(*b*) लीवर अयोग्य
(*c*) मानसिक अवरोग
(*d*) नपुंसकता

176. स्वचालित वाहनों से उत्सर्जित किस गैस के लिए युरो नार्म्स निर्धारित किया जाता है?
(*a*) कार्बन-डाइऑक्साइड
(*b*) कार्बन मोनोऑक्साइड
(*c*) नाइट्रोजन
(*d*) मीथेन

177. हैलोजन लैम्प का फिलामेन्ट किस मिश्रधातु का बना होता है?
(*a*) टंगस्टन और आयोडीन
(*b*) टंगस्टन और ब्रोमाइड
(*c*) टंगस्टन और सोडियम
(*d*) मालिडेनम और सोडियम

178. एक पारसेक का मान होता है :
(*a*) 4.25 प्रकाश वर्ष
(*b*) 3.25 प्रकाश वर्ष
(*c*) 4.50 प्रकाश वर्ष
(*d*) 3.80 प्रकाश वर्ष

179. निम्नलिखित में सबसे भारी धातु है :
(*a*) ताँबा (*b*) यूरेनियम
(*c*) एल्युमिनियम (*d*) चाँदी

180. जल की स्थायी कठोरता का कारण है :
(*a*) कैल्शियम कार्बोनेट
(*b*) कैल्शियम तथा मैग्नीशियम का सल्फेट तथा क्लोराइड
(*c*) सोडियम और पोटैशियम का सल्फेट तथा क्लोराइड
(*d*) उपर्युक्त कोई नहीं

181. सर्वदात्री रक्त समूह है :
(*a*) A (*b*) AB
(*c*) O (*d*) B

182. सर्वाधिक लम्बा वृक्ष है :
(*a*) यूकेलिप्टस (*b*) सेक्योवा
(*c*) देवदार (*d*) फर्न

183. निम्नलिखित में से किस खाद्य पदार्थ में सर्वाधिक प्रोटीन होता है?
(*a*) चना (*b*) मटर
(*c*) सोयाबीन (*d*) अरहर

184. समुद्र नीला दिखता है क्योंकि
(*a*) अत्याधिक गहराई
(*b*) आकाश के द्वारा परावर्तन तथा समुद्र के द्वारा विकिरण
(*c*) जल का नीला रंग
(*d*) जल की ऊपरी सतह

185. हवा युक्त रात्रि में ओस नहीं बनती है क्योंकि :
(*a*) वाष्पोत्सर्जन की क्रिया की दर तीव्र होती है
(*b*) तापमान अधिक रहता है
(*c*) हवा में कम वाष्प होती है
(*d*) आकाश साफ नहीं होता है

186. जीवन-चक्र के संबंध में पादप का प्रमुख अंग होता है :
(*a*) पुष्प (*b*) पत्ती
(*c*) तना (*d*) जड़

187. एस्प्रीन होता है :
(*a*) एन्टीबायटिक
(*b*) एन्टीपायरेटिक
(*c*) दर्द-निवारक
(*d*) उपर्युक्त कोई नहीं

188. डिटरजेन्ट होता है :
(*a*) साबुन (*b*) दवा
(*c*) उत्प्रेरक (*d*) सफाई एजेन्ट

189. रेडियो एक्टिव पदार्थ उत्सर्जित करता है :
(*a*) अल्फा कण (*b*) बीटा कण
(*c*) गामा कण (*d*) उपर्युक्त सभी

190. धोबन सोडा का रासायनिक सूत्र होता है :
(*a*) NaOH (*b*) Na_2CO_3
(*c*) $NaHCO_3$ (*d*) $Ca(OH)_2$

191. दाढ़ी बनाने के लिए उपयोग किया जाता है :
(*a*) अवतल दर्पण
(*b*) समतल दर्पण
(*c*) उत्तल दर्पण
(*d*) उपर्युक्त कोई नहीं

192. 12 बजे दोपहर में इन्द्रधनुष दिखाई पड़ता है :
(*a*) पश्चिम में
(*b*) दक्षिण में
(*c*) पूर्व में
(*d*) दिखाई नहीं पड़ेगा

193. दीर्घ दृष्टि दोष को दूर करने के लिए उपयोग किया जाता है :

(*a*) अवतल लैंस (*b*) उत्तल लैंस
(*c*) उत्तल दर्पण (*d*) अवतल दर्पण

194. सूखा बर्फ है :
(*a*) ठोस जल
(*b*) ठोस कार्बन-डाइऑक्साइड
(*c*) डिहाइड्रेटेड बर्फ
(*d*) ठोस हाइड्रोजन पैराक्साइड

195. परमाणु के नाभिक में उपस्थित होते हैं :
(*a*) प्रोटान तथा न्यूट्रॉन
(*b*) इलेक्ट्रान और अल्फाकण
(*c*) प्रोटान और इलेक्ट्रान
(*d*) इलेक्ट्रान और न्यूट्रॉन

196. फ्युज का सिद्धान्त है :
(*a*) विद्युत का रासायनिक प्रभाव
(*b*) विद्युत का यांत्रिक प्रभाव
(*c*) विद्युत का तापीय प्रभाव
(*d*) विद्युत का चुम्बकीय प्रभाव

197. पेट की बीमारी को निम्नलिखित में से किसके द्वारा पता किया जाता है?
(*a*) एक्स-रे (*b*) अल्फा-रे
(*c*) बीटा-रे (*d*) गामा-रे

198. निम्नलिखित में से किस अम्ल को रासायनिक उद्योगों का आधारभूत पदार्थ कहा जाता है?
(*a*) H_2CO_3 (*b*) HNO_3
(*c*) H_2SO4 (*d*) HCl

199. निर्वात में प्रकाश का वेग होता है :
(*a*) 3×10^5 m/sec
(*b*) 3×10^8 m/sec
(*c*) 3×10^8 km/sec
(*d*) 3×10^5 km/sec

200. निम्नलिखित में से किस गैस को आँसु गैस में उपयोग किया जाता है?
(*a*) H_2 (*b*) SO_2
(*c*) N_2 (*d*) Cl_2

201. पुरुष का अनुवांशिक घटक है :
(*a*) XX (*b*) XY
(*c*) X (*d*) Y

202. निम्नलिखित में से कौन रक्त-समूह सर्वग्राही कहलाता है?
(*a*) B (*b*) O
(*c*) A (*d*) AB

203. प्रकाश संश्लेषण क्रिया सम्पन्न होती है :
(*a*) रात्रि (*b*) दिन और रात
(*c*) दिन या रात (*d*) केवल दिन में

204. निम्नलिखित में से प्रकाश संश्लेषण में प्रयुक्त गैस है :
(*a*) O_2 (*b*) CO
(*c*) N_2 (*d*) CO_2

205. जीवों के विकास को सर्वप्रथम किसने प्रतिपादित किया था?
(*a*) न्यूटन (*b*) आइन्सटाइन
(*c*) चार्ल्स डार्विन (*d*) लिमार्क

206. प्रयोगशाला में सर्वप्रथम डी.एन.ए. का संश्लेषण किसने किया था?
(*a*) मिलर (*b*) खुराना
(*c*) देवरिस (*d*) केल्विन

207. जल का घनत्व सर्वाधिक होता है :
(*a*) 4°C (*b*) 4K
(*c*) 4°F (*d*) –4°C

208. वायुयान तथा रेलवे कोच के निर्माण में मिश्रधातु का उपयोग किया जाता है, उसमें होता है :
(*a*) ताँबा

(*b*) लोहा
(*c*) एल्युमिनियम
(*d*) उपर्युक्त कोई नहीं

209. निम्नलिखित में से कौन ओजोन विनाश का कारण नहीं है?
(*a*) CFC-12
(*b*) मिथाइल क्लोरोफार्म
(*c*) HALON-1211
(*d*) नाइट्रस ऑक्साइड

210. जीनोग मेपिंग संबंधित है :
(*a*) रक्त समूह
(*b*) जीन मेपिंग
(*c*) तंत्रिका केन्द्र मेपिंग
(*d*) मस्तिष्क का मेपिंग

211. निम्नलिखित में कौन-सा रेशा पादप तना का उत्पाद नहीं है?
(*a*) फ्लेक्स (*b*) हेम्प
(*c*) जूट (*d*) कपास

212. बारूदी सुरंग की पहचान के लिए कौन उपयोगी होता है?
(*a*) मधुमक्खी (*b*) बर्रें
(*c*) तितली (*d*) मोथ

213. "**केसर**" सूखा मिश्रण है :
(*a*) पत्ती और तना
(*b*) पंखुड़ी और जड़
(*c*) बीज और फूल
(*d*) बीज और कली

214. लेजर बीम का उपयोग किया जाता है :
(*a*) कैंसर इलाज में
(*b*) हृदय इलाज में
(*c*) नेत्र इलाज में
(*d*) वृक्क इलाज में

215. आई.सी. चिप कम्प्यूटर के लिए सामान्यतः बनाये जाते हैं :
(*a*) जस्ती (*b*) क्रोमियम
(*c*) सिलिकन (*d*) सोना

216. स्टेनलेस स्टील बनाने में लोहे के साथ प्रयुक्त धातु है :
(*a*) एल्युमिनियम (*b*) क्रोमियम
(*c*) टिन (*d*) कार्बन

217. निम्नलिखित में से कौन-सी धातु चुम्बक के द्वारा आकर्षित नहीं होती है?
(*a*) लोहा (*b*) निकेल
(*c*) कोबाल्ट (*d*) एल्युमिनियम

218. निम्नलिखित में कौन-सा कॉलायड नहीं है?
(*a*) दूध (*b*) रक्त
(*c*) आइसक्रीम (*d*) शहद

219. शहद का प्रमुख घटक होता है :
(*a*) ग्लुकोज (*b*) सुक्रोज
(*c*) माल्टोज (*d*) फ्रुक्टोज

220. टेलीविजन के रिमोट कन्ट्रोल में किस प्रकार की तरंगों का उपयोग किया जाता है?
(*a*) दृश्य प्रकाश (*b*) अवरक्त
(*c*) एक्स-किरणें (*d*) गामा-किरणें

221. ध्वनि तरंगें हैं :
(*a*) निर्वात् में गमन कर सकती हैं
(*b*) ठोस में गमन कर सकती हैं
(*c*) गैसों में गमन कर सकती हैं
(*d*) गैस तथा ठोस में गमन कर सकती हैं

222. विद्युत् उपकरण में अर्थ का उपयोग किया जाता है :

(*a*) खर्च को कम करने के लिए
(*b*) उपकरण में 3-फेज के उपयोग के लिए
(*c*) सुरक्षा के लिए
(*d*) फ्युज बनाने के लिए

223. पानी के अन्दर हवा का बुलबुला किससे समान व्यवहार करता है?
(*a*) द्वि-फोकल लैंस
(*b*) उत्तल लैंस
(*c*) अवतल लैंस
(*d*) बेलनाकार लैंस

224. कृत्रिम उपग्रह में विद्युत ऊर्जा का स्रोत होता है :
(*a*) थर्मोपाइल
(*b*) सोलर सैल
(*c*) डायनेमो
(*d*) लघु नाभिकीय रियेक्टर

225. सुमेलित करें :

	लिस्ट-I *(अणु)*		**लिस्ट-II** *(उपस्थित तत्व)*
A.	विटामिन B_{12}	1.	मैग्नीशियम
B.	हीमोग्लोबीन	2.	कोबाल्ट
C.	क्लोरोफिल	3.	ताँबा
D.	पीतल	4.	लोहा

कोड :

	A	B	C	D
(*a*)	2	4	1	3
(*b*)	2	1	3	4
(*c*)	1	2	3	4
(*d*)	3	4	2	1

226. तारे ऊर्जा प्राप्त करते हैं :
(1) नाभिकीय संलयन
(2) गुरुत्वाकर्षण संकुचन
(3) रासायनिक अभिक्रिया
(4) नाभिकीय विखण्डन

कोड :
(*a*) 1 और 2 (*b*) 1,2 और 3
(*c*) 1 और 4 (*d*) 2 और 4

227. वृक्ष की उम्र का निर्धारण किया जाता है :
(*a*) वृक्ष के वजन से
(*b*) वृक्ष की ऊँचाई से
(*c*) वार्षिक बनने वाले वलय से
(*d*) जड़ की लंबाई से

228. आजकल गली में प्रकाश के लिए पीले लैम्प का प्रयोग साधारणतयः किया जाता है जिसमें होता है :
(*a*) सोडियम (*b*) नियॉन
(*c*) हाइड्रोजन (*d*) नाइट्रोजन

229. जब रक्त में आक्सीजन की मात्रा की कमी होती है तो श्वास की गति :
(*a*) घटती है
(*b*) बढ़ती है
(*c*) परिवर्तित नहीं होती है
(*d*) पहले घटती है फिर बढ़ती है

230. सिनकोना के छाल से बनने वाली मलेरिया की दवा का नाम है :
(*a*) क्लोरोमाइसिटीन
(*b*) क्लोरोकुनैन
(*c*) टेट्रा साइक्लिन
(*d*) एम्पिसिलिन

231. निम्नलिखित में से किसमें जीवन की संभावना के लक्षण मौजूद हैं?
(*a*) बृहस्पति
(*b*) मंगल
(*c*) युरोपा-बृहस्पति का उपग्रह
(*d*) चन्द्रमा-पृथ्वी का चन्द्रमा

232. सौर ऊर्जा महत्वपूर्ण रोल अदा करती है :
(*a*) कार्बन चक्र
(*b*) ऑक्सीजन चक्र
(*c*) नाइट्रोजन चक्र
(*d*) जल चक्र

233. निम्नलिखित किसका सही सुमेलित नहीं है?
(*a*) ऑटोट्राफ – उत्पादक
(*b*) हेट्रोट्राफ – उपभोक्ता
(*c*) सेप्रोट्राफ – अपमार्जक
(*d*) हरविवोर – द्वितीय उपभोक्ता

234. निम्नलिखित में से किस देश में सर्वाधिक अम्लीय वर्षा होती है :
(*a*) चीन (*b*) जापान
(*c*) नार्वे (*d*) यू.एस.ए.

235. सर्दी-जुकाम का प्रमुख कारक है :
(*a*) आर्थोमिक्सो वायरस
(*b*) रिहनो वायरस
(*c*) ल्युकेमिया वायरस
(*d*) पोलियो वायरस

236. न्यूट्रान के आविष्कारक थे :
(*a*) चेडविक (*b*) रदरफोर्ड
(*c*) बोर (*d*) न्यूटन

237. सापेक्षिक आर्द्रता को मापा जाता है :
(*a*) हाइड्रोमीटर
(*b*) हाइग्रोमीटर
(*c*) लेक्टोमीटर
(*d*) पोटेंनशियोमीटर

238. बेरो मीटर पाठयांक का नीचे गिरना किस प्रकार के मौसम को सूचित करता है?
(*a*) स्वच्छ व शांत(*b*) वर्षा
(*c*) ठंडा (*d*) तूफानी

239. पोलियो वायरस शरीर में प्रवेश करता है :
(*a*) मच्छरों के काटने से
(*b*) संक्रमित जल ग्रहण करने से
(*c*) लार से
(*d*) कुत्ते के काटने से

240. हीरा तेज क्यों चमकता है?
(*a*) परावर्तन
(*b*) अपरावर्तनांक
(*c*) पूर्ण आन्तरिक परावर्तन
(*d*) विकीरण

241. कार्य की इकाई है :
(*a*) जूल (*b*) डाइन
(*c*) वाट (*d*) न्यूटन

242. निम्नलिखित में से सर्वाधिक कठोर धातु है :
(*a*) सोना (*b*) लोहा
(*c*) प्लेटिनम (*d*) टंग्स्टन

243. एन्जाइम मुख्यतः होते हैं :
(*a*) वसा (*b*) शुगर
(*c*) प्रोटीन (*d*) विटामिन

244. मानव-शरीर की सबसे छोटी ग्रन्थि है :
(*a*) एड्रिनल (*b*) थॉयराइड
(*c*) अग्नाश्य (*d*) पीयूष

245. रेफ्रीजरेटर में थर्मोस्टेट का कार्य क्या है?
(*a*) ताप को निम्न करना
(*b*) ताप को हिम बिन्दु से बढ़ाना
(*c*) ताप को नियत रखना
(*d*) द्रवयांक से ताप को घटाना

246. सौर ऊर्जा का कारण है :
(*a*) आयनीकरण
(*b*) नाभकीय संलयन
(*c*) नाभिकीय विखण्डन
(*d*) ऑक्सीकरण

247. द्रव क्रिस्टल का उपयोग किया जाता है :
(*a*) कलाई घड़ी
(*b*) डिसप्ले युक्ति
(*c*) पॉकेट कैलकुलेटर
(*d*) उपर्युक्त सभी में

248. निम्नलिखित में से कौन-सा उर्वरक सर्वाधिक अम्लीय प्रभाव उत्पन्न करता है?
(*a*) यूरिया
(*b*) अमोनियम सल्फेट
(*c*) अमोनियम नाइट्रेट
(*d*) कैल्शियम अमोनियम नाइट्रेट

249. खाद्य परिष्करण (Preservation) में निम्नलिखित में से किसका उपयोग किया जाता है?
(*a*) सोडियम कार्बोनेट
(*b*) एसीटिलीन
(*c*) बैंजोइक अम्ल
(*d*) सोडियम क्लोराइड

250. कृष्ण विवर (Black hole) सिद्धान्त प्रतिपादित किसने किया था?
(*a*) सी.वी. रमण
(*b*) एस.जे. भाभा
(*c*) एस. चन्द्रशेखर
(*d*) हरगोविन्द खुराना

251. निम्नलिखित में से वह हार्मोन्स जो अग्नाश्य को उत्तेजित कर पाचक रस का स्त्राव करता है:
(*a*) रेनिन (*b*) ट्रापसिन
(*c*) सेक्रेटिन (*d*) पेप्सिन

252. निम्नलिखित में से कौन अंतरिक्ष में नहीं पाया जाता है?
(*a*) प्लसर (*b*) ब्रिटल तारा
(*c*) कृष्ण विवर (*d*) क्वाशर

253. दूध उदाहरण है :
(*a*) गेल (*b*) इम्लशन
(*c*) सस्पेंशन (*d*) झाग

254. निम्नलिखित में से कौन-सा कथन सही है?
(*a*) डी.डी.टी. एक एन्टी बैक्टीरियल यौगिक है
(*b*) टी.एन.टी. कीटनाशक है
(*c*) आर.डी.एक्स विस्फोटक है
(*d*) एल.एस.डी. एन्टीवायरल यौगिक है

255. निम्नलिखित में से कौन रक्त के साथ अपरिवर्तनीय यौगिक बनाता है?
(*a*) कार्बन-डाइऑक्साइड
(*b*) नाइट्रोजन
(*c*) कार्बन मोनोऑक्साइड
(*d*) कार्बन-डाइऑक्साइड तथा हीलियम का मिश्रण

256. निम्नलिखित में किसका सुमेल सही है?
(*a*) न्युमोनिया – फेफड़ा
(*b*) मोतियाबिन्द – थायरायड ग्रन्थि
(*c*) पीलिया – आँख
(*d*) मधुमेह – यकृत

257. टेट्राइथाइल लेड (TEL) को पेट्रोल के साथ मिश्रित किया जाता है :
(*a*) जमने से रोकने के लिए
(*b*) ज्वलनताप बढ़ाने के लिए
(*c*) एन्टीनोकिंग दर को बढ़ाने के लिए
(*d*) क्वथनांक बढ़ाने के लिए

258. सायनोकाबेलमिन है :
(*a*) विटामिन सी (*b*) विटामिन B_2
(*c*) विटामिन B_6 (*d*) विटामिन B_{12}

259. वह चारकोल जिसका उपयोग चीनी उद्योग में रंग हटाने के लिए किया जाता है :
(*a*) काष्ठ चारकोल
(*b*) शुगर चारकोल
(*c*) पशु अस्थि चारकोल
(*d*) नारियल चारकोल

260. टेप रिकार्डर के टेप पर लेप होता है :
(*a*) कॉपर सल्फेट
(*b*) फेरोमैगनेटिक चूर्ण
(*c*) जिंक ऑक्साइड
(*d*) पारा

261. निम्नलिखित में किस प्रकार का ऊर्जा परिवर्तन प्रकाश संश्लेषण अभिक्रिया के दौरान होता है?
(*a*) प्रकाश से रासायनिक ऊर्जा
(*b*) प्रकाश से तापीय ऊर्जा
(*c*) ताप से जैव रासायनिक ऊर्जा
(*d*) ताप से गतिज ऊर्जा

262. पायरोमीटर किसके मापन में उपयोग किया जाता है?
(*a*) वायुदाब
(*b*) आर्द्रता
(*c*) उच्चताप
(*d*) भूकम्प की तीव्रता

263. वायरलैस संसार में तरंगें परावर्तित होकर पृथ्वी पर आती हैं :
(*a*) क्षोभ मंडल (*b*) समताप मंडल
(*c*) आयन मंडल (*d*) बहिर्मंडल

264. सुमेलित करें :

	लिस्ट I		**लिस्ट II**
A.	मलेरिया	1.	अस्थि मज्जा
B.	फाइलेरिया	2.	मस्तिष्क
C.	इनसेफलिटिस	3.	पेशी
D.	ल्यूकेमिया	4.	लसीका ग्रंथि
		5.	रक्त कोशिका

कोड :

	A	B	C	D
(*a*)	5	3	2	1
(*b*)	5	4	2	1
(*c*)	4	3	5	1
(*d*)	5	4	1	2

265. निम्नलिखित में से मलेरिया और डेंगू में क्या एक समान नहीं होता है?
(*a*) बुखार
(*b*) मच्छर का काटना
(*c*) मानव प्रजाति
(*d*) मच्छर प्रजाति

266. पारितंत्र की संकल्पना का प्रतिपादन किया था :
(*a*) ए.जी. टान्सले
(*b*) चार्ल्स डार्विन
(*c*) सी.सी. पार्क
(*d*) ई.पी. ओडम

267. लाल प्रकाश का खतरनाक सिग्नल के रूप में क्यों उपयोग किया जाता है?
(*a*) यह कम विकर्णित होता है
(*b*) यह नेत्र तक आसानी से पहुँच जाता है
(*c*) इसका रासायनिक प्रभाव कम है
(*d*) यह कम हवा को अवशोषित करता है

268. मृगमरीचिका उदाहरण है :
(*a*) उपवर्तनांक
(*b*) पूर्ण आन्तरिक परावर्तन
(*c*) विकिरण
(*d*) विभेदन

269. सन ग्लास की शक्ति होती है :
(*a*) 0 डायप्टर (*b*) 1 डायप्टर
(*c*) 2 डायप्टर (*d*) 4 डायप्टर

270. साबुन बुलबुले के अन्दर दाब होता है :
(*a*) वायुमंडलीय दाब से आधिक
(*b*) वायुमंडलीय दाब से कम
(*c*) वायुमंडलीय दाब के समान
(*d*) वायुमंडलीय दाब का आधा

271. एक बॉल को कृत्रिम उपग्रह जो पृथ्वी के चारों ओर परिक्रमा कर रहा है, से बाहर फेंका जाता है तो वह :
(*a*) सूर्य पर चला जायेगा
(*b*) चन्द्रमा पर चला जायेगा
(*c*) पृथ्वी पर गिर पड़ेगा
(*d*) उपग्रह के साथ पृथ्वी का समान कक्षा में परिक्रमा करेगा

272. निम्नलिखित में अनिवार्य तत्व जो हृदय की धड़कन को बनाये रखता है :
(*a*) सोडियम (*b*) सल्फर
(*c*) पोटैशियम (*d*) लोहा

273. विटामिन C का मुख्य स्रोत है :
(*a*) सेब (*b*) आम
(*c*) ऑवला (*d*) दूध

274. पोलियो के लिए सर्वप्रथम टीके का निर्माण किया था :
(*a*) पाल इहरलिच (*b*) जोन्स साल्क
(*c*) लुईस पाश्चर (*d*) जोसफ लिस्टर

275. एक व्यक्ति आर्द्रता तथा ताप के कारण परेशानी महसूस कर रहा है, तो इसका कारण है :
(*a*) अधिक पसीना आना
(*b*) कम पसीना आना
(*c*) आर्द्रता के कारण पसीना नहीं सूखना
(*d*) आर्द्रता के कारण पसीना नहीं बनना

276. रेटिना पर बना प्रतिबिम्ब होता है :
(*a*) बिम्ब के समान और उल्टा
(*b*) बिम्ब से छोटा और सीधा
(*c*) बिम्ब से छोटा और उल्टा
(*d*) बिम्ब के समान और सीधा

277. बैक्टीरिया के संबंध में निम्नलिखित कौन-सा कथन सही है उसका चयन कीजिए :
(*a*) सजीव और निर्जीव की सीमा-रेखा पर होता है
(*b*) पादप और पशु की सीमा-रेखा पर होता है
(*c*) पुष्प वाले पौधों की सीमा-रेखा पर होता है
(*d*) उपर्युक्त कोई नहीं

278. बैक्टीरिया देखा जा सकता है :
(*a*) नग्न नेत्रों से
(*b*) संयुक्त सूक्ष्मदर्शी
(*c*) हस्त लैंस
(*d*) इलेक्ट्रॉन सूक्ष्मदर्शी

279. जूलॉजी अध्ययन करता है :
(*a*) केवल जीवित पशुओं के बारे में
(*b*) केवल जीवित पादपों के बारे में
(*c*) जीवित पशु तथा जीवित मछली के बारे में
(*d*) जीवित और मरे हुए पशुओं के बारे में

280. निम्नलिखित में कौन तत्व है?
(*a*) रेत (*b*) हीरा
(*c*) संगमरमर (*d*) शुगर

281. बोतल में पानी भर कर जमा देने पर बोतल टूट क्यों जाती है?
(*a*) पानी जमने पर फैलता है
(*b*) जमाव बिन्दु पर बोतल संकुचित हो जाती है
(*c*) बोतल के भीतर से बाहर का ताप अधिक होता है
(*d*) गर्म होने पर जल फैलता है

282. इंजन में नोकिंग को रोकने के लिए पेट्रोल के साथ किस यौगिक को मिश्रित किया जाता है?
(*a*) इथाइल अल्कोहल
(*b*) ब्यूटेन
(*c*) लेड टेट्रा इथाइल
(*d*) सफेद पेट्रोल

283. निम्नलिखित किसका कारण संक्रमित मच्छर काटना नहीं है?
(*a*) प्लेग (*b*) पीलाज्वर
(*c*) मलेरिया (*d*) डेंगू

284. जल का ताप 9°C से 3°C तक करने पर उसके आयतन में क्या परिवर्तन होगा?
(*a*) आयतन में परिवर्तन नहीं होगा
(*b*) आयतन पहले बढ़ेगा फिर घटेगा
(*c*) आयतन पहले घटेगा फिर बढ़ेगा
(*d*) पानी जम जायेगा

285. साइक्लोट्रान्स का उपयोग किसको उत्तेजित करने में किया जाता है?
(*a*) न्यूट्रॉन (*b*) प्रोटॉन
(*c*) परमाणु (*d*) आयन

286. मानव-नेत्र में कहाँ प्रकाश किरण उदासीन आवेग में परिवर्तित होती है?
(*a*) कोर्निया (*b*) पुपिल
(*c*) रेटीना (*d*) लैंस

287. परसेक इकाई है :
(*a*) दूरी (*b*) समय
(*c*) प्रकाश तीव्रता (*d*) चुम्बकीय बल

288. निम्नलिखित में किसका समेल सही नहीं है?
(*a*) एनिमोमीटर – पवन वेग
(*b*) अमीटर – विद्युत धारा
(*c*) टेकियो मीटर – दाबान्तर
(*d*) पाइरो मीटर – उच्च ताप

289. निम्नलिखित में से कौन-सा शब्द अंतरिक्ष से जुड़ा नहीं है?
(*a*) टेलीमीटरिंग (*b*) भारहीनता
(*c*) सिसिलुनार (*d*) बाइट

290. सुमेलित करें :

	लिस्ट I		**लिस्ट II**
A.	सूखा बर्फ	1.	कैंसर ईलाज
B.	जीन थरेपी	2.	सजीव के शरीर को जमाने में
C.	क्रायोनिक्स	3.	ठोस कार्बन-डाइ ऑक्साइड
D.	कोबाल्ट-60	4.	रक्त की बीमारी को ठीक करने में

कोड :

	A	B	C	D
(*a*)	1	2	3	4
(*b*)	4	3	2	1
(*c*)	3	4	2	1
(*d*)	2	1	4	3

291. वह सीमा जिसके अन्दर तारा आन्तरिक रूप से संकुचित हो जाता है :

(*a*) चन्द्रशेखर सीमा
(*b*) इडिंगटन सीमा
(*c*) हॉयल सीमा
(*d*) फ्लावर सीमा

292. लोहे के साथ प्रयुक्त धातु जिससे स्टेनलेस स्टील का निर्माण होता है :

(*a*) एल्युमिनियम (*b*) क्रोमियम
(*c*) टिन (*d*) कार्बन

293. मानव-शरीर में विटामिन A संग्रहीत होता है :

(*a*) लीवर (*b*) अग्नाशय
(*c*) पिल्ली (*d*) अमाशय

294. सुमेलित करें :

	लिस्ट I *(अम्ल)*		**लिस्ट II** *(स्रोत)*
A.	लेक्टिक अम्ल	1.	नींबू
B.	एसीटिक अम्ल	2.	मक्खन
C.	साइट्रिक अम्ल	3.	दूध
D.	बुटारिक अम्ल	4.	विनेगार

कोड :

	A	B	C	D
(*a*)	1	4	3	2
(*b*)	3	1	4	2
(*c*)	2	3	4	1
(*d*)	3	4	1	2

295. वायुमंडल में ओजोन परत :

(*a*) वर्षा का कारण है
(*b*) प्रदूषण का कारण है
(*c*) पृथ्वी पर अल्ट्रा वायलेट किरणों से जीवों की रक्षा करता है
(*d*) ऑक्सीजन का निर्माण करता है

296. सुमेलित करें :

	लिस्ट I		**लिस्ट II**
A.	हार्मोन्स	1.	लाइपेज
B.	एंजाइम	2.	टेस्टोरॉन
C.	फोस्फो लिपिड	3.	लेसिथिन
D.	पॉलीमर	4.	पॉलीथिन

कोड :

	A	B	C	D
(*a*)	2	1	3	4
(*b*)	4	1	2	3
(*c*)	2	3	4	1
(*d*)	1	2	3	4

297. गाय और भैंस को किस हार्मोन्स की सुई लगाने पर दूध थन में उतर आता है?

(*a*) सोमेटो ट्रोपिन (*b*) आक्सी टोसिन
(*c*) इन्टर फेरॉन (*d*) इन्सुलिन

298. प्रसिद्ध बबल बेबी बीमारी कहलाने का कारण है :

(*a*) जल के बबल बनने के कारण होता है
(*b*) लार के कारण बेबी में बबल बनता है
(*c*) पीड़ित बेबी का इलाज संक्रमण रहित प्लास्टिक बबल द्वारा किया जाता है
(*d*) इसका कारण एकमात्र जल का बुलबुला है

299. वह विटामिन जिसमें कोबाल्ट होता है :

(*a*) B_1 (*b*) B_2
(*c*) B_6 (*d*) B_{12}

300. निम्नलिखित किस हार्मोन्स को लड़ो या भागो हार्मोन्स कहा जाता है?

(*a*) इन्सुलिन (*b*) एड्रिनल
(*c*) एस्ट्रोजन (*d*) ऑक्सीटिन

301. सुमेलित करें :

	लिस्ट I	**लिस्ट II**
A.	त्रिशूल	1. एन्टी टैंक मिसाइल
B.	पृथ्वी	2. मध्यम रेंज का बेलास्टिक मिसाइल
C.	अग्नि	3. कम दूरी का सतह से वायु मिसाइल
D.	नाग	4. सतह से सतह मिसाइल

कोड :

	A	B	C	D
(*a*)	1	2	3	4
(*b*)	4	3	2	1
(*c*)	3	4	2	1
(*d*)	2	1	4	3

302. सुमेलित करें :

	लिस्ट I *(रेडियो आइसोटॉप)*	**लिस्ट II** *(डायग्नोस्टिक उपयोग)*
A.	आर्सेनिक-74	1.थायरॉयड ग्रन्थि की सक्रियता के लिए
B.	कोबाल्ट-60	2.रुधिर अनियमितता के लिए
C.	आयोडीन-131	3.ट्यूमर
D.	सोडियम-24	4.कैंसर

कोड :

	A	B	C	D
(*a*)	1	2	3	4
(*b*)	4	3	2	1
(*c*)	3	4	1	2
(*d*)	4	3	1	2

303. निम्नलिखित जोड़ों में किसका सुमेल ठीक नहीं है?

(*a*) फुल्लेरेन्स – कार्बनिक यौगिक जिसमें फ्लोरिन होता है

(*b*) सूखा बर्फ – ठोस कार्बन-डाइ-ऑक्साइड

(*c*) केरेटिन – प्रोटीन जो मानव त्वचा के नीचे पाया जाता है

(*d*) मस्टर्ड गैस – विषैला द्रव जिसे युद्ध मैदान में उपयोग किया जाता है

304. निम्नलिखित में कौन विस्फोटक नहीं है?

(*a*) ट्राय नाइट्रो टॉल्वीन

(*b*) ट्राय नाइट्रो ग्लेसिरीन

(*c*) साइक्लोट्राय मिथालिन ट्राइ नाइट्राएमिन

(*d*) नाइट्रो क्लोरोफार्म

305. कैप्सूल के खोल बनाये जाते हैं :

(*a*) सफेद अंडा (*b*) गोंद

(*c*) स्टार्च (*d*) जिलेटिन

306. सूर्य के केन्द्र में स्थित पदार्थ है :

(*a*) ठोस, द्रव और गैसीय अवस्था

(*b*) द्रव अवस्था में

(*c*) केवल गैसीय अवस्था में

(*d*) द्रव तथा गैसीय दोनों अवस्था में

307. प्रकाशीय सजावट तथा विज्ञापन के लिए डिस्चार्ज ट्यूब में कौन-से गैस भरे जाते हैं?

(*a*) कार्बन-डाइऑक्साइड

(*b*) अमोनिया
(*c*) सल्फर डाइऑक्साइड
(*d*) नियॉन

308. वह वैज्ञानिक क्षेत्र जिसमें बॉरलाग पुरस्कार दिया जाता है :
(*a*) दवा
(*b*) अंतरिक्ष अनुसन्धान
(*c*) कृषि
(*d*) आणविक भौतिकी

309. निम्नलिखित में किसका सुमेल सही नहीं है?
(*a*) डेसीबल – ध्वनि की तीव्रता की इकाई
(*b*) अश्वशक्ति – शक्ति की इकाई
(*c*) नॉटिकल मील – समुद्री दूरी की इकाई
(*d*) सेल्सियस – ताप की इकाई

310. निम्नलिखित में किनका उपयोग जैव उर्वरक के रूप में किया जाता है। नीचे दिये गये कोड से उसका चयन कीजिए :
1. एजोला 2. ब्लुग्रीन एल्गी
3. अल्फाल्फा 4. नाइट्रोलिन
(*a*) 2 और 4 (*b*) 1,2 और 4
(*c*) 2,3 और 4 (*d*) 1,2 और 3

311. सर्जरी में आर्थोप्लास्टी क्या है?
(*a*) ओपन हृदय सर्जरी
(*b*) किडनी प्रत्यारोपण
(*c*) हिप-ज्वाइन्ट परिवर्तन
(*d*) रक्त संचरण

312. निम्नलिखित में कौन पोटेशियम की कमी के कारण होती है?
(*a*) किडनी की खराबी तथा पेशी का लकवाग्रस्त
(*b*) निम्न रक्तदाब
(*c*) एनेमिया
(*d*) जोड़ों का दर्द

313. निम्नलिखित किस जोड़े को सही सुमेलित किया गया है?
(*a*) विक्रम साराभाई अंतरिक्ष केन्द्र – श्री हरीकोटा
(*b*) इसरो उपग्रह केन्द्र – थुम्बा
(*c*) शार केन्द्र – बैंगलोर
(*d*) अंतरिक्ष उपयोग केन्द्र – अहमदाबाद

314. दो ग्रह जिसके उपग्रह नहीं हैं :
(*a*) पृथ्वी और वृहस्पति
(*b*) बुध और शुक्र
(*c*) बुध और शनि
(*d*) शुक्र और मंगल

315. थाइमीन है :
(*a*) विटामिन C (*b*) विटामिन B_2
(*c*) विटामिन B_6 (*d*) विटामिन B_1

316. निम्नलिखित में किसका सुमेल सही नहीं है?
(*a*) Y2K – कम्पुयटर
(*b*) गठिया – यूरिक अम्ल
(*c*) ध्वनि प्रदूषण – डेसिबल
(*d*) परम 10,000 – सतह से सतह मिसाइल

317. निम्नलिखित किसका सुमेल ठीक नहीं है?

(*a*) मेनोमीटर – दाब
(*b*) कारबोरेटर – आन्तरिक दहन इंजन
(*c*) कार्डियो ग्राफ – हृदय गति
(*d*) सिस्मोग्राफ – सतह की वक्रता

318. स्प्रिंग (दीर्घ) ज्वारभाटा उत्पन्न होता है :
(*a*) जब सूर्य और चन्द्रमा एक सीधी रेखा में हो
(*b*) जब सूर्य और चन्द्रमा समकोण बनाता है
(*c*) जब तेज हवा बह रही हो
(*d*) जब रात्रि अत्याधिक ठंडी हो

319. सुमेलित करें :

लिस्ट I		**लिस्ट II**
A. हाइ-टेक सिटी	1.	लखनऊ
B. विज्ञान सिटी	2.	थुम्बा
C. रॉकेट प्रक्षेपण केन्द्र	3.	कोलकाता
D. केन्द्रीय दवा अनुसंधान केन्द्र	4.	हैदराबाद

कोड :

	A	B	C	D
(*a*)	1	2	3	4
(*b*)	4	3	2	1
(*c*)	2	3	4	1
(*d*)	1	4	2	3

320. पृथ्वी का वैज्ञानिक नाम जो जीवों के निवास से संबंधित हो :
(*a*) गया (*b*) सीता
(*c*) ग्रीन प्लेनेट (*d*) हरमेज

321. वह मानव अंग जो रेडियोधर्मी प्रदूषण से सबसे कम प्रभावित होता है :
(*a*) नेत्र (*b*) हृदय
(*c*) मस्तिष्क (*d*) फेफड़ा

322. नेमाटोड्स के कारण कौन-सी बीमारी होती है?
(*a*) फलेरिया (*b*) फ्लोरोसिस
(*c*) इनसेफालिटिस (*d*) कुष्ठ

323. भूकेन्द्रीय उपग्रह की पृथ्वी तल से ऊँचाई होती है :
(*a*) 3,600 km (*b*) 4,000 km
(*c*) 25,000 km (*d*) 36,000 km

324. एक मोल हाइड्रोजन गैस को ऑक्सीजन की पर्याप्त मात्रा में जलाने पर 290 KJ ताप उत्पन्न होता है तो 4 gm हाइड्रोजन गैस को समान स्थिति में जलाने पर ताप की मात्रा क्या होगी?
(*a*) 145 KJ (*b*) 290 KJ
(*c*) 580 KJ (*d*) 1160 KJ

325. इलेक्ट्रोनिक घड़ी में वह घटक जो पैन्डुलम घड़ी के पैन्डुलम का होता है :
(*a*) ट्रान्जिस्टर
(*b*) क्रिसटल ढोलक
(*c*) डायोड
(*d*) संतुलन चक्र

326. यदि पिता का रक्तसमूह A तथा माता का रक्तसमूह O हो, तो उसके पुत्र का रक्तसमूह हो सकता है :
(*a*) B (*b*) AB
(*c*) O (*d*) B, AB, O

327. अपारदर्शी वस्तु का रंग किसके कारण होता है?

(*a*) अवशोषक (*b*) परावर्तक
(*c*) अपवर्तक (*d*) विकिरण

328. तारों का रंग प्रदर्शित करता है :
(*a*) चमकीलापन (*b*) पृथ्वी से दूरी
(*c*) सूर्य से दूरी (*d*) ताप

329. आयनिक लवण का जल एक उत्तम विलायक होता है, क्योंकि :
(*a*) इसका क्वथनांक अत्याधिक होता है
(*b*) इसका द्विध्रुवीय संवेग अधिक उच्च होता है
(*c*) इसका विशिष्ट ताप अधिक होता है
(*d*) इसका कोई रंग नही होता है

330. निम्नलिखित किसमें गमन करने पर प्रकाश का वेग न्यूनतम होता है?
(*a*) काँच (*b*) निर्वात
(*c*) जल (*d*) पवन

331. हीमोग्लोबिन किसके प्लाज्मा में घुला होता है?
(*a*) मेंढक (*b*) मछली
(*c*) मनुष्य (*d*) केंचुआ

332. ग्लवेनाइज्ड लौह शीट को जंग लगने से बचाने के लिए किस धातु का लेप चढ़ाया जाता है?
(*a*) लेड (*b*) क्रोमियम
(*c*) जस्ता (*d*) टिन

333. मोनाजाइट अयस्क है :
(*a*) जर्कोनियम (*b*) थोरियम
(*c*) टीटानियम (*d*) लोहा

334. निम्नलिखित किस विटामिन को हार्मोन्स समझा जाता है?
(*a*) A (*b*) B
(*c*) C (*d*) D

335. निम्नलिखित में कौन पशु अपने पेट में पानी का संचय करता है?
(*a*) मालॉक (*b*) ऊँट
(*c*) जेब्रा (*d*) यरोमास्टिक

336. अल्फा-करेटिन प्रोटीन रहता है :
(*a*) रक्त में (*b*) त्वचा में
(*c*) ऊन में (*d*) अण्डे में

337. निम्नलिखित में कौन परामैग्नेटिक प्रकृति का होता है?
(*a*) लोहा (*b*) हाइड्रोजन
(*c*) ऑक्सीजन (*d*) नाइट्रोजन

338. निम्नलिखित में किसका उपयोग रासायनिक हथियार के रूप में प्रथम विश्वयुद्ध के समय किया गया था?
(*a*) कार्बन मोनो ऑक्साइड
(*b*) हाइड्रोजन सायनाइड
(*c*) मस्टर्ड गैस
(*d*) जल गैस

339. हैलोजन में सर्वाधिक अभिक्रियाशील है :
(*a*) फ्लोरीन (*b*) क्लोरीन
(*c*) ब्रोमीन (*d*) आयोडीन

340. पारितंत्र में D.D.T. के प्रयोग से सर्वाधिक D.D.T. का सेकेन्द्रन किसमें होगा?
(*a*) झींगुर (*b*) टोड
(*c*) सर्प (*d*) पशु

341. कॉरपस लेक्टम कोशिका पायी जाती है :
(*a*) मस्तिष्क (*b*) अण्डाशय
(*c*) अग्नाशय (*d*) पिल्ली

342. निम्नलिखित में कौन सदिश राशि है?

(*a*) संवेग (*b*) दाब
(*c*) ऊर्जा (*d*) कार्य

343. ऑक्सीजन परिवहन के क्रमबद्ध क्रम को निम्नलिखित कोडों से कीजिए :
1. रक्त 2. फेफड़ा
3. कोशिका
(*a*) 1, 2, 3 (*b*) 3, 1, 2
(*c*) 2, 1, 3 (*d*) 1, 3, 2

344. लहसुन में गंध का कारण है :
(*a*) क्लोरो यौगिक
(*b*) सल्फर यौगिक
(*c*) फ्लोरीन यौगिक
(*d*) एसीटिक अम्ल

345. वाशिंग मशीन का कार्य करने का सिद्धान्त है :
(*a*) केन्द्राभिमुख
(*b*) डायलसिस
(*c*) विपरीत प्रसारण
(*d*) फैलाव

346. शहद का प्रमुख घटक है :
(*a*) ग्लूकोज (*b*) सुक्रोज
(*c*) माल्टोज (*d*) फ्रुक्टोज

347. धमिनयों द्वारा रक्त को हृदय में पहुँचाने को कहते हैं :
(*a*) केरोटिड धमनी
(*b*) हेपाटिक धमनी
(*c*) कारोनरी धमनी
(*d*) पलमोनरी धमनी

348. निम्नलिखित में से किस तरीके द्वारा बच्चे का पितृत्व सिद्ध किया जाता है?
(*a*) प्रोटीन विश्लेषण
(*b*) गुणसूत्रों की गिनती
(*c*) DNA का मात्रात्मक विश्लेषण
(*d*) DNA का फिंगर प्रिंटिंग

349. निम्नलिखित में से पृथ्वी के निकटतम तारा है :
(*a*) पॉलारिस (*b*) सूर्य
(*c*) अल्फा सेंचुरी (*d*) सिरियम

350. स्वचालित में एन्टी फ्रिज के रूप में उपयोग किया जाता है :
(*a*) इथेनॉल
(*b*) मिथेनाल
(*c*) प्रोपाइल एल्कोहल
(*d*) इथिलीन ग्लाइकोल

351. विनेगार एक जलीय घोल होता है :
(*a*) ऑक्जेलिक अम्ल
(*b*) साइट्रिक अम्ल
(*c*) एसीटिक अम्ल
(*d*) हाइड्रोक्लोरिक अम्ल

352. पुरातत्व विभाग लकड़ी अस्थि तथा शैल की आयु का निर्धारण करते हैं :
(*a*) यूरेनियम-238 (*b*) आर्गन अपरूप
(*c*) कार्बन-14 (*d*) स्ट्रान्सियम-90

353. सर्प की विष ग्रन्थि समजात है :
(*a*) मछलियों के विद्युत अंग
(*b*) प्रकाश किरणों
(*c*) स्तनधारी की दूध ग्रंथि
(*d*) केशेरुकी के लार ग्रंथि

354. चूहे को मानव-वृद्धि हार्मोन्स द्वारा आठ गुणा बड़ा करने की विधि को कहते हैं :
(*a*) हाइब्रिडाइजेशन
(*b*) आनुवांशिक प्रोद्यौगिक
(*c*) उत्परिवर्तन जनन
(*d*) हार्मोनल फीडिंग

355. शराब में वह मिलावट जो अन्धापन का कारण होती है :

(*a*) इथाइल अल्कोहल

(*b*) एमाइल अल्कोहल

(*c*) बेंजाइल अल्कोहल

(*d*) मिथाइल अल्कोहल

356. अल्फा कण में दो धनावेश होते हैं तथा इसकी मात्रा समान होती है :

(*a*) दो प्रोटॉन

(*b*) एक हीलियम परमाणु

(*c*) दो प्रोटॉन तथा दो न्यूट्रॉन की मात्रा के बराबर

(*d*) दो पॉजिट्रान्स प्रत्येक एकल धनावेश का वाहक होता है

357. सुमेलित करें :

	लिस्ट I		लिस्ट II
A.	विटामिन	1.	पेप्सिन
B.	एन्जाइम्स	2.	केरोटिन
C.	हार्मोन्स	3.	केरेटिन
D.	प्रोटीन	4.	प्रोजेस्ट्रान

कोड :

	A	B	C	D
(*a*)	1	2	3	4
(*b*)	4	3	2	1
(*c*)	1	2	4	3
(*d*)	2	1	4	3

358. पूर्ण आन्तरिक परावर्तन होंगे, जब प्रकाश गमन करेगा :

(*a*) हीरा से काँच (*b*) जल से काँच

(*c*) वायु से जल (*d*) वायु से काँच

359. त्वचा के नीचे वसा की सतह हमारे शरीर में कार्य करती है :

(*a*) शरीर से ताप ह्रास को रोकता है

(*b*) शरीर से अनिवार्य तत्वों के निष्कर्षण को रोकता है

(*c*) शरीर से लवणों के ह्रास को रोकता है

(*d*) हानिकारक रोगाणु को शरीर के अन्दर प्रवेश करने से रोकता है

360. निम्नलिखित में कौन परिवर्धित तना है?

(*a*) गाजर (*b*) नारियल

(*c*) आलू (*d*) मूली

361. सुमेलित करें :

	लिस्ट I		लिस्ट II
A.	प्रकाश संश्लेषण	1.	प्लाज्मा मेम्ब्रेन
B.	लवण ग्रहण	2.	क्लोरोप्लास्ट
C.	श्वसन	3.	माइटो कोन्ड्रिया
D.	प्रोटीन निर्माण	4.	राइबोसोम

कोड :

	A	B	C	D
(*a*)	1	2	3	4
(*b*)	1	2	4	3
(*c*)	2	1	3	4
(*d*)	2	1	4	3

362. छिछला हैंडपम्प से जो व्यक्ति पानी पीता है, निम्नलिखित में किसे छोड़कर पीड़ित हो सकता है?

(*a*) हैजा (*b*) टायफायड

(*c*) पीलिया (*d*) फ्लोरोसिस

363. कार्बोहाइड्रेट और प्रोटीन को छोड़कर दूध में पाये जाने वाले पोषक तत्व हैं :

(*a*) कैल्शियम, पोटाशियम और लोहा

(*b*) कैल्शियम और पोटैशियम

(*c*) पोटैशियम और लोहा
(*d*) कैल्शियम और लोहा

364. निम्नलिखित में कुपोषण का कारण है :
1. अति पोषण 2. कम पोषण
3. असंतुलित पोषण
नीचे दिये गये कोडों से सही उत्तर का चयन कीजिए :
(*a*) केवल 2 (*b*) 2 और 3
(*c*) 1 और 3 (*d*) 1, 2 और 3

365. निम्नलिखित कथनों पर विचार करें :
एड्स फैलने का कारण :
1. सहवास के द्वारा
2. रक्त ट्रान्सफ्युजन द्वारा
3. मच्छर तथा रक्त चूसने वाले कीड़ों के द्वारा
4. प्लेसेन्टा के द्वारा
नीचे दिये गये विकल्पों से सही उत्तर का चयन कीजिए
(*a*) 1, 2 और 3 सही है
(*b*) 1, 2 और 4 सही है
(*c*) 1, 3 और 4 सही है
(*d*) 1 और 3 सही है

366. निम्नलिखित में लोहे के साथ कौन-से तत्व को मिलाने से स्टील का निर्माण होता है जो ताप, कठोर तथा जंग से रहित होता है :
(*a*) एल्युमिनियम (*b*) निकेल
(*c*) टंग्स्टन (*d*) क्रोमियम

367. मेड कॉउज बीमारी, एल्झेइमर आदि के कारण हैं :
(*a*) प्रोटीन
(*b*) बैक्टीरिया
(*c*) फंगस
(*d*) अघोषित वायरस

368. मानव-शरीर में रोटेटर, कफ, पेशी पाया जाता है :
(*a*) स्कंध (*b*) कूल्हा
(*c*) कलाई (*d*) घुटना

369. चार व्यक्तियों A,B,C और D ने खुला बाजार से फल खरीदे। A अंगूर और अन्नानास, B अंगूर तथा नारंगी, C नारंगी, अन्नानास और सेब तथा D ने अंगूर, सेब और अन्नानास खाये। खाने के बाद B और C बीमार पड़ गये। किसे खाने से B और C के बीमार होने की सर्वाधिक संभावना है?
(*a*) सेब (*b*) अन्नानास
(*c*) अंगूर (*d*) नारंगी

370. मोतियाबिन्द नेत्र रोग है, जिसका कारण है :
(*a*) लैंस अपारदर्शी हो जाता है
(*b*) कोर्निया खराब हो जाता है
(*c*) रेटिना में दरार पड़ जाती है
(*d*) रेटिना का स्थान परिवर्तित हो जाता है

371. एडवर्ड जेनर संबंधित है :
(*a*) हैजा (*b*) एलर्जी
(*c*) चेचक (*d*) लकवा

372. हेज्वर होता है :
(*a*) कुपोषण
(*b*) एलर्जी
(*c*) बुढ़ापा
(*d*) अत्यधिक कार्य

373. लोहे के गैलवनीकरण में किस धातु का

उपयोग किया जाता है?
(*a*) ताँबा (*b*) लेड
(*c*) जस्ता (*d*) पारा

374. बैटरी के उपयोग का आधारभूत सिद्धान्त है :
(*a*) अम्ल-क्षार आपसी अभिक्रिया
(*b*) डायालाइसिस
(*c*) इलेक्ट्रोलाइट का घुलना
(*d*) ऑक्सीकरण तथा अवकरण

375. जब हाइड्रोजन परमाणु इलेक्ट्रान को छोड़ देता है तो बचता है :
(*a*) अल्फा कण (*b*) एक न्यूट्रान
(*c*) एक प्रोटॉन (*d*) एक बीटा कण

376. आकाशगंगा का आकार है :
(*a*) वृत्ताकार
(*b*) दीर्घवृत्ताकार
(*c*) सर्पिल
(*d*) उपर्युक्त कोई नहीं

377. वह यंत्र जो हवा में आर्द्रता को मापता है :
(*a*) हाइड्रोमीटर (*b*) हाइग्रोमीटर
(*c*) लेक्टोमीटर (*d*) बैरोमीटर

378. विभिन्न तारों का अलग रंग प्रदर्शित करता है :
(*a*) ताप (*b*) दाब
(*c*) घनत्व (*d*) विकिरण

379. हाइड्रोकार्बन का प्राकृतिक स्रोत है :
(*a*) कच्चा तेल (*b*) बायोमास
(*c*) कोयला (*d*) कार्बोहाइड्रेट

380. निम्नलिखित में कौन एल.पी.जी. में मुख्यतः होता है :
(*a*) मीथेन (*b*) ब्यूटेन
(*c*) प्रोपेन (*d*) ब्यूटाडाइन

381. मानव-शरीर में सबसे लम्बी अस्थि है :
(*a*) मेरुदण्ड (*b*) जंघा
(*c*) रिबकेज (*d*) बाँह

382. निम्नलिखित रंगों का जोड़ा जो दिन या रात में आसानी से पहचाना जा सकता है :
(*a*) नारंगी और नीला
(*b*) सफेद और काला
(*c*) पीला और नीला
(*d*) लाल और हरा

383. विकासवाद के सिद्धान्त प्रतिपादित किये गये थे :
(*a*) लुईस पाश्चर (*b*) अरस्तु
(*c*) ग्रिगोर मेंडल (*d*) चार्ल्स डार्विन

384. निम्नलिखित में कौन पाचक एन्जाइम्स नहीं है :
(*a*) पेप्सिन (*b*) रेनिन
(*c*) इन्सुलिन (*d*) एमाइलोप्सिन

385. फेदम मापक इकाई है :
(*a*) जल की गहराई
(*b*) जल के प्रवाह
(*c*) जल के आयतन
(*d*) जल के घनत्व

386. ट्रेकोमा बीमारी है :
(*a*) मस्तिष्क (*b*) फेफड़ा
(*c*) कान (*d*) नेत्र

387. DNA मॉडल दिया था :
(*a*) ब्रीडल और टाल्म
(*b*) फिशर और हेल्डेन
(*c*) लेडरबर्ग और टाल्स
(*d*) वासटन और क्रिक

388. मानव-शरीर में गुणसूत्रों की संख्या होती है :
(*a*) 42 (*b*) 44
(*c*) 46 (*d*) 48

389. "इन्हेरिटेंस ऑफ एक्वायड केरेक्टर" सिद्धान्त का प्रतिपादन किया था :
(*a*) चार्ल्स डार्विन
(*b*) ग्रीगोर मेंडल
(*c*) जे.बी. लेमार्क
(*d*) उपर्युक्त कोई नहीं

390. विटामिन C का अन्य नाम है :
(*a*) फोर्मिक अम्ल
(*b*) लेक्टिक अम्ल
(*c*) एसीटिक अम्ल
(*d*) एसकोर्बिक अम्ल

391. न्यूट्रॉन अविष्कार का श्रेय जाता है :
(*a*) चेडविक (*b*) बोर
(*c*) न्यूटन (*d*) रदरफोर्ड

392. सेल्युलोज है :
(*a*) कार्बोहाइड्रेट
(*b*) वसा
(*c*) प्रोटीन
(*d*) उपर्युक्त कोई नहीं

393. निम्नलिखित किस यंत्र का उपयोग धरातल से ऊपर ऊँचाई मापने के लिए किया जाता है?
(*a*) अल्टीमीटर (*b*) एनिमोमीटर
(*c*) मेनोमीटर (*d*) माइक्रोमीटर

394. पेनिसिलिन के अविष्कार का श्रेय जाता है :
(*a*) एडवर्ड जेनर
(*b*) लुईस पाश्चर
(*c*) अलेक्जेंडर फ्लेमिंग
(*d*) विलियम हार्वे

395. DNA है :
(*a*) एसीटिक अम्ल
(*b*) साइट्रिक अम्ल
(*c*) न्यूक्लिक अम्ल
(*d*) एक एन्जाइम्स

396. शरीर में सफेद रक्त कण का कार्य है :
(*a*) ऑक्सीजन का वहन
(*b*) रक्त का थक्का बनने में मदद
(*c*) लाल रक्त कण का निर्माण
(*d*) रोगाणु से शरीर की रक्षा

397. किस युक्ति के द्वारा A.C धारा को D.C धारा में परिवर्तित किया जाता है?
(*a*) डायनेमो (*b*) रेक्टिफायर
(*c*) ट्रॉन्सफार्मर (*d*) ट्रॉन्सडुसर

398. फिजियोलॉजी में अध्ययन किया जाता है :
(*a*) शरीर की संरचना
(*b*) शरीर की कोशिकाओं
(*c*) मानव-शरीर के कार्यों
(*d*) उपर्युक्त सभी

399. खगोलीय पिण्डों का निरीक्षण किया जाता है :
(*a*) सूक्ष्मदर्शी (*b*) पेरिस्कोप
(*c*) स्पेक्ट्रोस्कोप (*d*) टेलिस्कोप

400. भौतिकी की वह शाखा, जिसमें प्रकाश के मापन का अध्ययन किया जाता है :
(*a*) इलेक्ट्रो-डायनामिक्स
(*b*) फोटोमेट्री
(*c*) स्पेक्ट्रोलॉजी
(*d*) स्पेक्ट्रोस्कोपी

401. निम्नलिखित में कौन मानव-नेत्र में प्रकाश की मात्रा को नियंत्रित करता है?
(*a*) रेटिना
(*b*) पुतली
(*c*) क्रोनिया
(*d*) आन्तरिक कोष्ठ

402. नेत्र में रेटिना का कार्य है :
(*a*) कैमरा का लैंस
(*b*) कैमरा का शटर
(*c*) कैमरा की फिल्म
(*d*) उपर्युक्त कोई नहीं

403. वयस्क मानव में हृदय का वजन होता है :
(*a*) 200 ग्राम (*b*) 300 ग्राम
(*c*) 400 ग्राम (*d*) 500 ग्राम

404. मायोपिया को किस प्रकार के लैंस के द्वारा ठीक किया जाता है?
(*a*) द्विअवतल लैंस
(*b*) अवतल लैंस
(*c*) उत्तल लैंस
(*d*) समतल-अवतल लैंस

405. ध्वनि का वेग सर्वाधिक किसमें होता है?
(*a*) वायु (*b*) काँच
(*c*) जल (*d*) लकड़ी

406. अर्द्धचालक के रूप में किसका उपयोग किया जाता है?
(*a*) एल्युमिनियम
(*b*) ताँबा
(*c*) सिलिकन
(*d*) उपर्युक्त कोई नहीं

407. माइक्रोफोन में निम्नलिखित किस प्रकार ऊर्जा का रूपांतरण होता है?
(*a*) विद्युत् ऊर्जा का ध्वनि ऊर्जा
(*b*) यांत्रिक ऊर्जा का ध्वनि ऊर्जा
(*c*) ध्वनि ऊर्जा का विद्युत् ऊर्जा
(*d*) ध्वनि ऊर्जा का यांत्रिक ऊर्जा

408. पीछे का दृश्य देखने के लिए किस प्रकार का दर्पण उपयोग किया जाता है?
(*a*) अवतल दर्पण (*b*) उत्तल दर्पण
(*c*) समतल दर्पण (*d*) सरल काँच

409. रेडियो के आविष्कारक कौन थे?
(*a*) ग्राहमवेल (*b*) मारकोनी
(*c*) न्यूटन (*d*) ऑटोहॉन

410. इको वह प्रभाव है जो उत्पन्न होता है :
(*a*) ध्वनि के अवशोषण से
(*b*) ध्वनि के बिखराव से
(*c*) ध्वनि के परावर्तन से
(*d*) ध्वनि के अपवर्तनांक से

411. आकाश के नीले रंग का कारण है :
(*a*) प्रकाश का विर्कीणन
(*b*) प्रकाश का विभेदन
(*c*) प्रकाश का अपवर्तनांक
(*d*) प्रकाश का परावर्तन

412. अपवर्तनांक को मापने में किस यंत्र का उपयोग किया जाता है?
(*a*) स्पेक्ट्रोमीटर (*b*) स्फेरोमीटर
(*c*) माइक्रोमीटर (*d*) फोटोमीटर

413. लिफ्ट का आविष्कार किसने किया था?
(*a*) माइकल फैराडे
(*b*) ई.जी. ओटिस
(*c*) थॉमस एल्वा एडिसन
(*d*) उपर्युक्त कोई नहीं

414. जेट इंजन का आविष्कार किसने किया था?
(*a*) जेम्स वाट (*b*) चार्ल्स पारसन
(*c*) ई.जी. ओटिस (*d*) फ्रेंक व्हिट्ले

415. निम्नलिखित में कौन ट्रान्जिस्टर का सामान्य घटक है?
(*a*) बेरीलियम (*b*) ताँबा
(*c*) जरमेनियम (*d*) लोहा

416. सुरक्षा तार विद्युत परिपथ में उपयोग किया जाता है जो बना होता है :
(*a*) निम्न द्रवणांक
(*b*) उच्च प्रतिरोध
(*c*) उच्च द्रवणांक
(*d*) निम्न विशिष्ट ताप

417. डायोड में निम्नलिखित किसका उपयोग किया जाता है?
(*a*) आम्पिलिफिकेशन
(*b*) मॉडुलेशन
(*c*) दोलन
(*d*) रेक्टिफिकेशन

418. निम्नलिखित किस सूक्ष्म पोषक तत्व की कमी से तना तथा जड़ मृत हो जाते हैं?
(*a*) वोरॉन (*b*) ताँबा
(*c*) मैंगनीज (*d*) जस्ता

419. निम्नलिखित किसमें माइट्रोकॉन्ड्रिया नहीं होता है?
(*a*) फंगस
(*b*) एंजियोस्पर्म
(*c*) ग्रीन शैवाल
(*d*) नीला-हरा शैवाल

420. यूकेरियोटिक जीवों में होते हैं :
(*a*) DNA स्तम्भ (*b*) प्लास्टिड
(*c*) नाभिक (*d*) रिक्तिकायें

421. पादप वृद्धि प्रभावित होती है :
(*a*) केवल प्रकाश की गुणवत्ता से
(*b*) गुणवत्ता तथा प्रकाश की मात्रा से
(*c*) गुणवत्ता तथा प्रकाश के समय से
(*d*) गुणवत्ता, मात्रा तथा प्रकाश के समय से

422. A.T.P. है :
(*a*) एक एन्जाइम्स
(*b*) एक हार्मोन्स
(*c*) एक प्रोटीन
(*d*) एक अणु जो उच्च ऊर्जा बंधन रखता हो

423. प्रकृति का प्राथमिक उत्पादक है :
(*a*) बैक्टीरिया (*b*) मछली
(*c*) हरे पादप (*d*) मानव

424. निम्नलिखित में वह सूक्ष्म पोषक तत्व, जो पादप में कैल्शियम और जल के अवशोषण दर को बढ़ा देता है :
(*a*) ताँबा (*b*) बोरॉन
(*c*) मॉलिब्डेनम (*d*) मैगनीज

425. निम्नलिखित में वह सूक्ष्म पोषक तत्व, जो प्रकाश संश्लेषण के समय इलेक्ट्रॉन का परिवहन करता है :
(*a*) मैगनीज (*b*) ताँबा
(*c*) मॉलिब्डेनम (*d*) जस्ता

426. वह सूक्ष्म पोषक जिसकी कमी होने पर पादप में एसर्कोबिक अम्ल की कमी हो जाती है :
(*a*) बोरॉन (*b*) ताँबा
(*c*) मैगनीज (*d*) मॉलिब्डेनम

427. ऊतक कोशिकाओं का समूह है, जिसमें समानता होती है :

(*a*) संरचना और कार्य
(*b*) उत्पत्ति और कार्य
(*c*) उत्पत्ति और संरचना
(*d*) उत्पत्ति, संरचना और कार्य

428. आम का खाने योग्य भाग है :
(*a*) एम्ब्रायो (*b*) इंडोकेप
(*c*) इंडोस्पर्म (*d*) मेसोकेप

429. चावल है :
(*a*) एक बीज
(*b*) एकदलीय बीज फल
(*c*) बहुदलीय बीज फल
(*d*) गुणित बीज फल

430. इथिलीन हार्मोन्स संबंधित है :
(*a*) श्वसन
(*b*) फलों के पकने
(*c*) कोशिका विभाजन
(*d*) उपर्युक्त कोई नहीं

431. बाँस है :
(*a*) हर्ब (*b*) घास
(*c*) सर्ब (*d*) वृक्ष

432. पादप के किस भाग में प्रकाश संश्लेषण की क्रिया सामान्यतः होती है?
(*a*) पत्ती और क्लोरोप्लास्ट युक्त अन्य भागों में
(*b*) तना और पत्तियों में
(*c*) जड़ और क्लोरोप्लास्ट युक्त भागों में
(*d*) छाल और पत्तियों

433. अफीम प्राप्त होती है :
(*a*) नाजुक पत्तियों
(*b*) लेटेक्स रस
(*c*) टेवलेट लेटेक्स
(*d*) बीज खोल

434. लार ग्रंथि में निम्नलिखित कौन-सा एन्जाइम होता है?
(*a*) पित्त (*b*) टायलिन
(*c*) पेप्सिन (*d*) रेनिन

435. समजात अंग समान होते हैं :
(*a*) व्यवहार
(*b*) कार्य
(*c*) उत्पत्ति
(*d*) व्यवहार तथा उत्पत्ति

436. निम्नलिखित में कौन आवृत्ति की इकाई है?
(*a*) एम्पियर (*b*) जूल
(*c*) हर्ट्ज (*d*) न्यूटन

437. वह प्रकाश किरण जिसकी तरंग दैर्ध्य सबसे लंबी होती है :
(*a*) नीला (*b*) हरा
(*c*) लाल (*d*) पीला

438. किसने सर्वप्रथम अल्ट्रावायलेट किरणों की खोज की थी?
(*a*) विलियम हारशेल
(*b*) जॉन विल्हेम रिटर
(*c*) रदरफोर्ड
(*d*) आगस्त कॉमटे

439. कुलम्ब इकाई है :
(*a*) विद्युत् धारा (*b*) विद्युत् प्रतिरोध
(*c*) चुम्बकीय क्षेत्र (*d*) विद्युत् आवेश

440. एंगस्ट्रम मापक है :
(*a*) प्रकाश की तीव्रता का
(*b*) प्रकाश तरंग की लंबाई का
(*c*) द्रव के आयतन का
(*d*) प्रवाहित जल की गति का

441. भारत के घरों में कितनी वोल्टेज पर विद्युतधारा प्रवाहित की जाती है?

(*a*) 220 वोल्ट (*b*) 260 वोल्ट
(*c*) 440 वोल्ट (*d*) 110 वोल्ट

442. वह भारतीय वैज्ञानिक जिसने तापीय आयनीकरण के सिद्धान्त का प्रतिपादन किया था?

(*a*) जगदीश चन्द्र बोस
(*b*) होमी जहाँगीर भाभा
(*c*) मेघनाथ साहा
(*d*) सी.वी. रमण

443. साहा नाभिकीय भौतिकी अनुसंधान केन्द्र स्थित है :

(*a*) कोलकाता (*b*) लखनऊ
(*c*) श्री हरिकोटा (*d*) ट्राम्बे

444. विद्युत बल्ब के निर्माण में निम्नलिखित किस गैस का मिश्रण उपयोग किया जाता है?

(*a*) नाइट्रोजन और ऑर्गन
(*b*) नाइट्रोजन और ऑक्सीजन
(*c*) ऑक्सीजन और ऑर्गन
(*d*) ऑक्सीजन और हाइड्रोजन

445. जब किसी छड़ी को पानी से भरी बाल्टी में डुबाया जाता है तो वायु तथा जल के संगम बिन्दु पर वह टूटी नजर क्यों आती है?

(*a*) प्रकाश विक्षेपण
(*b*) प्रकाश का परावर्तन
(*c*) प्रकाश का अपवर्तन
(*d*) उपर्युक्त कोई नहीं

446. प्रकाश का वेग 3×10^8 m/s होता है। पृथ्वी से उस तारे की दूरी कितनी होगी जिसके प्रकाश को पृथ्वी पर पहुँचने में 4 वर्ष का समय लगता हो?

(*a*) 3.78×10^{16} m
(*b*) 4.00×10^{16} m
(*c*) 4.00×10^{24} m
(*d*) 3.00×10^{24} m

447. निम्नलिखित किस माध्यम में ध्वनि का वेग सर्वाधिक होता है?

(*a*) ठंडी पवन (*b*) गर्म पवन
(*c*) शीत जल (*d*) स्टील

448. शुष्क सेल की छड़ में धनात्मक किनारा बना होता है :

(*a*) कार्बन (*b*) ताँबा
(*c*) टिन (*d*) जस्ता

449. विद्युत् आवेश के लिए आकर्षण तथा विकर्षण का नियम किसने दिया था?

(*a*) कुलम्ब (*b*) ग्राहमबेल
(*c*) मारकोनी (*d*) रियुमर

450. निर्वात् ट्यूब के फिलामेन्ट द्वारा उत्सर्जित होता है :

(*a*) इलेक्ट्रॉन
(*b*) न्यूट्रॉन
(*c*) प्रोटॉन
(*d*) उपर्युक्त कोई नहीं

451. विद्युत् आवेश को पता करने के लिए उपयोग किया जाने वाला यंत्र है :

(*a*) इलेक्ट्रोस्कोप
(*b*) गलवेनोमीटर
(*c*) आमीटर
(*d*) उपर्युक्त कोई नहीं

452. सूर्य का वजन है :

(*a*) 10^{30} Kg (*b*) 2×10^{30} Kg
(*c*) 5×10^{30} Kg (*d*) 8×10^{30} Kg

453. सूर्य के केन्द्र में ताप होता है :
(*a*) 6 मिलियन केल्विन
(*b*) 10 मिलियन केल्विन
(*c*) 15 मिलियन केल्विन
(*d*) 20 मिलियन केल्विन

454. तिलचट्टा में श्वसन होता है :
(*a*) रक्त
(*b*) ट्रेसिया
(*c*) ट्यूबुलस
(*d*) वसा युक्त भाग

455. एमोबेइक डायरिया मनुष्य को होने का कारण है :
(*a*) जायरडिया
(*b*) इंटामोइबा कोली
(*c*) इंटामोइबा गिंगीवेलिस
(*d*) इंटामोइबा हिस्टोलाइटिका

456. RNA, DNA से अलग है, जिसमें होता है :
(*a*) साइटोसिन
(*b*) डीऑक्सी राइबोज
(*c*) राइबोज
(*d*) फास्फेट

457. मानव रक्तसमूह के आविष्कारक थे?
(*a*) वास्टन और हेनी
(*b*) एडवर्ड जेनर
(*c*) विलियम हेनरी
(*d*) कारी लेंडस्टेनियर

458. निम्नलिखित में कौन-सी ग्रंथि अन्तः स्रावी तथा बाह्यस्रावी दोनों है?
(*a*) एड्रिनल (*b*) ममेरि
(*c*) अग्नाशय (*d*) थायरॉयड

459. मानव में एनिमिया किसकी कमी से होता है?
(*a*) फोलिक अम्ल
(*b*) विटामिन A
(*c*) विटामिन B_{12}
(*d*) उपर्युक्त कोई नहीं

460. ग्लाइकोजिन मुख्यतः जमा होते हैं :
(*a*) कार्टिलेज तथा अस्थि
(*b*) यकृत तथा पेशी
(*c*) पिल्ली
(*d*) भिल्ली

461. एक वयस्क मानव में (आराम की स्थिति में) प्रति मिनट हृदय द्वारा रक्त की मात्रा होती है :
(*a*) 1 लीटर (*b*) 3 लीटर
(*c*) 5 लीटर (*d*) 7 लीटर

462. निम्नलिखित में कौन-सा सूक्ष्म जीव क्षय रोग का कारण होता है?
(*a*) वेसिलस (*b*) कोकी
(*c*) प्रोटोजोआ (*d*) वायरस

463. निम्नलिखित में कौन न्यूमोनिया का कारण है?
(*a*) वेसिलस (*b*) वायरस
(*c*) प्रोटोजोआ (*d*) कोकी

464. निम्नलिखित में कौन हैजा का कारक है?
(*a*) वायरस (*b*) जीवाणु
(*c*) प्रोटोजोआ (*d*) फफूँदी

465. नर मच्छरों का मुख्यतः भोजन होता है :
(*a*) पत्तियाँ
(*b*) क्षयशील कार्बनिक पदार्थ
(*c*) नेक्टर तथा फलों का रस
(*d*) जलीय सूक्ष्म जीव

466. रिकेट्स से शरीर का कौन-सा भाग प्रभावित होता है?
(*a*) अस्थि ऊतक
(*b*) एपिडर्मल ऊतक
(*c*) तंत्रिका तंत्र
(*d*) श्वसन तंत्र

467. रेबीज से प्रभावित शरीर का भाग है :
(*a*) अस्थि ऊतक
(*b*) तंत्रिका तंत्र
(*c*) श्वसन तंत्र
(*d*) उपर्युक्त कोई नहीं

468. रक्त में हीमोग्लोबीन एक जटिल प्रोटीन की संरचना है, जिसमें होता है :
(*a*) ताँबा (*b*) सोना
(*c*) लोहा (*d*) चाँदी

469. हीमोग्लोबीन में स्थित तत्व निम्नलिखित में किसके साथ सक्रिय भागीदार होता है?
(*a*) कार्बन-डाइऑक्साइड
(*b*) क्लोरीन
(*c*) हाइड्रोजन
(*d*) ऑक्सीजन

470. एमिनो अम्ल किसके पाचन के फलस्वरूप बनता है?
(*a*) कार्बोहाइड्रेट (*b*) वसा
(*c*) प्रोटीन (*d*) विटामिन

471. निम्नलिखित में कौन पाचक एन्जाइम नहीं है?
(*a*) इन्सुलिन (*b*) टायलिन
(*c*) लाइपेज (*d*) रेनिन

472. निम्नलिखित किसमें सर्वाधिक वसा होगी?
(*a*) दूध (*b*) आलू
(*c*) चावल (*d*) चीनी

473. पेप्सिन एक पाचक एन्जाइम है, जिसका स्राव होता है :
(*a*) यकृत (*b*) छोटी आँत
(*c*) आमाशय (*d*) पिल्ली

474. निम्नलिखित किसमें नाइट्रोजन पाया जाता है?
(*a*) कार्बोहाइड्रेट
(*b*) वसा
(*c*) प्रोटीन
(*d*) उपर्युक्त कोई नहीं

475. निम्नलिखित किसमें विटामिन C नहीं पाया जाता है?
(*a*) पनीर (*b*) दूध
(*c*) मांस (*d*) चावल

476. वह विटामिन जो रक्त थक्का से संबंधित है :
(*a*) विटामिन C (*b*) विटामिन D
(*c*) विटामिन A (*d*) विटामिन K

477. नवजात शिशु का उत्तम आहार है :
(*a*) गाय का दूध (*b*) बकरी का दूध
(*c*) माँ का दूध (*d*) क्रीम रहित दूध

478. निम्नलिखित में कौन-सी प्रक्रिया वायुमंडल में कार्बन-डाइऑक्साइड बढ़ाने की कारक नहीं है?
(*a*) श्वसन
(*b*) वनस्पतियों का क्षरण
(*c*) पेट्रोल का जलना
(*d*) प्रकाश संश्लेषण

479. निम्नलिखित किस माध्यम में प्रकाश का सर्वाधिक तीव्र गति होती है?
(*a*) निर्वात (*b*) जल
(*c*) काँच (*d*) वायु

480. अत्यधिक पॉलिश युक्त चावल खाने से शरीर में किसकी कमी हो जाती है?
(*a*) विटामिन A (*b*) विटामिन B
(*c*) विटामिन D (*d*) विटामिन C

481. निम्नलिखित में अनिवार्य तत्व जो पादप में क्लोरोफिल का निर्माण करता है :
(*a*) कैल्शियम (*b*) मैग्नीशियम
(*c*) पोटैशियम (*d*) फस्फोरस

482. DNA है :
(*a*) एसीटिक अम्ल
(*b*) साइट्रिक अम्ल
(*c*) नाभिकीय अम्ल
(*d*) एक एन्जाइम

483. दूध में निम्नलिखित कौन कार्बोहाइड्रेट होता है :
(*a*) ग्लूकोज (*b*) फ्रुक्टोज
(*c*) लेक्टोज (*d*) सुक्रोज

484. मानव में रक्त परिसंचरण का पता किसने लगाया था?
(*a*) वाटसन और कुक
(*b*) विलियम हार्वे
(*c*) जॉन्स साल्क
(*d*) रॉबर्ट हुक

485. मानव-शरीर में लाल रक्त का जीवन-चक्र होता है :
(*a*) 100 दिन (*b*) 105 दिन
(*c*) 110 दिन (*d*) 120 दिन

486. लाल रक्त कण का निर्माण होता है :
(*a*) अस्थि मज्जा (*b*) मस्तिष्क
(*c*) लिंगामेंट (*d*) पेशी

487. निम्नलिखित में किसका उपयोग खाद्य पदार्थों की सुरक्षा के लिए किया जाता है?
(*a*) सोडियम बेंजोएट
(*b*) सोडियम बाइकार्बोनेट
(*c*) बेंजीन
(*d*) एसीटिलीन

488. भारत का प्रथम उपग्रह आर्यभट्ट छोड़ा गया था :
(*a*) 1974 (*b*) 1975
(*c*) 1980 (*d*) 1985

489. हाइग्रोमीटर का उपयोग किसे मापने के लिए किया जाता है?
(*a*) ध्वनि के गति
(*b*) दूध के घनत्व
(*c*) वायु के आर्द्रता
(*d*) उपर्युक्त कोई नहीं

490. निम्नलिखित में किसका उपयोग अग्निशामक के रूप में किया जाता है?
(*a*) कार्बन सल्फाइट
(*b*) कार्बन-मोनोऑक्साइड
(*c*) कार्बन-डाइऑक्साइड
(*d*) नाइट्रोजन-डाइऑक्साइड

491. पशुओं में विटामिन E का प्रमुख कार्य है :
(*a*) श्वसन (*b*) जनन
(*c*) पाचन (*d*) परिवहन

492. आनुवांशिकी विषमता का परिणाम है :
(*a*) दोषयुक्त DNA नाभिक
(*b*) विटामिन E की कमी
(*c*) दोषयुक्त RNA नाभिक
(*d*) उपर्युक्त कोई नहीं

493. निम्नलिखत में कौन विटामिन नहीं है?
(*a*) ट्राइप्सिन

(*b*) एसकोर्बिक अम्ल
(*c*) राइबोफ्लेविन
(*d*) नियासितनामाइड

494. यूरेनियम का वह अपरूप जिसे ईंधन के रूप में उपयोग किया जाता है :
(*a*) U_{232} (*b*) U_{235}
(*c*) U_{238} (*d*) U_{240}

495. सेंटीग्रेड तथा फारेनहाइट दोनों मापक किस ताप पर समान पाठ्यांक देते हैं?
(*a*) 40°C (*b*) –40°C
(*c*) 100°C (*d*) –273°C

496. निम्नलिखित में कौन सर्वाधिक प्रत्यास्थ (Elastic) है?
(*a*) काँच (*b*) रबड़
(*c*) स्टील (*d*) स्पंज

497. वह न्यूनतम वेग जो पृथ्वी के गुरुत्वाकर्षण को पार कर जाय :
(*a*) 11.1 km/sec
(*b*) 11.2 km/sec
(*c*) 11.4 km/sec
(*d*) 11.6 km/sec

498. जब बर्फ पिघलता है, तो जल का :
(*a*) आयतन बढ़ जाता है
(*b*) आयतन घट जाता है
(*c*) मात्रा बढ़ जाती है
(*d*) मात्रा घट जाती है

499. सूर्य से सूर्यताप पृथ्वी तक पहुँचता है :
(*a*) वाहन
(*b*) संवहन
(*c*) विकिरण
(*d*) उपर्युक्त कोई नहीं

उत्तरमाला

1	2	3	4	5	6	7	8	9	10
(*b*)	(*d*)	(*b*)	(*a*)	(*b*)	(*b*)	(*b*)	(*c*)	(*b*)	(*a*)
11	**12**	**13**	**14**	**15**	**16**	**17**	**18**	**19**	**20**
(*d*)	(*b*)	(*c*)	(*b*)	(*d*)	(*b*)	(*d*)	(*c*)	(*c*)	(*b*)
21	**22**	**23**	**24**	**25**	**26**	**27**	**28**	**29**	**30**
(*d*)	(*a*)	(*d*)	(*b*)	(*b*)	(*b*)	(*b*)	(*b*)	(*b*)	(*c*)
31	**32**	**33**	**34**	**35**	**36**	**37**	**38**	**39**	**40**
(*a*)	(*a*)	(*a*)	(*a*)	(*a*)	(*c*)	(*a*)	(*a*)	(*c*)	(*d*)
41	**42**	**43**	**44**	**45**	**46**	**47**	**48**	**49**	**50**
(*c*)	(*d*)	(*b*)	(*a*)	(*d*)	(*c*)	(*b*)	(*c*)	(*c*)	(*c*)
51	**52**	**53**	**54**	**55**	**56**	**57**	**58**	**59**	**60**
(*c*)	(*b*)	(*d*)	(*a*)	(*c*)	(*b*)	(*c*)	(*d*)	(*b*)	(*c*)
61	**62**	**63**	**64**	**65**	**66**	**67**	**68**	**69**	**70**
(*c*)	(*a*)	(*a*)	(*b*)	(*c*)	(*b*)	(*c*)	(*d*)	(*b*)	(*a*)
71	**72**	**73**	**74**	**75**	**76**	**77**	**78**	**79**	**80**
(*d*)	(*d*)	(*d*)	(*c*)	(*d*)	(*b*)	(*b*)	(*d*)	(*c*)	(*c*)

81	**82**	**83**	**84**	**85**	**86**	**87**	**88**	**89**	**90**
(*c*)	(*b*)	(*b*)	(*d*)	(*d*)	(*c*)	(*a*)	(*c*)	(*b*)	(*b*)
91	**92**	**93**	**94**	**95**	**96**	**97**	**98**	**99**	**100**
(*c*)	(*d*)	(*c*)	(*d*)	(*c*)	(*c*)	(*c*)	(*b*)	(*c*)	(*d*)
101	**102**	**103**	**104**	**105**	**106**	**107**	**108**	**109**	**110**
(*a*)	(*c*)	(*c*)	(*d*)	(*d*)	(*b*)	(*c*)	(*c*)	(*c*)	(*a*)
111	**112**	**113**	**114**	**115**	**116**	**117**	**118**	**119**	**120**
(*b*)	(*c*)	(*c*)	(*b*)	(*b*)	(*d*)	(*d*)	(*b*)	(*b*)	(*c*)
121	**122**	**123**	**124**	**125**	**126**	**127**	**128**	**129**	**130**
(*a*)	(*d*)	(*c*)	(*d*)	(*b*)	(*b*)	(*d*)	(*d*)	(*a*)	(*a*)
131	**132**	**133**	**134**	**135**	**136**	**137**	**138**	**139**	**140**
(*c*)	(*a*)	(*d*)	(*b*)	(*a*)	(*b*)	(*c*)	(*a*)	(*c*)	(*c*)
141	**142**	**143**	**144**	**145**	**146**	**147**	**148**	**149**	**150**
(*d*)	(*a*)	(*a*)	(*d*)	(*a*)	(*b*)	(*b*)	(*a*)	(*c*)	(*b*)
151	**152**	**153**	**154**	**155**	**156**	**157**	**158**	**159**	**160**
(*b*)	(*b*)	(*a*)	(*d*)	(*c*)	(*a*)	(*b*)	(*d*)	(*a*)	(*b*)
161	**162**	**163**	**164**	**165**	**166**	**167**	**168**	**169**	**170**
(*d*)	(*d*)	(*a*)	(*c*)	(*b*)	(*b*)	(*a*)	(*d*)	(*b*)	(*d*)
171	**172**	**173**	**174**	**175**	**176**	**177**	**178**	**179**	**180**
(*b*)	(*b*)	(*c*)	(*b*)	(*c*)	(*b*)	(*b*)	(*b*)	(*b*)	(*b*)
181	**182**	**183**	**184**	**185**	**186**	**187**	**188**	**189**	**190**
(*c*)	(*b*)	(*c*)	(*b*)	(*a*)	(*a*)	(*b*)	(*d*)	(*d*)	(*b*)
191	**192**	**193**	**194**	**195**	**196**	**197**	**198**	**199**	**200**
(*a*)	(*d*)	(*b*)	(*b*)	(*a*)	(*c*)	(*a*)	(*c*)	(*a*)	(*b*)
201	**202**	**203**	**204**	**205**	**206**	**207**	**208**	**209**	**210**
(*b*)	(*d*)	(*d*)	(*d*)	(*c*)	(*b*)	(*a*)	(*c*)	(*a*)	(*b*)
211	**212**	**213**	**214**	**215**	**216**	**217**	**218**	**219**	**220**
(*d*)	(*d*)	(*d*)	(*a*)	(*c*)	(*b*)	(*d*)	(*c*)	(*d*)	(*d*)
221	**222**	**223**	**224**	**225**	**226**	**227**	**228**	**229**	**230**
(*d*)	(*b*)	(*b*)	(*b*)	(*a*)	(*a*)	(*c*)	(*a*)	(*b*)	(*b*)
231	**232**	**233**	**234**	**235**	**236**	**237**	**238**	**239**	**240**
(*c*)	(*d*)	(*d*)	(*d*)	(*a*)	(*a*)	(*b*)	(*d*)	(*b*)	(*c*)
241	**242**	**243**	**244**	**245**	**246**	**247**	**248**	**249**	**250**
(*a*)	(*d*)	(*a*)	(*d*)	(*c*)	(*b*)	(*d*)	(*d*)	(*c*)	(*c*)
251	**252**	**253**	**254**	**255**	**256**	**257**	**258**	**259**	**260**
(*c*)	(*d*)	(*a*)	(*c*)	(*c*)	(*a*)	(*c*)	(*d*)	(*c*)	(*b*)

261	262	263	264	265	266	267	268	269	270
(*a*)	(*c*)	(*c*)	(*a*)	(*d*)	(*a*)	(*a*)	(*a*)	(*a*)	(*c*)
271	**272**	**273**	**274**	**275**	**276**	**277**	**278**	**279**	**280**
(*d*)	(*c*)	(*c*)	(*b*)	(*c*)	(*c*)	(*d*)	(*b*)	(*a*)	(*b*)
281	**282**	**283**	**284**	**285**	**286**	**287**	**288**	**289**	**290**
(*a*)	(*c*)	(*a*)	(*b*)	(*c*)	(*a*)	(*a*)	(*c*)	(*d*)	(*c*)
291	**292**	**293**	**294**	**295**	**296**	**297**	**298**	**299**	**300**
(*a*)	(*b*)	(*c*)	(*d*)	(*c*)	(*a*)	(*b*)	(*b*)	(*d*)	(*a*)
301	**302**	**303**	**304**	**305**	**306**	**307**	**308**	**309**	**310**
(*c*)	(*c*)	(*d*)	(*d*)	(*c*)	(*a*)	(*d*)	(*c*)	(*d*)	(*b*)
311	**312**	**313**	**314**	**315**	**316**	**317**	**318**	**319**	**320**
(*c*)	(*b*)	(*d*)	(*b*)	(*d*)	(*d*)	(*d*)	(*a*)	(*b*)	(*c*)
321	**322**	**323**	**324**	**325**	**326**	**327**	**328**	**329**	**330**
(*c*)	(*c*)	(*d*)	(*c*)	(*b*)	(*c*)	(*c*)	(*d*)	(*b*)	(*a*)
331	**332**	**333**	**334**	**335**	**336**	**337**	**338**	**339**	**340**
(*d*)	(*c*)	(*b*)	(*d*)	(*b*)	(*c*)	(*a*)	(*c*)	(*a*)	(*c*)
341	**342**	**343**	**344**	**345**	**346**	**347**	**348**	**349**	**350**
(*b*)	(*a*)	(*c*)	(*b*)	(*a*)	(*d*)	(*d*)	(*d*)	(*b*)	(*a*)
351	**352**	**353**	**354**	**355**	**356**	**357**	**358**	**359**	**360**
(*a*)	(*c*)	(*d*)	(*b*)	(*d*)	(*b*)	(*d*)	(*b*)	(*a*)	(*b*)
361	**362**	**363**	**364**	**365**	**366**	**367**	**368**	**369**	**370**
(*c*)	(*b*)	(*a*)	(*d*)	(*b*)	(*d*)	(*d*)	(*d*)	(*d*)	(*a*)
371	**372**	**373**	**374**	**375**	**376**	**377**	**378**	**379**	**380**
(*c*)	(*b*)	(*c*)	(*d*)	(*c*)	(*c*)	(*b*)	(*a*)	(*a*)	(*b*)
381	**382**	**383**	**384**	**385**	**386**	**387**	**388**	**389**	**390**
(*b*)	(*d*)	(*d*)	(*c*)	(*a*)	(*d*)	(*d*)	(*c*)	(*c*)	(*d*)
391	**392**	**393**	**394**	**395**	**396**	**397**	**398**	**399**	**400**
(*a*)	(*a*)	(*a*)	(*c*)	(*c*)	(*d*)	(*c*)	(*c*)	(*d*)	(*b*)
401	**402**	**403**	**404**	**405**	**406**	**407**	**408**	**409**	**410**
(*b*)	(*c*)	(*b*)	(*b*)	(*b*)	(*c*)	(*c*)	(*b*)	(*b*)	(*c*)
411	**412**	**413**	**414**	**415**	**416**	**417**	**418**	**419**	**420**
(*c*)	(*d*)	(*b*)	(*d*)	(*c*)	(*a*)	(*d*)	(*a*)	(*d*)	(*b*)
421	**422**	**423**	**424**	**425**	**426**	**427**	**428**	**429**	**430**
(*d*)	(*d*)	(*c*)	(*b*)	(*c*)	(*d*)	(*a*)	(*c*)	(*a*)	(*b*)
431	**432**	**433**	**434**	**435**	**436**	**437**	**438**	**439**	**440**
(*b*)	(*a*)	(*d*)	(*b*)	(*b*)	(*c*)	(*c*)	(*a*)	(*d*)	(*b*)

441	**442**	**443**	**444**	**445**	**446**	**447**	**448**	**449**	**450**
(*a*)	(*c*)	(*a*)	(*a*)	(*c*)	(*a*)	(*d*)	(*a*)	(*a*)	(*a*)
451	**452**	**453**	**454**	**455**	**456**	**457**	**458**	**459**	**460**
(*a*)	(*b*)	(*d*)	(*b*)	(*d*)	(*c*)	(*d*)	(*c*)	(*d*)	(*b*)
461	**462**	**463**	**464**	**465**	**466**	**467**	**468**	**469**	**470**
(*c*)	(*a*)	(*b*)	(*b*)	(*c*)	(*a*)	(*b*)	(*c*)	(*d*)	(*c*)
471	**472**	**473**	**474**	**475**	**476**	**477**	**478**	**479**	**480**
(*a*)	(*a*)	(*c*)	(*c*)	(*b*)	(*d*)	(*c*)	(*d*)	(*a*)	(*b*)
481	**482**	**483**	**484**	**485**	**486**	**487**	**488**	**489**	**490**
(*b*)	(*c*)	(*c*)	(*b*)	(*d*)	(*a*)	(*a*)	(*b*)	(*c*)	(*c*)
491	**492**	**493**	**494**	**495**	**496**	**497**	**498**	**499**	
(*b*)	(*a*)	(*a*)	(*b*)	(*b*)	(*c*)	(*b*)	(*b*)	(*c*)	

YOUR SPACE

YOUR SPACE

सामान्य ज्ञान/सामान्य सचेतता

इतिहास

1. कैबिनेट मिशन भारत में किस वर्ष आया था?

A. 1946 में B. 1945 में

C. 1942 में D. 1940 में

2. बौद्ध धर्म ने समाज के दो वर्गों को अपने साथ जोड़कर एक महत्त्वपूर्ण प्रभाव छोड़ा, ये वर्ग थे–

A. वणिक एवं पुरोहित

B. साहूकार एवं दास

B. योद्धा एवं व्यापारी

D. स्त्रियाँ एवं शूद्र

3. मुस्लिम लीग की स्थापना किस वर्ष में हुई थी?

A. 1900 में B. 1905 में

C. 1906 में D. 1902 में

4. प्रसिद्ध फारसी त्योहार 'नौरोज़' का प्रवर्तन किसने किया?

A. अलाउद्दीन खिलजी

B. इल्तुतमिश

C. फिरोज़ तुगलक

D. बलबन

5. प्राचीन काल में स्रोत–सामग्री लिखने के लिए प्रयुक्त भाषा थी–

A. संस्कृत B. पाली

C. ब्राह्मी D. खरोष्ठी

6. रोमन साम्राज्य के साथ भारत का व्यापार रोम पर किसके द्वारा आक्रमण के साथ समाप्त हो गया?

A. अरबों द्वारा

B. हंगेरियाइओं द्वारा

C. हूणों द्वारा

D. तुर्कों द्वारा

7. 'आइन–ए–अकबरी' के लेखक हैं–

A. अबुल फज़ल B. अलबरूनी

C. फरिश्ता D. अमीर खुसरो

8. प्रसिद्ध क्रान्तिकारी गीत 'सरफरोशी की तमन्ना अब हमारे दिल में है, ------ की रचना किसने की थी?

A. भगत सिंह

B. खुदीराम बोस

C. चन्द्रशेखर आज़ाद

D. रामप्रसाद बिस्मिल

9. भारत का पहला वायसराय था–

A. लॉर्ड कैनिंग B. लॉर्ड हार्डिंग

C. लॉर्ड डलहौजी D. लॉर्ड एल्गिन

10. शेख निजामुद्दीन औलिया शिष्य थे–

A. शेख अलाउद्दीन साबिर के

B. ख्वाजा मोइनुद्दीन चिश्ती के

C. बाबा फरीद के

D. शेख अहमद सरहिन्दी के

11. निम्नलिखित में से किसके पक्षधर नेहरू थे, किन्तु गाँधीजी नहीं थे?

A. सत्य (Truth)

B. अहिंसा (Non-violence)

C. अस्पृश्यता (Untouchability)

D. भारी औद्योगीकरण (Heavy industrialisation)

12. सर्वेन्ट्स ऑफ इण्डिया सोसाइटी' के संस्थापक कौन थे?
A. मदन मोहन मालवीय
B. सरोजिनी नायडू
C. जस्टिस रानाडे
D. गोपालकृष्ण गोखले

13. तृतीय संगम हुआ था–
A. अरिक्कमेडु में B. एर्नाकुलम में
C. मदुरई में D. तूतीकोरिन में

14. निम्नलिखित में से कौन 'सत्य शोधक समाज' का संस्थापक था?
A. डॉ॰ बी॰ आर॰ अम्बेडकर
B. ज्योतिबा फूले
C. नारायण गुरु
D. रामास्वामी नायकर

15. वस्त्रों के लिए कपास की खेती का आरम्भ सबसे पहले किया गया–
A. मिस्र में B. मेसोपोटामिया में
C. मध्य अमेरिका में D. भारत में

16. चाणक्य अपने बचपन में किस नाम से जाने जाते थे?
A. अजय B. चाणक्य
C. विष्णुगुप्त D. देवगुप्त

17. हड़प्पा संस्कृति के सन्दर्भ में शैलकृत स्थापत्य (Rock cut architecture) के प्रमाण कहाँ से मिले थे?
A. कालीबंगा B. धौलाबीरा
C. कोटदीजी D. आमरी

18. भारत में अंग्रेजों ने प्रथम मदरसा कहाँ स्थापित किया था?
A. मद्रास में B. बम्बई में
C. अलीगढ़ में D. कलकत्ता में

19. गांधी को 'सविनय अवज्ञा' की प्रेरणा किसकी रचनाओं से मिली थी?
A. हेनरी ड़ेविड थोरिउ
B. डेविड रिकार्डो
C. हेनरी किसिंजर
D. बर्ट्रेंड रसेल

20. पाकिस्तान का विचार सबसे पहले किसके मन में आया था?
A. मुहम्मद इकबाल B. एम॰ ए॰ जिन्ना
C. शौकत अली D. आगा खाँ

21. आर्यभट्ट और वराहमिहिर के सुविख्यात नाम किसके युग के साथ सम्बन्धित हैं?
A. गुप्त वंश B. कुषाण वंश
C. मौर्य वंश D. पाल वंश

22. निम्नलिखित में से शिवाजी के धार्मिक गुरु कौन थे?
A. तुकाराम B. रामदास
B. एकनाथ D. ज्ञानदेव

23. बारदोली सत्याग्रह के बाद वल्लभभाई पटेल को 'सरदार' की पद्वी दी गई थी–
A. जवाहरलाल नेहरू द्वारा
B. मोतीलाल नेहरू द्वारा
C. महात्मा गांधी द्वारा
D. मौलाना अबुल कलाम आजाद द्वारा

24. 'सती प्रथा' का उन्मूलन किया था–
A. लॉर्ड रिपन ने
B. वारेन हेस्टिंग्ज ने
C. लॉर्ड कॉर्नवालिस ने
D. विलियम बैंटिंक ने

25. 'रुपया' नामक नया सिक्का पहली बार किसने जारी किया?
A. अलाउद्दीन खिलजी

B. मोहम्मद शाह तुगलक

C. शेरशाह सूरी

D. अकबर

26. मोहनदास करमचंद गांधी को 'महात्मा' किसने कहा था?

A. बाल गंगाधर तिलक

B. मोतीलाल नेहरू

C. जवाहरलाल नेहरू

D. रबीन्द्रनाथ टैगोर

27. 'मोहम्मडन ऐंग्लो–ओरियंटल कॉलेज बाद में बन गया–

A. उस्मानिया विश्वविद्यालय

B. जामिया-मिलिया मुस्लिम विश्वविद्यालय

C. बरकतुल्ला विश्वविद्यालय

D. अलीगढ़ मुस्लिम विश्वविद्यालय

28. भारतीय राष्ट्रीय कांग्रेस ने अपने किस अधिवेशन में 'पूर्ण स्वराज' को अपना लक्ष्य घोषित किया था?

A. लखनऊ, 1916 B. लाहौर, 1929

C. त्रिपुरा, 1939 D. लाहौर, 1940

29. निम्नलिखित गुप्त शासकों में से सर्वप्रथम कौन 'महाराजाधिराज' की उपाधि धारण करने वाला था?

A. श्रीगुप्त B. चन्द्रगुप्त प्रथम

C. समुद्रगुप्त D. चन्द्रगुप्त द्वितीय

30. निम्नलिखित में से किस एक इतिहासकार ने अशोक का इतिहास केवल अभिलेखों (Inscriptions) के आधार पर लिखा है?

A. आर॰ डी॰ भण्डारकर

B. राजबलि पाण्डेय

C. आर॰ सी॰ मजूमदार

D. एन॰ एन॰ घोष

31. निम्नलिखित में से किस नाम से शिवाजी की सलाहकार समिति (Governing Council) को जाना जाता था?

A. मंत्रिपरिषद् B. मंत्रिसभा

C. मंत्रिमण्डल D. अष्टप्रधान

32. निम्नलिखित सुल्तानों में से किस एक ने कृषकों की सहायता के लिए 'पट्टा' एवं 'कबूलियत' की व्यवस्था प्रारम्भ की थी?

A. गियासुद्दीन तुगलक

B. फिरोज तुगलक

B. बहलोल लोदी

D. शेरशाह सूरी

33. 'जात' एवं 'सवार' श्रेणियों के आधार पर मनसबदारों को वर्गों में विभक्त की जाने वाली संख्या थी–

A. दो B. तीन

C. चार D. पाँच

34. निम्नलिखित मुगल बादशाहों में से किस एक ने 'सिजदा' या पाबोस करने की प्रथा को समाप्त कर दिया था?

A. अकबर B. जहाँगीर

C. शाहजहाँ D. औरंगजेब

35. ग्राम प्रशासन में 'स्थानीय उत्तरदायित्व' (Local Responsibility) का सिद्धान्त निम्नलिखित शासकों में से किस एक ने लागू किया?

A. अकबर B. शेरशाह सूरी

C. शाहजहाँ D. दारा शिकोह

36. सफदरजंग के पश्चात् निम्नलिखित में से कौन एक अवध के नवाब बने?

A. सिराजुद्दौला B. शुजाउद्दौला

C. बुरहान-उल-मुल्क D. हैरत खाँ

37. दिल्ली में 'हौज–ए–खास' का निर्माण करवाया था–
A. इल्तुतमिश ने
B. बलबन ने
C. अलाउद्दीन खिलजी ने
D. फिरोजशाह तुगलक ने

38. मुगल वास्तुशिल्प (Mughal architecture) की मुख्य विशेषता है–
A. मेहराब तथा गुम्बज
B. उठे चबूतरों पर बने भवन
C. अत्यधिक सममित अभिन्यास
D. उपर्युक्त सभी

39. शाहजहाँ 'जामा मस्जिद' में प्रवेश करता था–
A. पूर्वी प्रवेशद्वार से
B. पश्चिमी प्रवेशद्वार से
C. दक्षिणी प्रवेशद्वार से
D. उत्तरी प्रवेशद्वार से

40. जीवक किस राजा का राजवैद्य था?
A. प्रद्योत B. उदयन
C. अशोक D. बिम्बिसार

41. किस ग्रंथ में चन्द्रगुप्त मौर्य के लिए 'वृषल' शब्द का प्रयोग किया गया है?
A. ब्राह्मण साहित्य B. जैन साहित्य
C. मुद्राराक्षस D. बौद्ध साहित्य

42. 'इण्डिका' किसकी रचित पुस्तक है?
A. कौटिल्य B. क्षेमेन्द्र
B. मेगस्थनीज D. प्लिनी

43. अशोक के शासनकाल में आयोजित बौद्ध संगीति का अध्यक्ष कौन था?
A. अश्वघोष B. ब्रह्मगुप्त
C. महेन्द्र D. मोगलिपुत्त तिस्स

44. कौन-सी बौद्ध सभा अशोक के शासनकाल में हुई थी?
A. प्रथम बौद्ध सभा
B. द्वितीय बौद्ध सभा
C. तृतीय बौद्ध सभा
D. चतुर्थ बौद्ध सभा

45. गंगा घाटी में धान उत्पादन के प्रमाण किस स्थल से प्राप्त हुए हैं?
A. मेहरगढ़ B. गुफक्राल
C. गुमला D. चिरांद

46. सिन्धुवासियों का मुख्य भोज्य पदार्थ क्या था?
A. गेहूँ और चावल
B. गेहूँ और जौ
C. चावल और जौ
D. उपर्युक्त में से कोई नहीं

47. ऋग्वैदिक आर्यों की भाषा क्या थी?
A. द्रविड़ B. प्राकृत
C. संस्कृत D. देवनागरी

48. 'आर्य' शब्द का शाब्दिक अर्थ है–
A. विद्वान B. श्रेष्ठ
C. योद्धा D. यज्ञ करने वाला

49. वैदिककालीन देवताओं की संख्या थी–
A. 13 B. 23
C. 33 D. 53

50. महाभारत का मौलिक नाम था–
A. बृहद्कथा
B. कथा सरित्सागर
C. जय संहिता
D. राजतरंगिणी

51. जैन धर्म के प्रथम तीर्थंकर कौन थे?
A. महावीर B. पार्श्वनाथ
C. नेमिनाथ D. ऋषभदेव

52. परमार वंश का शक्तिशाली शासक था–

A. मुंज B. भोज

B. उपेन्द्र D. सीयक

53. सिख आंदोलन के प्रवर्तक कहे जाते हैं–

A. दादू दयाल B. गुरु नानक

C. दयाल दास D. राम सिंह

54. अलाउद्दीन का वास्तविक नाम था–

A. हसन देव B. हसन गंगू

C. अहमदशाह D. ताजदार

55. अहमदनगर राज्य का संस्थापक था–

A. अहमद शाह B. मलिक अहमद

C. अहमद प्रथम D. हुसैन शाह

56. इब्नबतूता किसके दरबार में आया था?

A. अलाउद्दीन खिलजी

B. मुहम्मद बिन तुगलक

C. कृष्णदेव राय

D. बलबन

57. विजयनगर के कृष्णदेव राय का राजकवि था–

A. नन्दी तिम्मन

B. अल्लसनी पेद्दन्ना

C. धूर्जटी

D. भट्टमूर्ति

58. 'शक्ति' समाचार-पत्र का प्रकाशन कब आरम्भ हुआ?

A. 15 सितम्बर, 1918 को

B. 15 अक्टूबर, 1921 को

C. 22 अक्टूबर, 1921 को

D. 15 अक्टूबर, 1918 को

59. बौद्ध संघों के आचरण के नियमों का संकलन निम्नलिखित में से किस ग्रन्थ में मिलता है?

A. विनयपिटक B. सुत्तपिटक

C. अभिधम्मपिटक D. अंगुत्तर निकाय

60. निम्नलिखित में से किस शासक ने अपने सिक्कों पर शाक्यमुनि बुद्ध की आकृति अंकित करवाई थी?

A. अशोक B. विम कडफिसस

C. कनिष्क D. हर्षवर्द्धन

61. किसने समुद्रगुप्त को 'भारत का नेपोलियन' कहा?

A. डॉ॰ आर॰ सी॰ मजूमदार

B. डॉ॰ वी॰ ए॰ स्मिथ

C. डॉ॰ एच॰ सी॰ रायचौधरी

D. डॉ॰ के॰ पी॰ जायसवाल

62. चन्द्रगुप्त II ने 'विक्रमादित्य' की उपाधि कब धारण की?

A. शकों के उन्मूलन के बाद

B. अपने समस्त विजय अभियानों के बाद

B. अपने विवाह के बाद

D. उपर्युक्त सभी के बाद

63. मेहरौली स्तम्भलेख किस शासक से सम्बन्धित है?

A. चन्दगुप्त II B. चन्द्रगुप्त मौर्य

C. चन्द्रगुप्त I D. समुद्रगुप्त

64. चोल शासक किस धर्म के अनुयायी थे?

A. वैष्णव B. शैव

C. जैन D. बौद्ध

65. हर्षवर्द्धन पराजित हुआ था–

A. शशांक से

B. रामपाल से

C. पुलकेशिन II से

D. प्रवरसेन से

66. एलोरा का कैलाश मन्दिर किस वंश के शासक ने बनवाया था?

A. राष्ट्रकूट वंश B. चोल वंश

C. पल्लव वंश D. चालुक्य वंश

67. बंगाल में द्वैध शासन का अन्त कब हुआ?

A. सन् 1771 ई॰ में

B. सन् 1772 ई॰ में

C. सन् 1773 ई॰ में

D. सन् 1774 ई॰ में

68. मार्च, सन् 1602 ई॰ में किस व्यापारिक कम्पनी की स्थापना हुई थी?

A. ब्रिटिश कम्पनी

B. ईस्ट–इंडिया कम्पनी

C. डच संयुक्त कम्पनी

D. उपर्युक्त में से कोई भी नहीं

69. सन् 1857 ई॰ में स्वामी विवेकानन्द ने रामकृष्ण मठ की स्थापना कहाँ पर की थी?

A. वाराणसी में B. बारानगर में

C. वेल्लूर में D. मद्रास में

70. 'श्रीमद्भागवत् गीता' का अंग्रेजी अनुवाद किस ब्रिटिश प्रशासक ने किया था?

A. विलियम जोन्स ने

B. विलकिन्सन ने

C. मैथ्यू लायड ने

D. रैम्जे मैक्डोनाल्ड ने

71. 'खिलाफत आन्दोलन' किसने प्रारम्भ किया था?

A. मुहम्मद अली ने

B. शौकत अली ने

C. हसरत मोहानी ने

D. A व B दोनों ने

72. भारत में स्त्रियों की शिक्षा की अनुमति किसने दी थी?

A. डलहौजी ने

B. विलियम बैंटिंक ने

B. हार्डिंग प्रथम ने

D. एलनबेरा ने

73. मैक्सवेल–ब्रुमफील्ड जाँच का सम्बन्ध किस आन्दोलन से है?

A. मोपला विद्रोह

B. नील आन्दोलन

C. पाबना विद्रोह

D. बारदोली सत्याग्रह

74. मृत्यु के उपरान्त कुतुबुद्दीन ऐबक को दफनाया गया था–

A. रावलपिण्डी में B. इस्लामाबाद में

C. लाहौर में D. दिल्ली में

75. बीदर का संस्थापक था–

A. अली बरीद

B. बरीद शाह

C. शाह बीदर

D. उपर्युक्त में से कोई नहीं

भूगोल

76. प्रसिद्ध 'गिर अभयारण्य' कहाँ स्थित है?

A. मैसूर में B. कश्मीर में

C. गुजरात में D. केरल में

77. वाणिज्यिक स्तर पर रबड़ का उत्पादन भारत के निम्नलिखित में से किस राज्य-समूह में होता है?

A. महाराष्ट्र–गुजरात–मध्य प्रदेश

B. केरल–तमिलनाडु–कर्नाटक

C. सिक्किम–अरुणाचल प्रदेश–नगालैण्ड

D. ओडिशा–मध्य प्रदेश–महाराष्ट्र

78. सूर्य का पृष्ठीय तापमान आँका गया है–

A. 6000 °C B. 12000 °C
C. 18000 °C D. 24000°C

79. भारत का मानक समय ग्रीनविच माध्य समय से–

A. 5½ घंटे आगे है
B. 4½ घंटे पीछे है
C. 4 घंटे आगे है
D. 5½ घंटे पीछे है

80. काले वन पाए जाते हैं–

A. फ्रांस में
B. जर्मनी में
C. चेकोस्लोवाकिया में
D. रोमानिया में

81. पृथ्वी अपने अक्ष पर कितनी आनति पर घूमती है?

A. $23\frac{1^\circ}{2}$ B. $22\frac{1^\circ}{2}$
C. $21\frac{1^\circ}{2}$ D. 20°

82. नाथूला दर्रा किस राज्य में स्थित है?

A. असम में
B. अरुणाचल प्रदेश में
C. सिक्किम में
D. मेघालय में

83. कुछ पौधों के बीज अंकुरित नहीं हो पाते यदि वे फल-भक्षी पक्षियों के पाचन क्षेत्र से न गुज़रें, इसका कारण है–

A. शीतनिष्क्रियता
B. बीज आवरण अपारगम्यता
C. अनुर्वरता
D. कायिक जनन

84. गन्ने में सुक्रोस की मात्रा कम हो जाती है–

A. यदि पादप की वृद्धि की अवधि के दौरान भारी वर्षा हो जाए
B. यदि पकने की अवधि के दौरान पाला पड़ जाए
C. यदि पादप की वृद्धि की अवधि के दौरान तापमान में उतार-चढ़ाव हो
D. यदि पकने के समय के दौरान उच्च तापमान हो

85. वायुमंडलीय दाब में सहसा पतन किस बात का संकेत है?

A. साफ मौसम का
B. तूफान का
C. वर्षा का
D. शीतल मौसम का

86. निम्नलिखित में से पृथ्वी ग्रह पर कहाँ पर कोई अपकेन्द्र बल नहीं होता है?

A. भूमध्य रेखा पर
B. कर्क रेखा पर
C. ध्रुवों पर
D. मकर रेखा पर

87. निम्नलिखित नदियों में से किनके स्त्रोत बिन्दु लगभग एक ही हैं?

A. ब्रह्मपुत्र और गंगा
B. ताप्ती और व्यास
C. ब्रह्मपुत्र और सिंधु
D. सिंधु और गंगा

88. किसी जगह का स्थानीय समय 6.00 प्रातः है, जबकि ग्रीनविच मीन टाइम (जी. एम. टी.) 3.00 प्रातः है, उस जगह की देशान्तर रेखा क्या होगी?

A. 45° पश्चिम B. 45° पूर्व

C. 120° पूर्व D. 120° पश्चिम

89. 'मरुस्थल की राजधानी' किसे कहते हैं?

A. उदयपुर B. जयपुर

C. पालामऊ D. जैसलमेर

90. निम्नलिखित भारतीय नदियों में से कौन इस्चुअरी बनाती है?

A. गोदावरी B. कावेरी

C. ताप्ती D. महानदी

91. भारत का निम्नलिखित में से कौन-सा क्षेत्र उच्च तीव्रता की भूकम्पीय मेखला में नहीं आता है?

A. उत्तराखंड B. कर्नाटक पठार

C. कच्छ D. हिमाचल प्रदेश

92. निम्नलिखित भारतीय द्वीपों में से कौन-सा द्वीप भारत एवं श्रीलंका के मध्य में है?

A. एलीफेन्टा B. निकोबार

C. रामेश्वरम् D. सलसेत

93. भारत के किस राज्य में मानसून का आगमन सबसे पहले होता है?

A. असोम B. पश्चिम बंगाल

C. महाराष्ट्र D. केरल

94. चूना पत्थर की चट्टान कायान्तरित हो जाती है तब बनती है–

A. ग्रेफाइट B. क्वार्ट्जाइट

C. ग्रेनाइट D. संगमरमर

95. रिफ्ट घाटी निम्नलिखित में से किसका परिणाम है?

A. भूकम्प B. वलन

C. अपरदन D. उपरोक्त सभी

96. मेट्टूर बाँध किस नदी पर बना है?

A. कृष्णा B. कावेरी

C. नर्मदा D. महानदी

97. महेन्द्र गिरि चोटी स्थित है–

A. पूर्वी घाट B. पश्चिमी घाट

C. शिवालिक D. विंध्याचल

98. विख्यात दिलवाड़ा मन्दिर कहाँ स्थित है?

A. मध्य प्रदेश B. महाराष्ट्र

C. गुजरात D. राजस्थान

99. जो नदी डेल्टा का निर्माण नहीं करती है, वह है–

A. महानदी B. ताप्ती

C. कृष्णा D. कावेरी

100. नाथपा झाकरी विद्युत् परियोजना कहाँ स्थित है?

A. उत्तराखंड

B. अरुणाचल प्रदेश

C. हिमाचल प्रदेश

D. आंध्र प्रदेश

101. 'संसार की छत' किसे कहते हैं?

A. इंदिरा स्थल B. कंचनजंगा

C. पामीर नॉट D. इंदिरा कोल

102. गीजर, एक जल–स्रोत होता है, जो–

A. निरंतर जल फेंकता है

B. रुक-रुककर जल फेंकता है

C. नियमित अंतरालों पर जल और वाष्प फेंकता है

D. केवल भाप फेंकता है

103. भूमंडलीय जलवायु परिवर्तन का मुख्य कारण है–

A. वायुमण्डल में कार्बन डाइऑक्साइड की मात्रा में वृद्धि

B. औद्योगिक गैसों का उत्सर्जन

C. धूल में वृद्धि

D. पादप आवरण में परिवर्तन

104. अंकलेश्वर और कलोल दो तेल क्षेत्र हैं–

A. महाराष्ट्र में B. असोम में

C. गुजरात में D. राजस्थान में

105. भारत का एकमात्र सक्रिय (Active) ज्वालामुखी है–

A. विसूवियस B. एटना

C. बैरन आइलैंड D. स्ट्राम्बोली

106. जेट जैसे बड़े हवाई जहाज वायुमण्डल (Atmosphere) के निम्नलिखित भागों में से किस एक में प्रायः उड़ते हैं?

A. ट्रोपोस्फियर B. स्ट्रेटोस्फियर

C. आइनोस्फियर D. एक्सोस्फियर

107. चीन के निम्नलिखित भागों में कहाँ शहतूत के वृक्ष मुख्यतः सिल्क उत्पादन के लिए उगाए जाते हैं?

A. ह्वांगहो बेसिन

B. सिक्यांग घाटी

C. मंचूरिया का मैदान

D. यांग्टजी डेल्टा

108. पश्चिमी घाटों के मालाबार तट पर स्थित माहे निम्नलिखित में से किसका भाग है?

A. केरल B. महाराष्ट्र

C. पुडुचेरी D. तमिलनाडु

109. सागरीय खाई के आधार से लगभग 45° कोण पर, स्थलमण्डल से दुर्बलतामण्डल तक विस्तृत भूकम्पीय क्षेत्र क्या कहलाता है?

A. एप्लीटोन परत

B. बेनिऑफ क्षेत्र

C. कोनार्ड असंतति

D. अभिसरण क्षेत्र

110. निम्नलिखित में से कौन-सा मानवजातीय वर्ग मंगोलॉयड में समाविष्ट नहीं है?

A. यकुत

B. सैमोइड

C. उत्तरी अमेरिका के रेड इण्डियन्स

D. बन्टू

111. निम्नलिखित नदियों में से कौन-सी एक अग्रवर्धी डेल्टा बनाती है?

A. मिसीसिपी B. नाइजर

C. नील D. टिबर

112. निम्नलिखित पारिस्थितिक तंत्र के प्रकारों में से कहाँ शुद्ध वनस्पति उत्पादन की वार्षिक औसत दर अधिकतम है?

A. शीतोष्ण घासस्थल

B. सवाना

C. शंकुधारी वन

D. शीतोष्ण वन

113. निम्नलिखित में से किसके कारण उष्णकटिबन्धीय चक्रवात भूमध्य रेखा के निकट नहीं आते हैं?

A. क्षीण कॉरिओलिस बल

B. हल्की तथा परिवर्ती पवनें

C. अत्यधिक आर्द्रता

D. संवहनी क्रिया

114. निम्नलिखित पर्यावरणीय प्रदूषकों में से कौन-सा अम्ल वर्षा होने का प्रमुख कारक है?
A. कार्बन डाइऑक्साइड
B. हाइड्रोजन परऑक्साइड
C. कार्बन मोनोऑक्साइड
D. सल्फर डाइऑक्साइड

115. निम्नलिखित में से कौन-सा प्रथम वैज्ञानिक भूगोलवेत्ता था जिसने ठोस सिद्धान्तों पर विषवुत् रेखा की लम्बाई का पता लगाया?
A. हेरोडोटस B. हिकेटियस
C. एनाक्जीमेण्डर B. इराटोस्थनीज

116. कैरीबू क्या प्रदान करता है?
A. मांस और चमड़ा
B. मांस, दुग्ध और असिकुड़नशील ऊन
C. मांस और (समूर) फर
D. मांस और ईंधन के लिए चरबी

117. मत्स्योत्पादन का प्रमुख क्षेत्र डॉगर बैंक (Dogger Bank) कहाँ स्थित है?
A. उत्तरी प्रशान्त महासागर
B. दक्षिण प्रशान्त महासागर
C. उत्तरी सागर
D. दक्षिणी अटलांटिक महासागर

118. डयाक (Dayak) नामक मानवजातीय वर्ग कहाँ रहता है?
A. बाली
B. बोर्नियो
C. टेंग्गारा सुण्डा द्वीपसमूह
D. पश्चिमी तिमोर

119. मृत सागर कहाँ स्थित है?
A. रिफ्ट घाटी में
B. अंतरापर्वतीय पठार में
C. अंतरापर्वतीय मैदान में
D. गंभीर खड्ड (कैनियन) में

120. ओजोन पर्त अवस्थित है–
A. क्षोभमंडल में
B. समतापमंडल में
C. क्षोभसीमा में
D. प्रकाश मंडल में

121. शीतोष्ण चक्रवात निम्नलिखित में से किसके द्वारा अभिलक्षित होते हैं?
A. वाताग्र
B. अपसारी पवन (Diverging Winds)
C. शुष्क पवन
D. उष्ण पवन

122. निम्न में से कौन-सी नदी समुद्र में नहीं मिलती है?
A. गंगा B. गोदावरी
C. नर्मदा D. यमुना

123. निम्नलिखित में से कौन-सा युग्म सही सुमेलित नहीं है?

A.	शिकागो	मिशिगन झील
B.	क्लेवलैण्ड	ईरी झील
C.	डेट्रायट	सुपीरियर झील
D.	टोरोन्टो	ओन्टारियो झील

124. निम्नलिखित क्षेत्र में कौन-सा द्वीप पॉलिनेशियाई क्षेत्र में अन्तर्विष्ट नहीं है?
A. न्यूजीलैंड B. तिमोर
C. टोंगा द्वीप D. तुवालु

125. निम्नलिखित में से किस देश में प्रति व्यक्ति कृषि योग्य भूमि अधिकतम है?
A. जर्मनी
B. नार्वे
C. स्वीडन
D. यूनाइटेड किंगडम

126. मानसून निवर्तन से अधिकतम वर्षा कहाँ पर होती है?
A. मुंबई B. दिल्ली
C. चेन्नई D. कोलकाता

127. दस डिग्री चैनल पृथक् करता है–
A. अंडमान को निकोबार द्वीपों से
B. अंडमान को म्यांमार से
C. भारत को श्रीलंका से
D. लक्षद्वीप को मालदीव से

128. दक्षिणी अमेरिका का चौड़ा वृक्षरहित घास का मैदान कहलाता है–
A. सेल्वा B. पम्पास
C. प्रेयरी D. स्टेपीज

129. मोना लोआ एक सक्रिय ज्वालामुखी (Active Volcano) है–
A. अलास्का का B. हवाई द्वीप का
C. इटली का D. जापान का

130. संयुक्त राज्य अमेरिका में निम्नलिखित में से किस क्षेत्र को 'टॉरनैडो ऐली' कहा जाता है?
A. अटलांटिक समुद्रतट
B. प्रशान्त तट
C. मिसीसिपी मैदान
D. अलास्का

131. मृतक घाटी जानी जाती है, इसकी–
A. अत्यधिक उष्णता के लिए
B. अत्यधिक ठंड के लिए
C. असामान्य गहराई के लिए
D. अत्यधिक लवणता के लिए

132. रेडियो तरंगों का परावर्तन करने वाली वायुमण्डलीय परत को क्या कहते हैं?
A. ओजोनमण्डल B. आयनमण्डल
C. समतापमण्डल D. मध्यमण्डल

133. पृथ्वी पर सबसे गहरा पृष्ठ गर्त (Surface depression) है–
A. कुरील खाई
B. मेरियाना खाई
C. टोंगा-करमाडेक खाई
D. बेन्टले अधोहिमानी (Subglacial)

134. शैल (Shale) का कायांतरण निम्नलिखित में से किस शैल में होता है?
A. ग्रेफाइट B. नाइस
C. मार्बल D. स्लेट

135. उष्ण मरुस्थल प्रायः कहाँ पाए जाते हैं?
A. कर्क रेखा तथा मकर रेखा के पूर्वी उपांतों पर
B. कर्क रेखा तथा मकर रेखा के पश्चिमी उपांतों पर
C. विषुवत् रेखा के निकट
D. महाद्वीपों के मध्य में

136. उत्तरी गोलार्द्ध की अपेक्षा दक्षिणी गोलार्द्ध में शीतकाल अधिक सख्त क्यों होता है?
A. उत्तरी गोलार्द्ध में पृथ्वी सूर्य की ओर झुकी हुई है
B. उत्तरी गोलार्द्ध को सूर्य का प्रकाश अधिक मिलता है
C. दक्षिणी गोलार्द्ध में प्लावी हिमशैल (Iceberg) की सक्रियता अधिक है
D. दक्षिणी गोलार्द्ध में आबादी कम है

137. कन्याकुमारी निम्नलिखित में से कहाँ स्थित है?
A. केरल B. तमिलनाडु
C. कर्नाटक D. ओडिशा

138. विश्व का सबसे बड़ा महाद्वीप (Largest Continent) है–
A. उत्तरी अमेरिका
B. दक्षिणी अमेरिका
C. एशिया
D. यूरोप

139. पृथ्वी का भूमध्यरेखीय व्यास (Equatorial Diameter) (किमी में) है–
A. 12700 B. 12756
C. 11752 D. 13700

140. रेगिस्तान में वनरोपण (Afforestation) में बाधा है–
A. कम वर्षा
B. उर्वरता विहिन (Unfertility) मृदा
C. वृक्षों का रोपण
D. चरने वाले (Grazing) पशु

141. उत्पादन की दृष्टि से भारत का प्रमुख खाद्यान्न है–
A. बाजरा (Millet)
B. मक्का (Maize)
C. चावल (Rice)
D. गेहूँ (Wheat)

142. कौन-सा पवन हिमभक्षी कहलाता है?
A. चिनूक B. हरमट्टन
C. बीरा D. सिरोक्को

143. निम्नलिखित में से किस देश में ग्रीष्म ऋतु में दिन सबसे बड़ा होता है?
A. भारत B. नार्वे
C. नाइजीरिया D. जायरे

144. मैक्सिको की खाड़ी क्षेत्र का उष्णकटिबन्धीय चक्रवात कहलाता है–
A. टाइफून B. चक्रवात
C. टोरनेडो D. हरिकेन

145. निम्नलिखित में से किस समुद्र में सर्वाधिक लवणता पाई जाती है?
A. लाल सागर
B. जापान सागर
C. इंगलिश चैनल
D. कैलीफोर्निया की खाड़ी

146. भूकम्प से उत्पन्न वृहत् समुद्री तरंग को कहते हैं–
A. नूनाटक B. सुनामी
C. पिंगो D. ड्रिफ्ट

147. गांधीसागर बाँध किस नदी पर स्थित है?
A. नर्मदा B. चम्बल
C. तवा D. सोन

148. भारत में सर्वाधिक वर्षा वाला स्थान मासिनराम निम्नलिखित में से किस राज्य में है?
A. असोम B. अरुणाचल प्रदेश
C. मिजोरम D. मेघालय

149. निम्नलिखित में खरीफ की फसल है–
A. गेहूँ B. चना
C. चावल D. तरबूज

150. निम्नलिखित में से कौन-सा प्रमुख जूट उत्पादक राज्य है?
A. उत्तर प्रदेश B. हिमाचल प्रदेश
C. कर्नाटक D. पश्चिम बंगाल

भारतीय राजव्यवस्था एवं संविधान

151. गांधीजी से दक्षिण अफ्रीका में मिलने के लिए निम्नलिखित में से कौन गया था?
A. बाल गंगाधर तिलक
B. वल्लभभाई पटेल
C. गोपालकृष्ण गोखले
D. जवाहरलाल नेहरू

152. भारत की संविधान सभा का संवैधानिक सलाहकार कौन था?
A. डॉ. राजेन्द्र प्रसाद
B. डॉ. बी. आर. अम्बेडकर
C. सर बी. एन. राव
D. श्री के. एम. मुंशी

153. स्वतंत्र भारत की लोकसभा का पहला अध्यक्ष कौन था?
A. हुकमसिंह
B. बलिराम भगत
C. रवि राय
D. जी॰ वी॰ मावलंकर

154. भारतीय संविधान में कितने मौलिक कर्त्तव्य शामिल किए गए हैं?
A. नौ B. दस
C. ग्यारह D. बारह

155. भारतीय संविधान के अनुसार, संसद के दोनों सदनों का अधिवेशन एक वर्ष में कम-से-कम कितनी बार बुलाना जरूरी है?
A. चार बार B. तीन बार
C. दो बार D. एक बार

156. उच्च न्यायालय में अपील की जा सकती है, यदि सत्र न्यायालय ने दण्ड दिया हो–
A. एक वर्ष या अधिक का
B. दो वर्ष या अधिक का
C. तीन वर्ष या अधिक का
D. उपर्युक्त सभी

157. भारत का उपराष्ट्रपति होता है–
A. लोक सभा का अध्यक्ष
B. राज्य सभा का पदेन अध्यक्ष
C. राष्ट्राध्यक्ष
D. शासनाध्यक्ष

158. कलकत्ता विश्वविद्यालय किस शैक्षिक रिपोर्ट के माध्यम से अस्तित्व में आया था?
A. मैकाले का कार्यवृत्त
B. हंटर आयोग
C. चार्टर अधिनियम
D. वुड का डिस्पैच

159. छः वर्ष की आयु से 14 वर्ष की आयु के बीच के सभी बच्चों (शिशुओं) को शिक्षा का अधिकार–
A. राज्य के नीति निर्देशक सिद्धान्तों में सम्मिलित है
B. मूल अधिकार है
C. सांविधिक अधिकार है
D. उपर्युक्त में से कोई नहीं

160. निम्नलिखित में से कौन-सा एक प्रस्ताव भारत में मंत्रिपरिषद् रख सकती है?
A. अविश्वास प्रस्ताव (No-confidence Motion)
B. भर्त्सना प्रस्ताव (Censure Motion)
C. स्थगन प्रस्ताव (Adjournment Motion)
D. विश्वास प्रस्ताव (Confidence Motion)

161. निम्नलिखित में से कौन-सा एक व्यय भारत की संचित निधि पर भारित **नहीं** है?
A. भारत के राष्ट्रपति का वेतन तथा भत्ते
B. भारत के उप-राष्ट्रपति का वेतन तथा भत्ते
C. भारत के उच्चतम न्यायालय के न्यायाधीशों के वेतन तथा भत्ते
D. लोक सभा अध्यक्ष का वेतन तथा भत्ते

162. संसद द्वारा संकटकाल की घोषणा का अनुमोदन कितनी अवधि के अन्तराल में होना आवश्यक है?

A. 14 दिन B. 1 माह
C. 3 माह D. 6 माह

163. निम्न में से कौन-सी संवैधानिक संस्था नहीं है?

A. संघ लोक सेवा आयोग
B. वित्त आयोग
C. नीति आयोग
D. चुनाव आयोग

164. भारत के उपराष्ट्रपति के पास निम्न में से एक पद भी होता है–

A. वित्त आयोग का अध्यक्ष
B. राज्यसभा का सभापति
C. नीति आयोग का अध्यक्ष
D. विशेषाधिकार समिति का अध्यक्ष

165. भारत में सम्पत्ति का अधिकार है–

A. मूल अधिकार
B. विधिक (Legal) अधिकार
C. संवैधानिक (Constitutional) अधिकार
D. उपर्युक्त में से कोई नहीं

166. किस अधिनियम के द्वारा मुसलमानों को पृथक् निर्वाचन का अधिकार दिया गया था?

A. इंडियन कौंसिल एक्ट, 1909
B. भारत शासन अधिनियम, 1915
C. भारत शासन अधिनियम, 1919
D. भारत शासन अधिनियम, 1935

167. सूचना का अधिकार अधिनियम, 2005 लागू होता है–

A. सम्पूर्ण भारत वर्ष में
B. जम्मू-कश्मीर के अतिरिक्त सम्पूर्ण भारत में
C. जम्मू-कश्मीर और पंजाब के अतिरिक्त सम्पूर्ण भारत में
D. उपर्युक्त में से कोई नहीं

168. वैट (VAT) सम्बन्धित है–

A. बैंकिंग सेवा से
B. व्यापार कर प्रणाली से
C. जीवन बीमा से
D. उपर्युक्त में से कोई नहीं

169. राष्ट्रपति द्वारा लोकसभा में कितने सदस्य मनोनीत किए जाते हैं?

A. 1 B. 2
C. 10 D. 12

170. 'शिक्षा का अधिकार' एक मूल अधिकार है–

A. अनुच्छेद 14 में
B. अनुच्छेद 19 में
C. अनुच्छेद 22 में
D. अनुच्छेद 21-A में

171. भारतीय संविधान में अस्पृश्यता उन्मूलन से सम्बन्धित अनुच्छेद है–

A. अनुच्छेद 17 B. अनुच्छेद 15
C. अनुच्छेद 16 D. अनुच्छेद 18

172. राष्ट्रीय ग्रामीण रोजगार गारंटी अधिनियम, 2005 वर्ष में कितने दिन के रोजगार की गारंटी के विधिक अधिकार का उपबन्ध करता है?

A. 125 दिन B. 150 दिन
C. 100 दिन D. 183 दिन

173. वित्त आयोग में होते हैं–

A. एक अध्यक्ष और चार सदस्य
B. पाँच सदस्य
C. एक अध्यक्ष और तीन सदस्य
D. एक अध्यक्ष और सात सदस्य

174. आपराधिक दायित्व से उन्मुक्ति के लिए बच्चे की आयु कितनी होनी चाहिए?

A. 10 वर्ष से कम
B. 7 वर्ष से कम
C. 8 वर्ष से कम
D. 14 वर्ष से कम

175. निम्न लेख (रिट) के मामले में पूर्व न्याय का सिद्धान्त लागू नहीं होता है–

A. बन्दी-प्रत्यक्षीकरण में
B. उत्प्रेषण में
C. परमादेश में
D. अधिकार-पृच्छा में

176. हिन्दू विवाह अधिनियम, 1955 में प्रयुक्त 'हिन्दू' शब्द में निम्नांकित में से कौन सम्मिलित नहीं है?

A. सिख B. जैन
C. पारसी D. बौद्ध

177. राज्यसभा में राष्ट्रपति द्वारा कितने सदस्य नामजद किए जाते हैं?

A. 12 B. 15
C. 10 D. 20

178. भारत की संसदीय-प्रणाली किस देश से ली गई है?

A. अमेरिका B. ब्रिटेन
C. ऑस्ट्रेलिया D. आयरलैंड

179. संविधान के अन्तर्गत बंदी प्रत्यक्षीकरण समादेश जारी करने का अधिकार किसमें निहित है?

A. केवल उच्च न्यायालय
B. केवल उच्चतम न्यायालय
C. उच्च तथा उच्चतम न्यायालय दोनों
D. जनपद न्यायालय तथा उनके ऊपर के सभी न्यायालय

180. केन्द्रीय करों में राज्यों के हिस्से का निर्णय कौन करता है?

A. वित्त आयोग B. नीति आयोग
C. चुनाव आयोग D. वित्त मंत्रालय

181. भारतीय संविधान के किस अनुच्छेद में भारतीय नागरिकों के मूल कर्त्तव्य शामिल हैं?

A. अनुच्छेद 50 क
B. अनुच्छेद 50 ख
C. अनुच्छेद 51 क
D. अनुच्छेद 51 ख

182. निम्नलिखित में से किस देश ने 'प्रत्यक्ष लोकतंत्र' लागू किया है?

A. रूस B. भारत
C. फ्रांस D. स्विट्जरलैण्ड

183. निम्नलिखित में से कौन-सा 'मूल अधिकार' नहीं है?

A. समता का अधिकार
B. सम्पत्ति का अधिकार
C. स्वतंत्रता का अधिकार
D. संवैधानिक उपचारों का अधिकार

184. हमारे संविधान में मूल अधिकार कहाँ के संविधान द्वारा प्रेरित हैं?

A. संयुक्त राज्य अमेरिका
B. यूनाइटेड किंगडम
C. स्विट्जरलैंड
D. कनाडा

185. भारतीय गणतंत्र का वह कौन-सा राष्ट्रपति था जो सदा भारतीय धर्मनिरेपक्षता को 'सर्वधर्म समभाव' कहता रहा?

A. डॉ॰ एस॰ राधाकृष्णन
B. डॉ॰ जाकिर हुसैन
C. डॉ॰ राजेन्द्र प्रसाद
D. ज्ञानी जैल सिंह

186. आधुनिक भारत में स्थानीय स्वशासन का जनक सामान्यतया किसे माना जाता है?
A. रिपन B. मेयो
C. लिटन D. कर्जन

187. भारत सरकार का प्रमुख विधि अधिकारी कौन है?
A. भारत के मुख्य न्यायाधीश
B. उच्चतम न्यायालय के पंजीयक
C. भारत के विधि मंत्री
D. भारत के महान्यायवादी

188. राष्ट्रीय ग्रामीण स्वास्थ्य मिशन का शुभारम्भ हुआ था–
A. 15 अगस्त, 2002 में
B. 31 मार्च, 2003 में
C. 18 जून, 2004 में
D. 12 अप्रैल, 2005 में

189. राज्य की संचित निधि का संचालन करता है–
A. राज्य का मुख्यमंत्री
B. राज्य का राज्यपाल
C. राज्य का वित्त मंत्री
D. उपर्युक्त में से कोई नहीं

190. भारतीय संविधान के किस अनुच्छेद में प्रेस की स्वतंत्रता दी गई है?
A. 14 B. 25
C. 21 A D. 19 (1)

191. लोकसभा में राज्यों को किस आधार पर सीटें आवंटित होती हैं?
A. जनसंख्या B. क्षेत्रफल
C. गरीबी D. भाषा

192. ''वन्दे मातरम्' गीत किसने लिखा है?
A. रवीन्द्रनाथ टैगोर
B. रामधारी सिंह दिनकर
C. सरोजिनी नायडू
D. बंकिम चन्द्र चटर्जी

193. भारतीय संविधान के किस अनुच्छेद में अनुसूचित जनजातियों के लिए राष्ट्रीय आयोग का प्रावधान है?
A. 338 A B. 341
C. 16 D. 82

194. भारत में पंचायतीराज का आरम्भ किस वर्ष में हुआ था?
A. 1957 B. 1952
C. 1959 D. 1951

195. पंचायत के द्वारा कौन-सा कर वसूला जाता है?
A. स्थानीय मेलों पर कर
B. बिक्री कर
C. भू-राजस्व
D. पंचायत कर

196. निम्नलिखित में से किस राज्य ने सर्वप्रथम पंचायती राज प्रणाली लागू की?
A. राजस्थान B. महाराष्ट्र
C. बिहार D. उत्तर प्रदेश

197. संघ सरकार की कार्यपालिका शक्ति का वास्तविक उपभोग कौन करता है?
A. राष्ट्रपति B. मंत्रिमण्डल
C. प्रधानमंत्री D. संसद

198. भारत में समस्त राजनीतिक सत्ता का स्रोत है–
A. लोक सभा B. राज्य सभा
C. संविधान D. जनता

199. राष्ट्रीय बाल नीति कब घोषित की गई?
A. 1987 B. 1989
C. 1993 D. 1994

200. कमजोर वर्गों के लिए भारतीय संविधान में आरक्षण का प्रावधान किस अनुच्छेद के तहत् किया गया है?

A. अनुच्छेद-16 B. अनुच्छेद-17

C. अनुच्छेद-19 D. अनुच्छेद-21

201. भारतीय संविधान में आर्थिक नियोजन को किस सूची के विषय के रूप में स्थान दिया गया है?

A. केन्द्र सूची

B. राज्य सूची

C. समवर्ती सूची

D. इनमें से कोई नहीं

202. राष्ट्रीय ग्रामीण विकास संस्थान कहाँ पर स्थित है?

A. लखनऊ B. शिमला

C. हैदराबाद D. मैसूर

203. भारतीय संविधान सभा ने सर्वप्रथम किसे अपना स्थायी अध्यक्ष चुना?

A. डॉ० सच्चिदानंद सिन्हा

B. डॉ० राधाकृष्णन

C. डॉ० राजेन्द्र प्रसाद

D. डॉ० भीमराव अम्बेडकर

204. NDC (राष्ट्रीय विकास परिषद्) का अध्यक्ष होता है–

A. राष्ट्रपति B. उपराष्ट्रपति

C. प्रधानमंत्री D. गृहमंत्री

205. कोठारी आयोग सम्बन्धित है–

A. सेना

B. शिक्षा

C. केन्द्र-राज्य सम्बन्ध

D. धर्मनिरपेक्षता

206. भारतीय राज्य मुख्यतः किस आधार पर गठित किए गए हैं?

A. भौगोलिक स्थिति

B. भाषा

C. प्रशासन की सहूलियत

D. आर्थिक स्थिति

207. पंचायती राज का मुख्य उद्देश्य क्या है?

A. कृषि उत्पादन को बढ़ाना

B. रोजगार बढ़ाना

C. लोगों की राजनीतिक जागरूकता को बढ़ाना

D. लोगों को विकासमूलक प्रशासन में भागीदारी के योग्य बनाना

208. मूलतः पंचायतीराज व्यवस्था किसकी सिफारिश पर आधारित थी?

A. बलवंत राय मेहता समिति

B. सरकारिया आयोग

C. पी वी के राव समिति

D. अशोक मेहता समिति

209. "समान कार्य के लिए समान वेतन" भारत के संविधान में सुनिश्चित किया गया एक–

A. मौलिक अधिकार (Fundamental Rights) है

B. राज्य के नीति-निर्देशक सिद्धान्तों का अंग है

C. मौलिक कर्त्तव्य (Fundamental Duties) है

D. आर्थिक अधिकार (Economic Rights) है

210. निम्नलिखित कथनों पर विचार कीजिए–

1. भारत की संविधान सभा ने राष्ट्रीय ध्वज का प्रारूप 22 जुलाई, 1947 को अपनाया था।

2. राष्ट्रीय ध्वज के बीच चक्र में 21 तीलियाँ (Spokes) हैं।
3. राष्ट्रीय ध्वज की चौड़ाई–लम्बाई का अनुपात 3 : 5 है।

उपर्युक्त कथनों में से कौन-सा/से सही है/हैं?

A. 1 तथा 2 B. केवल 1
C. 2 तथा 3 D. केवल 2

211. भारतीय संसद बनती है–

A. केवल लोक सभा के द्वारा
B. लोक सभा और राष्ट्रपति के द्वारा
C. राज्य सभा और लोक सभा के द्वारा
D. लोक सभा, राज्य सभा एवं राष्ट्रपति के द्वारा

212. निम्न में से किस एक की अध्यक्षता ऐसे व्यक्ति के द्वारा होती है, जो उसका सदस्य नहीं होता है?

A. लोक सभा B. विधान सभा
C. राज्य सभा D. मंत्रिपरिषद्

213. यह धारणा कि भारत एक कल्याणकारी राज्य (Welfare State) है, सर्वाधिक दर्शित होती है–

A. संविधान की प्रस्तावना (Preamble) द्वारा
B. मौलिक अधिकारों द्वारा
C. राज्य के नीति-निर्देशक तत्वों के द्वारा
D. मौलिक कर्त्तव्यों के द्वारा

214. निम्नलिखित में से कौन भारत के राष्ट्रपति की इच्छा तक ही पद पर बना रहता है?

A. निर्वाचन आयुक्त
B. राज्यपाल
C. उच्चतम न्यायालय के न्यायाधीश
D. लोकसभा के अध्यक्ष

215. निम्नलिखित में से किसे संसद के दोनों सदनों में बोलने, अन्य कार्यवाहियों में सम्मिलित होने एवं किसी भी संसदीय समिति के सदस्य होने का अधिकार तो है, परन्तु उसे मत (Vote) देने का अधिकार नहीं है?

A. भारत के महालेखा परीक्षक एवं लेखा नियन्त्रक
B. भारत के मुख्य निर्वाचन आयुक्त
C. भारत के वित्त आयोग के अध्यक्ष
D. भारत के महान्यायवादी

216. निम्न में से किस एक की प्रस्थिति अन्य तीनों से भिन्न है?

A. पिछड़ी जाति आयोग
B. वित्त आयोग
C. राष्ट्रीय मानवाधिकार आयोग
D. निर्वाचन आयोग

217. आर्थिक सर्वेक्षण प्रतिवर्ष संसद में प्रस्तुत किया जाता है–

A. आगामी वर्ष के बजट के प्रस्तुतीकरण के पूर्व
B. आगामी वर्ष के बजट के प्रस्तुतीकरण के पश्चात्
C. वित्त विधेयक के प्रस्तुतीकरण के पश्चात्
D. और उसके बजट के प्रस्तुतीकरण से कोई सम्बन्ध नहीं होता है

218. भारतीय राष्ट्रपति के सर्वसम्मति से चुने जाने का अभी तक एकमात्र उदाहरण है–

A. डॉ॰ राजेन्द्र प्रसाद

B. डॉ॰ राधाकृष्णन
C. डॉ॰ जाकिर हुसैन
D. नीलम संजीवा रेड्डी

219. ऐसे संघ शासित प्रदेशों के लिए जिनकी अपनी विधायिका नहीं है, उनके लिए कौन कानून बनाता है?
A. राष्ट्रपति
B. संसद
C. प्रशासकगण
D. संघ का कानून मंत्रालय

220. अरुणाचल प्रदेश को किस वर्ष राज्य का दर्जा दिया गया?
A. 1972 B. 1984
C. 1987 D. 1985

221. निम्न में से किस राज्य का विधानमंडल एक सदनीय है?
A. कर्नाटक B. गुजरात
C. महाराष्ट्र D. उत्तर प्रदेश

222. भारतीय दण्ड संहिता किस वर्ष प्रभाव में आई?
A. 1860 B. 1861
C. 1862 D. 1863

223. लाभ के पद का निर्णय कौन करेगा?
A. राष्ट्रपति एवं राज्यपाल
B. संघीय संसद
C. उच्चतम न्यायालय
D. संघ लोक सेवा आयोग

224. संयुक्त राष्ट्र संघ दिवस निम्नलिखित तिथि को मनाया जाता है–
A. 24 सितम्बर
B. 24 जून
C. 24 अक्टूबर
D. 24 जनवरी

225. देश के किसी राज्य में, संविधान के किस अनुच्छेद के अन्तर्गत राष्ट्रपति शासन लागू किया जाता है?
A. 365 B. 356
C. 366 D. 226

अर्थव्यवस्था

226. निम्नलिखित में से किसको राष्ट्रीय ऋण नहीं माना जाता?
A. जीवन बीमा पॉलिसियाँ
B. दीर्घावधि सरकारी बॉण्ड
C. राष्ट्रीय बचत–पत्र
D. भविष्यनिधि

227. नीली क्रान्ति (Blue Revolution) सम्बन्धित है–
A. मछली उत्पादन से
B. दुग्ध उत्पादन से
C. तेल उत्पादन से
D. खाद्य उत्पादन से

228. भारत में जनसंख्या वृद्धि की दर अधिक है, क्योंकि–
A. जन्म-दर और मृत्यु-दर दोनों ही अधिक बनी हुई है
B. जन्म-दर मृत्यु-दर की अपेक्षा कम घटी है
C. मृत्यु-दर में कमी आई है, किन्तु जन्म-दर अधिक बनी हुई है
D. मृत्यु-दर जन्म-दर की अपेक्षा कम घटी है

229. अनुसूचित बैंकों का पंजीयन किसके पास कराना होता है?
A. सेबी

B. भारतीय रिजर्व बैंक
C. वित्त मंत्रालय
D. भारतीय स्टेट बैंक

230. असंगठित क्षेत्र के लिए डाटा कौन-सा संगठन एकत्र करता है?
A. NSSO B. CSO
C. ASI D. RBI

231. भारत सरकार की राजकोषीय नीति (Fiscal policy) का निम्न में से कौन एक उद्देश्य **नहीं** है?
A. पूर्ण रोजगार (Full employment)
B. मूल्य स्थिरता (Price stability)
C. अन्तर्राज्यीय व्यापार का नियमन
D. धन तथा आय का न्यायोचित वितरण

232. हिन्दू संवृद्धि दर का सम्बन्ध किस संवृद्धि दर से है?
A. सकल राष्ट्रीय उत्पाद (GDP)
B. जनसंख्या (Population)
C. खाद्यान्न (Foodgrains)
D. प्रति व्यक्ति आय (Per capita income)

233. भारतीय प्रतिभूति एवं विनिमय बोर्ड (SEBI) की स्थापना कब की गई थी?
A. 1981 B. 1988
C. 1990 D. 1992

234. भारत में राष्ट्रीय आय का प्राक्कलन किया जाता है–
A. नीति आयोग द्वारा
B. केन्द्रीय सांख्यिकीय संगठन द्वारा
C. भारतीय सांख्यिकीय संस्थान द्वारा
D. राष्ट्रीय प्रतिदर्श सर्वेक्षण संगठन द्वारा

235. निम्नलिखित में से किस एक समिति ने उद्योग में लघु क्षेत्र के लिए वस्तुओं का आरक्षण समाप्त करने की संस्तुति की?
A. आबिद हुसैन समिति
B. नरसिम्हन समिति
C. नायक समिति
D. राकेश मोहन समिति

236. निम्नलिखित में से किसे यह निर्णय करने का संवैधानिक अधिकार प्राप्त है कि केन्द्र द्वारा वसूल किए गए कुल कर में राज्यों का हिस्सा कितना है?
A. वित्त मंत्री
B. नीति आयोग
C. राष्ट्रीय विकास परिषद्
D. वित्त आयोग

237. मौद्रिक नीति का निर्माण भारत में कौन करता है?
A. सेबी B. आर॰ बी॰ आई
C. वित्त मंत्रालय D. नीति आयोग

238. किसी व्यक्ति की गरीबी रेखा से नीचे (BPL) की स्थिति परिभाषित करने के लिए निम्नलिखित में से किसे एक मानदंड नहीं माना जाता है?
A. खाद्य सुरक्षा
B. वैवाहिक स्थिति
C. कर्ज
D. साक्षरता

239. किरीट पारिख समिति निम्नलिखित में से किस क्षेत्र से सम्बन्धित थी?
A. बीमा B. बैंकिंग
C. पेट्रोलियम D. संचार

240. श्रम गहन उद्योग (Labour intensive industry) वह है, जहाँ–

A. कठिन मानव श्रम की आवश्यकता होती है

B. श्रमिकों को पर्याप्त मजदूरी दी जाती है

C. अधिक श्रमिकों को रखा जाता है

D. श्रमिकों को सुविधाएं उपलब्ध होती हैं

241. कर सुधार (Tax Reforms) के लिए कौन-सी समिति उत्तरदायी है?

A. जानकीरमन समिति

B. नरसिम्हन समिति

C. मलहोत्रा समिति

D. चेलैया समिति

242. भारत में विद्युत् आपूर्ति सबसे पहले कहाँ शुरू हुई?

A. कोलकाता B. चेन्नई

C. मुम्बई D. दार्जिलिंग

243. अवमूल्यन (Devaluation) का अर्थ है–

A. मुद्रा की क्रय शक्ति (Purchasing power of money) में कमी

B. मुद्रा के मूल्य में विदेशी मुद्रा के सन्दर्भ में कमी

C. सामान्य कीमत स्तर में वृद्धि

D. वस्तुओं की अपेक्षाकृत मुद्रा की अधिक मात्रा

244. विकासशील राष्ट्र मुख्य रूप से जिस कमी से त्रस्त हैं वह है–

A. जनशक्ति (Manpower)

B. पूँजी (Capital)

C. खाद्य पूर्ति (Food supply)

D. भूमि (Land)

245. राष्ट्रीय सोयाबीन अनुसंधान केन्द्र स्थित है–

A. जबलपुर में B. ग्वालियर में

C. इन्दौर में D. रतलाम में

246. एक उत्पादनकर्त्ता का उद्देश्य होता है–

A. अधिकतम कीमत पर बेचना

B. हानि को न्यूनतम एवं लाभों को अधिकतम करना

C. एकाधिकारी (Monopolist) की स्थिति को प्राप्त करना

D. कम लागत पर उत्पादन करना

247. राजकोषीय घाटे (Fiscal deficit) को परिभाषित किया गया है–

A. राजस्व और पूँजीगत, दोनों प्रकार की सभी प्राप्तियों एवं व्यय का अन्तर

B. रिजर्व बैंक द्वारा केन्द्रीय सरकार को दिए गए विशुद्ध उधार में वृद्धि

C. राजस्व प्राप्तियों, अनुदानों तथा ऋणेत्तर पूँजीगत प्राप्तियों के ऊपर, कुल व्यय, जिसमें उधार को घटाने के बाद कर्ज सम्मिलित है, का आधिक्य

D. राजस्व तथा पूँजीगत प्राप्तियों के ऊपर राजस्व व्यय का आधिक्य

248. भुगतान सन्तुलन का आधिक्य कारण बन सकता है–

A. मुद्रा पूर्ति में कमी का

B. रोजगार व मुद्रा पूर्ति में वृद्धि का

C. रोजगार के कम होने व मुद्रा पूर्ति के बढ़ने का

D. रोजगार व मुद्रा पूर्ति के घटने का

249. आबिद हुसैन कमेटी का सम्बन्ध है–
A. बैंकिग क्षेत्र से
B. लघु उद्योग क्षेत्र से
C. वृहद् उद्योग क्षेत्र से
D. वित्तीय सुधारों से

250. भारत में बैंक दर निर्धारित करती है–
A. वाणिज्य बैंक
B. सहकारी बैंक
C. नाबार्ड
D. भारतीय रिजर्व बैंक

251. मुद्रा के कार्य हैं–
A. विनिमय का माध्यम (Medium of Exchange)
B. मूल्य मापन (Measure of Value)
C. मूल्य संचय (Store of Value)
D. उपरोक्त सभी

252. भारत में केन्द्रीय सरकार की कर आय का मुख्य स्रोत है–
A. आयात-निर्यात कर (Custom Duties)
B. संघीय उत्पाद शुल्क (Union Excise Duties)
C. आय कर (Income Tax)
D. निगम कर (Corporation Tax)

253. वह कर जिसका केन्द्र एवं राज्यों में बँटवारा नहीं होता–
A. आय कर
B. बिक्री कर
C. निगम कर
D. केन्द्रीय उत्पाद शुल्क

254. भुगतान सन्तुलन (Balance of Payments) एक वार्षिक लेखा विवरण है एक राष्ट्र के–
A. निर्यात व आयात का
B. आयात व निर्यात के कारण उत्पन्न अवशेष का
C. सोने एवं विदेशी मुद्रा की स्थिति का
D. अन्तर्राष्ट्रीय व्यापार एवं वित्तीय सौदों का

255. कृषि पर कर लगाने का अधिकार है–
A. केन्द्रीय सरकार को
B. राज्य सरकार को
C. यह आय कर अधिनियम में पहले से ही सम्मिलित है
D. A व B दोनों को

256. निम्नलिखित में से कौन-सी स्कीम ग्रामीण विकास के लिए नहीं है?
A. TRYSEM B. JRY
C. IRDP D. CRY

257. भारत में हीरे की खानें अधिकतर पाई जाती हैं–
A. उत्तर प्रदेश में B. बिहार में
C. मध्य प्रदेश में D. आन्ध्र प्रदेश में

258. भारत में निगम कर का तात्पर्य है–
A. उत्पादन पर कर
B. स्टॉक पर कर
C. आय पर कर
D. लाइसेन्स शुल्क

259. मुद्रा पूर्ति की स्थिर विकास दर इंगित करती है–
A. मुद्रा की पूर्ति में स्थिर दर से वृद्धि
B. मुद्रा की मात्रा को स्थिर रखना
C. मुद्रा की पूर्ति में तीव्र वृद्धि करना
D. मुद्रा की पूर्ति में शून्य दर से वृद्धि करना

260. भारत में गरीबी-रेखा को परिभाषित करने का आधार है–
A. लोगों का जीवन स्तर
B. अधिकतर लोगों का आय स्तर
C. भोजन से प्राप्त कैलोरी के द्वारा
D. लोगों की आदतों के अनुसार

261. उत्पादन के साधनों द्वारा एक वर्ष विशेष में अर्जित आय की माप है–
A. प्रयोज्य आय
B. व्यक्तिगत आय
C. सकल राष्ट्रीय उत्पाद
D. राष्ट्रीय आय

262. आय गणना के आधार पर सकल राष्ट्रीय उत्पाद की गणना करने में सम्मिलित नहीं है–
A. मजदूरी (Wages)
B. लगान (Rent)
C. कर (Taxes)
D. लाभ (Profit)

263. निम्नलिखित में से कौन-सा रिजर्व बैंक का कार्य नहीं है?
A. व्यापारिक बैंक के कार्य
B. साख नियंत्रण
C. सरकार का बैंक
D. मौद्रिक नीति का निर्धारण

264. राजकोषीय नीति (Fiscal policy) का निर्माण करती है–
A. रिजर्व बैंक B. नाबार्ड
C. भारत सरकार D. व्यापारिक बैंक

265. भारत में बैंकों का बैंक है–
A. मुद्रा कोष (Monetary Fund)
B. विश्व बैंक (World Bank)
C. रिजर्व बैंक (Reserve Bank)
D. औद्योगिक बैंक (Industrial Bank)

266. भारत में केन्द्र एवं राज्यों के द्वारा करारोपण (Taxation) का अधिकार–
A. संविधान में निहित है
B. संसद द्वारा तय किया जाता है
C. केन्द्रीय सरकार द्वारा तय किया जाता है
D. राष्ट्रपति द्वारा निर्धारित होता है

267. उद्यमी कार्य (Entrepreneurial activity) हमेशा संचालित किए जाते हैं–
A. धनिकों के द्वारा
B. अनिश्चितता की स्थिति में
C. भविष्य में प्राप्तियों के ज्ञान के आधार पर
D. उपर्युक्त में से कोई नहीं

268. हिंडाल्को कम्पनी किस क्षेत्र में परिचालन करती है?
A. एल्यूमीनियम B. कार
C. कपड़ा D. सीमेंट

269. 'बैंक दर' में कमी का ऋण की उपलब्धता पर क्या प्रभाव पड़ेगा?
A. ऋण बढ़ जाएगा
B. ऋण नहीं बढ़ेगा
C. ऋण कम हो जाएगा
D. उपर्युक्त में से कोई नहीं

270. भारत में सेवा कर (Service Tax) वसूल किया जाता है–
A. व्यापार कर विभाग द्वारा
B. आय कर विभाग द्वारा
C. सीमा शुल्क तथा केन्द्रीय उत्पादन शुल्क विभाग द्वारा
D. राष्ट्रीकृत बैंकों द्वारा

271. निम्नलिखित में से कौन-सा एक भारत में भूमि सुधार कार्यक्रम का भाग नहीं रहा है?

A. जोतों की चकबन्दी

B. कृषि-जोत कर

C. जमींदारी व्यवस्था का उन्मूलन

D. जोतों की अधिकतम सीमा

272. कागजी मुद्रा भारत में कब शुरू हुई?

A. 1861 B. 1601

C. 1947 D. 1680

273. निजी क्षेत्र में देश का पहला निर्यात प्रोसेसिंग क्षेत्र (EPZ) निम्नलिखित स्थानों में से किस एक में स्थापित किया गया?

A. काण्डला B. विशाखापट्नम

C. नोएडा D. सूरत

274. निम्नलिखित फसलों में से कौन-सी एक खरीफ मौसम की है?

A. सोयाबीन B. अलसी

C. मसूर D. सरसों

275. निम्नलिखित में से कौन-सा एक फल जेली (Jelly) बनाने हेतु अधिक उपयुक्त है?

A. पपीता B. करौंदा

C. आम D. केला

सामान्य विज्ञान

276. द्रव्यों में चुम्बकत्व का कारण होता है–

A. निष्क्रिय इलेक्ट्रॉन

B. इलेक्ट्रॉनों की वर्तुल गति

C. निष्क्रिय प्रोटॉन

D. सभी निष्क्रिय न्यूट्रॉन

277. निम्नलिखित में से किसको लाल ग्रह कहा जाता है?

A. शुक्र B. बुध

C. मंगल D. बृहस्पति

278. मानव की आँख में 'निकट-दृष्टि' दोष को ठीक किया जा सकता है–

A. सही उत्तल लेंस का प्रयोग करके

B. सही अवतल लेंस का प्रयोग करके

C. सही सिलिण्डरी लेन्स का प्रयोग करके

D. सही द्विफोकसी लेन्स का प्रयोग करके

279. तारों के टिमटिमाने का क्या कारण है?

A. प्रकाश का परिक्षेपण

B. पूर्ण आंतरिक परावर्तन

C. वायुमण्डलीय परावर्तन

D. वायुमण्डलीय अपवर्तन

280. श्वसन है–

A. ऑक्सीकरण B. अपचयन

C. जल-अपघटन D. एमीनीकरण

281. एल्युमिनियम को शुद्ध किया जा सकता है–

A. ऑक्सीकरण द्वारा

B. आसवन द्वारा

C. विद्युत्-अपघटन द्वारा

D. ओजोन-अपघटन द्वारा

282. अशुद्ध कपूर को शुद्ध किया जाता है–

A. ऊर्ध्वपातन द्वारा

B. प्रभाजी क्रिस्टलन द्वारा

C. प्रभाजी आसवन द्वारा

D. भापीय आसवन द्वारा

283. प्रकाश-संश्लेषण के दौरान हरे पौधे किसका अवशोषण करते हैं?
A. नाइट्रोजन
B. कार्बन डाइऑक्साइड
C. कार्बन मोनोक्साइड
D. ऑक्सीजन

284. ग्रीनहाउस प्रभाव का कारण क्या है?
A. नाइट्रोजन
B. कार्बन डाइऑक्साइड
C. कार्बन मोनोक्साइड
D. नाइट्रोजन डाइऑक्साइड

285. मुद्रणालय में प्रयुक्त टाइप धातु किसका एलॉय है?
A. सीसा और ताँबा
B. सीसा और एण्टीमनी
C. सीसा और बिस्मथ
D. सीसा और जिंक

286. 'कोका कोला' का खट्टा स्वाद किसके अस्तित्व के कारण होता है?
A. एसीटिक एसिड
B. फॉस्फोरिक एसिड
C. हाइड्रोक्लोरिक एसिड
D. फॉर्मिक एसिड

287. परमाणु ऊर्जा आयोग का गठन कब हुआ था?
A. अगस्त 1948 में
B. अक्टूबर 1955 में
C. दिसम्बर 1962 में
D. सितम्बर 1965 में

288. मोल एक संख्या है–
A. 6.023×10^{23}
B. 6.23×10^{23}
C. 6.23×10^{3}
D. इनमें से कोई नहीं

289. टेमिफ्लू किसके लिए प्रमुख औषधि है?
A. पक्षी फ्लू B. कैंसर
C. एड्स D. पोलियो

290. बहुत अधिक पकाना और खाद्य तेलों का बार-बार प्रयोग क्यों अत्यधिक अवांछनीय है?
A. तेल के वाष्प से आन्तरिक प्रदूषण हो सकता है
B. कार्सिनोजेनिक पदार्थ जैसे बेन्जपाइरीन पैदा होते हैं
C. भोजन का पोषक तत्व कम हो जाता है
D. तेल की हानि और बर्बादी होती है

291. पहली क्लोनित भेड़ का नाम था–
A. मॉली B. डॉली
C. जॉली D. रोली

292. ऑप्टिकल फाइबर का आविष्कार किसने किया?
A. सैमुएल कोहेन
B. नरिन्दर कपानी
C. पर्सी एल॰ स्पेन्सर
D. टी॰ एच॰ मइमाह

293. नाभिकीय संयंत्र में किसको मंदक के रूप में उपयोग किया जाता है?
A. कैडमियम
B. बोरोन
C. सिलिकॉन
D. ग्रेफाइट

294. 'योग्यतम की उत्तरजीविता' की संकल्पना का समर्थन सबसे पहले किया था–
A. ओपेरिन ने B. डार्विन ने
C. स्पेन्सर ने D. हैकेल ने

295. विटामिन D की कमी से बच्चों में कौन-सा रोग हो जाता है?
A. बेरी-बेरी B. पेलाग्रा
C. रिकेट्स D. स्कर्वी

296. पुरुष में गुणसूत्रों की सामान्य संख्या होती है–
A. 42 B. 44
C. 46 D. 48

297. स्कर्वी रोग किस विटामिन की कमी के कारण होता है?
A. A B. K
C. C D. B_{12}

298. निम्नलिखित में से अधिक जलन किससे पैदा होती है?
A. उबलता हुआ पानी
B. गरम पानी
C. भाप
D. पिघलती हुई प्लावी बर्फ

299. हाइड्रोजन स्पेक्ट्रम की व्याख्या सबसे पहले किसने की थी?
A. डाल्टन ने
B. इर्विन श्रोडिंजर ने
C. नील्सबोर ने
D. रदरफोर्ड ने

300. एक ट्रांसफार्मर मुख्यतः बदलता है–
A. धारा को B. वोल्टेज को
C. आवृति को D. पावर को

301. चुम्बकीय क्षेत्र प्रबलता का S.I यूनिट होता है–
A. गॉस B. टेसला
C. ओर्स्टेड D. वेबर

302. निम्नलिखित में से किस पदार्थ का कैलोरी मान न्यूनतम है?
A. कोयला गैस
B. प्रोड्यूसर गैस
C. भाप अँगार गैस
D. तेल गैस

303. प्राकृतिक रबड़ किसका बहुलक है?
A. आइसोब्यूटेन B. आइसोप्रीन
C. प्रोपेन D. आइसोप्रोपेन

304. बल–धारा अनुरूपता में, विद्युत–धारिता किसके अनुरूप होती है?
A. संवेग B. वेग
C. विस्थापन D. द्रव्यमान

305. फेराइट कैसे होते हैं?
A. चुम्बकीय परन्तु अल्प प्रतिरोधी
B. चुम्बकीय परन्तु उच्च प्रतिरोधी
C. अचुम्बकीय के साथ अल्प प्रतिरोधी
D. अचुम्बकीय के साथ उच्च प्रतिरोधी

306. यदि लाल फूल को हरे सीसे में से देखें तो यह दिखता है–
A. लाल B. भूरा
C. सफेद D. हरा

307. विद्युत् ऊर्जा की इकाई क्या होती है?
A. एम्पियर B. वोल्ट
C. वाट D. किलोवाट-घण्टा

308. एक डायोड–
A. केवल एक दिशा में चालन करता है
B. दोनों दिशाओं में चालन करता है
C. बिल्कुल भी चालन नहीं करता है
D. इसमें वोल्टेज प्रयुक्त करने से क्षतिग्रस्त हो जाता है

309. किसमें प्रोटीन नहीं पायी जाती है–
A. मांस B. दूध
C. चावल D. दाल

310. फल पकने में सहायक हॉर्मोन है–
A. जिबरेलिन B. मार्फेक्टिन
C. इथीलीन D. आई॰बी॰ए॰

311. हम हल्दी पौधे के किस भाग से पाते हैं?
A. तना (Stem) B. जड़ (Root)
C. फल (Fruit) D. फूल (Flower)

312. बल्ब का फिलामेण्ट किस धातु का बना होता है?
A. टंगस्टन B. आयरन
C. नाइक्रोम D. कार्बन

313. अपस्फोटन सर्वाधिक होगा, यदि पेट्रोल में है–
A. आइसो ऑक्टेन
B. N-हेप्टेन
C. टी॰ ई॰ एल॰
D. बेंजीन

314. ऑक्सीकरण निम्नलिखित में धनात्मक ऑक्सीकरण अवस्था प्रदर्शित करती है–
A. CO B. N_2O
C. NO D. F_2O

315. फोटोग्राफी में प्रयुक्त होता है–
A. सिल्वर ब्रोमाइड
B. सोडियम ब्रोमाइड
C. पोटैशियम क्लोराइड
D. सोडियम सल्फेट

316. संचायक बैटरी में कौन-सी धातु इस्तेमाल की जाती है?
A. ताँबा B. लोहा
C. सीसा D. जस्ता

317. पोर्टलैण्ड सीमेन्ट के विनिर्माण के लिए उपयोग में ली गई कच्ची सामग्री है–
A. चूना पत्थर एवं मिट्टी
B. ऐलुमिना, मिट्टी एवं जिप्सम
C. जिप्सम एवं चूना पत्थर
D. जिप्सम एवं मिट्टी

318. $CaOCl_2$ एक यौगिक (कम्पाउण्ड) के लिए रासायनिक सूत्र है जिसे सामान्य रूप से जाना जाता है–
A. सोडा क्षार
B. चूना
C. ब्लीचिंग पाउडर
D. प्लास्टर ऑफ पेरिस

319. प्रयोगशाला उपकरणों को बनाने के लिए उपयोग में लिया गया काँच है–
A. पाइरेक्स काँच B. कठोर काँच
C. मृदु काँच D. सुरक्षा काँच

320. वात्या भट्टी (ब्लास्ट फरनेस) में उत्पादित लोहा है–
A. कच्चा लोहा B. पिटवाँ लोहा
C. स्टेनलेस स्टील D. स्टील

321. निम्नलिखित में से कौन-सा ऐलुमिनियम का अयस्क नहीं है?
A. क्रायोलाइट B. फेल्डस्पार
C. बॉक्साइट D. ऐजुराइट

322. रहोम्बिक मोनोक्लिनिक (Rhombic monoclinic) एवं प्लास्टिक सल्फर हैं–
A. समावयव
B. आइसोटोप्स
C. एलोट्रोप्स
D. हाइड्राइड्स ऑफ सल्फर

323. तेलों एवं वसाओं का क्षारीय जल-अपघटन देता है, साबुन एवं–
A. ग्लिसरॉल B. एथेनॉल
C. ग्लाइकॉल D. एथेनॉइक अम्ल

324. स्वादिष्ट भोजन को देखते ही मुँह में पानी आ जाता है, यह है एक–
A. हॉर्मोनी अनुक्रिया
B. उदासीन (neutral) अनुक्रिया
C. प्रकाशिक अनुक्रिया
D. घ्राण अनुक्रिया

325. नाइट्रोजन फिक्सिग जीवाणु सामान्यतया पाए जाते हैं–
A. परजीवी पौधों में
B. अधिपादपीय पौधों में
C. लेग्युमिनस पौधों में
D. जलीय पौधों में

खेल-कूद

326. निम्नलिखित में से कौन-सा कप/ट्रॉफी फुटबॉल के खेल से सम्बन्धित है?
A. आगा खॉ कप
B. रोवर्स कप
C. दलीप ट्रॉफी
D. नेहरू ट्रॉफी

327. प्रथम एशियाई खेल कहाँ आयोजित किए गए?
A. मनीला B. टोक्यो
C. जकार्ता D. नई दिल्ली

328. वर्ष 2016 में ओलम्पिक खेल कहाँ पर आयोजित किया गया था?
A. मास्को
B. पेरिस
C. न्यूयॉर्क
D. रियो डि जनेरियो

329. निम्नलिखित में से कौन-सा पुरस्कार खेलकूद के क्षेत्र से सम्बन्धित नहीं है?
A. अर्जुन पुरस्कार
B. द्रोणाचार्य पुरस्कार
C. ध्यानचन्द पुरस्कार
D. नॉर्मन बोरलॉग पुरस्कार

330. फुटबॉल के खेल में निम्नलिखित में से किस शब्द का प्रयोग होता है?
A. कैडी B. कटबैक
C. मिड-ऑन D. लव

331. स्वेथलिंग कप सम्बन्धित है–
A. फुटबॉल से B. शतरंज से
C. लॉन टेनिस से D. टेबल टेनिस से

332. भारत का सर्वाधिक प्राचीन फुटबॉल क्लब है–
A. स्पोर्टिंग क्लब
B. ईस्ट बंगाल
C. डलहौजी क्लब
D. मोहन बागान

333. 'सुब्रतो कप' सम्बन्धित है–
A. टेबल टेनिस से
B. फुटबॉल से
C. वॉलीबाल से
D. तैराकी से

334. अन्तर्राष्ट्रीय ग्रैंड मास्टर जीतने वाले प्रथम भारतीय हैं–
A. जसपाल राणा
B. रमेश कृष्णन
C. विश्वनाथन आनन्द
D. वी॰ गुंडप्पा

335. विश्व कप क्रिकेट में प्रथम हैट ट्रिक लेने का श्रेय है–
A. इमरान खान को
B. चेतन शर्मा को
C. अनिल कुम्बले को
D. नवाब पटौदी को

336. जमैका के यूसैन बोल्ट किस खेल के नामी खिलाड़ी माने जाते हैं?

A. एथलेटिक्स B. बॉक्सिग
C. क्रिकेट D. हॉकी

337. 'गैम्बिट' शब्द निम्नलिखित में से किस खेल से जुड़ा है?

A. शतरंज B. कैरम
C. बैडमिंटन D. बिलियर्डस्

338. नाक डाउन किस खेल की शब्दावली से सम्बन्धित है?

A. बॉक्सिग B. बेसबाल
C. पोलो D. फुटबॉल

339. ओलम्पिक खेलों का 'आदर्श वाक्य' क्या है?

A. एवर आनवर्ड
B. फारएवर हायर
C. अल्टियस, सिटियस, फोर्टियस
D. यह बदलता रहता है

340. 'यूरोप के खेल के मैदान' के नाम से कौन-सा देश प्रसिद्ध है?

A. स्विट्जरलैण्ड B. इंग्लैण्ड
C. फ्रांस D. जर्मनी

341. डूरंड कप किस खेल से सम्बन्धित है?

A. फुटबॉल B. गोल्फ
C. हॉकी D. टेबल टेनिस

342. वाटर पोलो में खिलाड़ियों की संख्या होती है–

A. 5 B. 6
C. 7 D. 8

343. 'मुम्बई गोल्ड कप' का संबंध किस खेल से है?

A. क्रिकेट B. हॉकी
C. फुटबॉल D. बैडमिंटन

344. डी॰सी॰एम॰ ट्रॉफी किस खेल से सम्बन्धित है?

A. क्रिकेट
B. हॉकी
C. फुटबॉल
D. इनमें से कोई नहीं

345. निम्नलिखित में से कौन-सा शब्द फुटबॉल के खेल से सम्बन्धित नहीं है?

A. पेनल्टी B. फ्री किक
C. पेनल्टी स्ट्रोक D. ऑफ साइड

346. 'गोल्डन गर्ल' के नाम से किसे जाना जाता है?

A. कुंजुरानी देवी
B. कर्णम् मल्लेश्वरी
C. सुनीता रानी
D. पी॰टी॰ ऊषा

347. लॉन टेनिस कोर्टों के लिए विख्यात विम्बलडन कहाँ है–

A. लंदन
B. न्यूयॉर्क
C. वाशिंगटन डी॰ सी॰
D. रोम

348. सुमेलित कीजिए–

सूची -I	**सूची -II**
(*a*) किम क्लिस्टर्स	1. बिलियड्‌र्स
(*b*) राफेल नडाल	2. क्रिकेट
(*c*) युवराज सिंह	3. टेनिस (पुरुष)
(*d*) गीत सेठी	4. फुटबॉल
	5. टेनिस (महिला)

कूट :

	(*a*)	(*b*)	(*c*)	(*d*)
A.	5	3	1	2
B.	5	3	2	1
C.	3	5	4	1
D.	4	3	5	1

349. सुमेलित कीजिए–

	सूची-I	**सूची -II**
(*a*)	क्रिकेट	1. पॉट
(*b*)	गोल्फ	2. रणजी
(*c*)	फुटबॉल	3. मोहन बागान
(*d*)	बिलियर्ड्स	4. पुट

कूट :

	(*a*)	(*b*)	(*c*)	(*d*)
A.	2	4	3	1
B.	2	4	1	3
C.	4	2	1	3
D.	3	1	4	2

350. इंग्लैण्ड का अन्तर्राष्ट्रीय स्टेडियम लॉर्ड्स किस खेल से सम्बन्धित है?

A. टेनिस B. क्रिकेट

C. घुड़दौड़ D. पोलो

351. जादूगर खिलाड़ी के रूप में जाना जाने वाले मेजर ध्यानचन्द, जिनके जन्म दिवस के उपलक्ष्य में भारत का राष्ट्रीय खेल दिवस (29 अगस्त) मनाया जाता है, किस खेल से सम्बन्धित थे?

A. फुटबॉल

B. हॉकी

C. टेनिस

D. इनमें से कोई नहीं

352. भारत की चर्चित खिलाड़ी सानिया मिर्जा सम्बन्धित है–

A. एथलेटिक्स से

B. बैडमिंटन से

C. टेनिस से

D. महिला क्रिकेट से

353. प्रसिद्ध टेनिस खिलाड़ी वीनस विलियम्स एवं सेरेना विलियम्स किस देश की हैं?

A. सोवियत रूस की

B. अमेरिका की

C. इंग्लैण्ड की

D. फ्रांस की

354. प्रथम विश्व कप (प्रथम प्रूडेंशियल विश्व कप), 1975 में लॉर्ड्स के मैदान पर खेला गया था, इसमें वेस्टइण्डीज विजेता रहा। उपविजेता कौन था?

A. इंग्लैण्ड

B. ऑस्ट्रेलिया

C. न्यूजीलैंड

D. इनमें से कोई नहीं

355. 'फालोऑन' शब्द किस खेल से सम्बन्धित है?

A. हॉकी से

B. फुटबॉल से

C. टेनिस से

D. इनमें से कोई नहीं

356. एक क्रिकेट टेस्ट शृंखला में सर्वाधिक तीन दोहरे शतक बनाने का रिकॉर्ड किसके नाम है?

A. सर गारफील्ड सोवर्स का

B. सर डॉन ब्रैडमैन का

C. विवियन रिचर्ड्स का

D. सुनील गावस्कर का

357. भारतीय महिला खिलाड़ी साइना नेहवाल किस खेल से जुड़ी हैं?

A. बैडमिंटन B. शतरंज

C. तैराकी D. क्रिकेट

358. ओलम्पिक खेलों में किस खेल के लिए वैल बार्कर कप प्रदान किया जाता है?

A. तैराकी B. मुक्केबाजी

C. लम्बी कूद D. ऊँची कूद

359. व्यक्तिगत श्रेणी में भारत का पहला ओलंपिक स्वर्ण विजेता कौन है?

A. सुशील कुमार B. अभिनव बिन्द्रा
C. विजेन्द्र कुमार D. सुशील कुमार

360. 'बुली' शब्द किस खेल से सम्बन्धित है?

A. क्रिकेट B. फुटबॉल
C. गोल्फ D. हॉकी

361. बॉस्केटबॉल के गेम में एक टीम में कितने सबस्टीट्यूट होते हैं?

A. 4 B. 5
C. 6 D. 7

362. जूडो में अधिकतम प्वाइंट होता है–

A. कोको B. इप्पोन
C. बाजा-आरी D. योको

363. बॉक्सिंग में एक राउंट की अवधि कितनी होती है?

A. 1 मिनट B. 2 मिनट
C. 3 मिनट D. 4 मिनट

364. 'एथलेटिक मीट' का 'फील्ड इवेंट' क्या है?

A. 100 मी॰ दौड़ B. लम्बी कूद
C. बाधा दौड़ D. रिले रेस

365. कबड्डी में जब 'लोना' उठता है, तो कितने अंक मिलते हैं?

A. 1 B. 2
C. 3 D. 4

366. आधुनिक ओलम्पिक खेलों के संस्थापक (Founder) थे–

A. बैरन पियरे-डि-कूबर्तिन
B. ऐन्टोनी लेवोयरसियर
C. जीन बैपटिस्ट डि लैमार्क
D. जार्जेस कुवियर

367. सूची-I को सूची-II से सुमेलित कीजिए तथा सूचियों के नीचे दिए गए कूट का प्रयोग करते हुए सही उत्तर का चयन कीजिए–

सूची -I (पारिभाषिक शब्द)	**सूची-II (खेल से सम्बन्धित)**
(*a*) चाइना मैन	1. गोल्फ
(*b*) बर्डी	2. पतंगबाजी
(*c*) पेंच	3. क्रिकेट
(*d*) लव	4. टेनिस

कूट :

	(*a*)	(*b*)	(*c*)	(*d*)
A.	1	2	3	4
B.	3	1	2	4
C.	4	3	1	2
D.	2	4	3	1

368. निम्न में से कौन-सा अन्तर्राष्ट्रीय टेनिस टूर्नामेंट घास के मैदान पर खेला जाता है?

A. ऑस्ट्रेलियन ओपन
B. विम्बलडन
C. फ्रेंच ओपन
D. यू॰एस॰ ओपन

369. DCM ट्रॉफी का संबंध किस खेल से है?

A. क्रिकेट B. हॉकी
C. बैडमिंटन D. गोल्फ

370. निम्नलिखित में से किस पद का उपयोग क्रिकेट में नहीं होता है?

A. हूप्स B. मेडन ओवर
C. गली D. हैट्रिक

371. एक क्रिकेट बैट की लम्बाई कितनी होती है?

A. 38" B. 37"
C. 39" D. 40"

372. फुटबॉल में आप गोल-पोस्ट का रंग कैसा देखते हैं?

A. लाल B. हरा
C. हल्का नीला D. सफेद

373. खो-खो खेल की समय सीमा होती है–

A. 49 मिनट B. 45 मिनट
C. 55 मिनट D. 59 मिनट

374. हैप्टाथलोन (Heptathlon) में कितने इवेन्ट्स होते हैं?

A. 5 B. 7
C. 9 D. 6

375. एक बॉस्केटबॉल का भार कितना होता है?

A. 400-800 ग्राम
B. 500-600 ग्राम
C. 567-650 औंस
D. 567-650 ग्राम

पुरस्कार

376. निम्नलिखित पुरस्कारों में से किसे यूनेस्को द्वारा प्रारम्भ किया गया है?

A. अन्तर्राष्ट्रीय मेल-मिलाप के लिए नेहरू पुरस्कार
B. कलिंग पुरस्कार
C. अर्जुन पुरस्कार
D. नोबेल पुरस्कार

377. नोबेल पुरस्कार प्रत्येक वर्ष कहाँ वितरित किए जाते हैं?

A. जेनेवा में B. स्टॉकहोम में
C. न्यूयॉर्क में D. मनीला में

378. दो ऑस्कर पुरस्कार पाने वाला पहला भारतीय संगीतकार कौन है?

A. नदीम
B. हिमेश रेशमिया
C. अन्नू मलिक
D. ए॰आर॰ रहमान

379. भटनागर पुरस्कार किस क्षेत्र में प्रदान किया जाता है?

A. शान्ति
B. संगीत एवं नाट्य
C. विज्ञान और प्रौद्योगिकी
D. ललित कलाएं

380. अर्थशास्त्र के लिए नोबेल पुरस्कार सर्वप्रथम किस वर्ष प्रदान किया गया?

A. 1901 B. 1936
C. 1957 D. 1969

381. निम्नलिखित भारतीयों में से किसे विशिष्ट ऑस्कर सम्मान प्रदान किया गया है?

A. सत्यजीत रे B. मीरा नायर
C. महेश भट्ट D. ओ॰ पी॰ सिप्पी

382. साहित्य के क्षेत्र में ज्ञानपीठ पुरस्कार पाने वाली प्रथम महिला है–

A. सुभद्रा कुमारी चौहान
B. आशापूर्णा देवी
C. अमृता प्रीतम
D. महादेवी वर्मा

383. 'भारत रत्न' पुरस्कार किस वर्ष आरम्भ किए गए थे?

A. 1954 में B. 1956 में
C. 1952 में D. 1962 में

384. भारत में सर्वोच्च बहादुरी के लिए दिए जाने वाले पुरस्कारों का नाम है–

A. परमवीर चक्र, महावीर चक्र
B. परमवीर चक्र, वीर चक्र
C. अशोक चक्र, महावीर चक्र
D. परमवीर चक्र, अशोक चक्र

385. राष्ट्रीय श्रम पुरस्कार किसके द्वारा प्रदान किया जाता है?

A. भारत सरकार
B. इंडियन ट्रेड यूनियन कांग्रेस
C. चैम्बर ऑफ कॉमर्स
D. किसी के द्वारा नहीं

386. कालिदास सम्मान किसके द्वारा प्रदान किया जाता है?

A. उ॰ प्र॰ सरकार
B. म॰ प्र॰ सरकार
C. बिहार सरकार
D. भारत सरकार

387. 'कुरियन पुरस्कार' दिया जाता है–

A. डेयरी विज्ञान में
B. कृषि विज्ञान में
C. चिकित्सीय विज्ञान में
D. वैज्ञानिक अनुसंधान में

388. 'दादा साहेब फाल्के पुरस्कार' किस क्षेत्र में दिया जाता है?

A. संगीत (Music)
B. साहित्य (Literature)
C. सिनेमा (Cinema)
D. बागवानी (Horticulture)

389. राष्ट्रीय अखण्डता पुरस्कार का आरम्भ किस वर्ष किया गया था?

A. 1952 B. 1955
C. 1957 D. 1985

390. निम्नलिखित कथनों पर विचार कीजिए–

1. नोबेल पुरस्कार समारोह प्रत्येक वर्ष 10 दिसम्बर को सम्पन्न होता है।
2. साहित्य के लिए नोबेल पुरस्कार, अन्य पाँच क्षेत्रों–भौतिकी, रसायन विज्ञान, शरीर क्रियाविज्ञान अथवा चिकित्सा विज्ञान, शांति तथा अर्थशास्त्र के पुरस्कारों के साथ बाद में जोड़ा गया था।

उपर्युक्त कथनों में से कौन-सा/से सही है/ हैं?

A. केवल 1
B. केवल 2
C. दोनों 1 तथा 2
D. न ही 1 तथा न ही 2

391. निम्नलिखित चलचित्रों में से किस एक की सहयोगी नोबेल पुरस्कार विजेता पर्ल एस॰ बक थी?

A. शतरंज के खिलाड़ी
B. गाइड
C. लॉरेंस ऑफ अरबिया
D. टाइटैनिक

392. ऑस्कर पुरस्कार किस क्षेत्र में श्रेष्ठ प्रदर्शन के लिए दिए जाते हैं?

A. साहित्य B. खेल
C. पत्रकारिता D. सिनेमा

393. भारतीय मूल का वह कौन-सा दूसरा व्यक्ति है, जिसको रबीन्द्रनाथ टैगोर के बाद साहित्य के लिए दूसरा नोबेल पुरस्कार मिला है?

A. अरुन्धति राय

B. विक्रम सेठ
C. वी॰ एस॰ नायपॉल
D. इनमें से कोई नहीं

394. फिल्म जगत् में गोल्डन बियर पुरस्कार किस महोत्सव में दिए जाते हैं?
A. बर्लिन B. कान
C. गोवा D. टोरंटो

395. राजीव गांधी पर्यावरण पुरस्कार दिया जाता है, श्रेष्ठतर योगदान के लिए–
A. परती भूमि संरक्षण
B. स्वच्छ प्रौद्योगिकी एवं विकास में
C. वन्य जीव संरक्षण
D. पर्यावरण पर लेखन

396. बुकर पुरस्कार किस क्षेत्र में उत्कृष्ट निष्पादन के लिए दिए जाते हैं?
A. फिल्म B. साहित्य
C. खेल D. राजनीति

397. ऑरेंज पुरस्कार किस क्षेत्र से सम्बन्धित है?
A. पत्रकारिता
B. साहित्य
C. विज्ञान
D. उद्योग व्यापार जगत

398. बांग्ला भाषा के लिए सर्वप्रथम किस साहित्यकार को ज्ञानपीठ पुरस्कार प्रदान किया गया था?
A. ताराशंकर बंद्योपाध्याय
B. सुभाष मुखोपाध्याय
C. आशापूर्णा देवी
D. महाश्वेता देवी

399. कौन-सा वीरता पुरस्कार सिर्फ सैनिकों को दिया जाता है?
A. अशोक चक्र
B. महावीर चक्र
C. कीर्ति चक्र
D. शौर्य चक्र

400. प्रथम सी॰ के॰ नायडू पुरस्कार से किसे सम्मानित किया गया?
A. अशोक मांकड
B. विजय हजारे
C. लाला अमरनाथ
D. सुनील गावस्कर

401. प्रथम अन्तर्राष्ट्रीय गांधी शांति पुरस्कार किसे प्रदान किया गया था?
A. नेल्सन मंडेला
B. होस्नी मुबारक
C. जूलियस न्येरेरे
D. गेरहार्ड फिशर

402. दादा साहेब फाल्के पुरस्कार सर्वप्रथम किसे प्रदान किया गया?
A. पृथ्वीराज कपूर
B. देविका रानी
C. बी॰एन॰ सरकार
D. सोहराब मोदी

403. जी॰डी॰ बिड़ला विज्ञान पुरस्कार के प्रायोजक हैं–
A. के॰के॰ बिड़ला फाउंडेशन
B. जी॰डी॰ बिड़ला स्मृति न्यास
C. मानव संसाधन विकास मंत्रालय
D. राजस्थान सरकार

404. 'राष्ट्रीय फिल्म पुरस्कार' से पुरस्कृत पहली कन्नड़ फिल्म है–
A. चोमन्न टुड़ी B. घाट श्राद्ध
C. संस्कार D. थाई साहब

405. सुप्रसिद्ध गायक, जिन्हें भारत रत्न से पुरस्कृत किया गया है, हैं–
A. पं॰ जसराज
B. पं॰ अजय चक्रवर्ती
C. पं॰ भीमसेन जोशी
D. पं॰ अजय पोहनकर

406. अल्फ्रेड नोबेल (जिसने नोबेल पुरस्कार की स्थापना की) का नाम सम्बन्धित है–
A. डायनामाइट से
B. आर॰डी॰ एक्स से
C. सूपरसोनिक हवाई जहाज से
D. रोडियो-सक्रियता से

407. भारत में कला, साहित्य विज्ञान एवं जनसेवा के क्षेत्र में असाधारण कार्य के लिए निम्न में से कौन-सा सर्वोच्च सम्मान/पुरस्कार प्रदान किया जाता है?
A. नेहरू पुरस्कार
B. ज्ञानपीठ पुरस्कार
C. मैग्सेसे पुरस्कार
D. भारत रत्न पुरस्कार

408. विश्व-विख्यात 'ऑस्कर पुरस्कार' निम्न संस्था द्वारा प्रदान किया जाता है–
A. अमेरिकी चलचित्र संगठन
B. विश्व फिल्म सोसायटी
C. अमेरिकी फिल्म सोयायटी
D. विज्ञान, कला एवं चलचित्र अकादमी

409. निम्न में से वास्तुकला (Architecture) में कौन-सा सम्मान नोबल पुरस्कार के समकक्ष है?
A. एबल पुरस्कार
B. पुलित्जर पुरस्कार
C. पिट्जकर पुरस्कार
D. इनमें से कोई नहीं

410. इनमें से किस देश के भूतपूर्व राष्ट्रपति के नाम से रेमन मैग्सेसे पुरस्कार संबंधित है?
A. थाईलैंड B. चीन
C. फिलीपींस D. इंडोनेशिया

411. निम्नलिखित क्षेत्र में श्रेष्ठता के लिए 'पुलित्जर पुरस्कार' दिया जाता है–
A. खेलकूद B. संगीत
C. विज्ञान D. संचार माध्यम

412. "शान्तिस्वरुप भटनागर पुरस्कार" किस क्षेत्र में उत्कृष्टता के लिए दिये जाते है?
A. साहित्य B. खेलकूद
C. लोकसेवा D. विज्ञान

413. ग्लोबल-500 पुरस्कार निम्नलिखित में से एक क्षेत्र में उपलब्धि के लिए प्रदान किया जाता है–
A. पर्यावरण प्रतिरक्षा
B. मादक पदार्थों के विरुद्ध अभियान
C. आतंकवाद के विरुद्ध अभियान
D. जनसंख्या नियंत्रण

414. संगीत के क्षेत्र में उत्कृष्टता के लिए निम्नलिखित में से कौन-सा पुरस्कार दिया जाता है?
A. सरस्वती सम्मान
B. तानसेन सम्मान
C. व्यास सम्मान
D. बोरलॉग पुरस्कार

415. डॉ॰ हरगोविन्द खुराना को किस कार्य के लिए नोबेल पुरस्कार मिला?
A. जेनेटिक कोड (Genetic Code) की खोज के लिए

B. रक्त के समूहन के लिए
C. डी॰ एन॰ ए॰ की खोज के लिए
D. एड्स के विषाणु की पहचान के लिए

416. कृषि के क्षेत्र से सम्बन्धित पुरस्कार है–
A. कलिंग पुरस्कार
B. बुकर पुरस्कार
C. पुलित्जर पुरस्कार
D. बोरलॉग पुरस्कार

417. के॰के॰ बिड़ला फाउण्डेशन के निम्नलिखित पुरस्कारों में से किसके तहत पुरस्कार राशि सर्वाधिक है?
A. सरस्वती सम्मान
B. व्यास सम्मान
C. बिहारी सम्मान
D. वाचस्पति सम्मान

418. निम्नलिखित क्षेत्र में उत्कृष्टता और आजीवन उपलब्धि हेतु ध्यानचंद लाइफ टाइम एचीवमेन्ट अवार्ड दिया जाता हैं–
A. अर्थशास्त्र
B. विज्ञान और प्रौद्योगिकी
C. खेलकूद
D. पत्रकारिता

419. अर्जुन पुरस्कार विजेता प्रथम महिला खिलाड़ी कौन है?
A. मैरी डिसूजा
B. कमलजीत संधू
C. स्टेफी डिसूजा
D. पी॰टी॰ ऊषा

420. ग्रेमी पुरस्कार किस क्षेत्र में विशिष्ट उपलब्धियों के लिए दिये जाते हैं?
A. सिनेमा
B. टीवी
C. संगीत
D. उत्पादों की गुणवत्ता

421. मध्य प्रदेश सरकार ने निम्नलिखित में से किस पुरस्कार की स्थापना की है?
A. तानसेन पुरस्कार
B. सरस्वती सम्मान
C. ज्ञानपीठ पुरस्कार
D. द्रोणाचार्य पुरस्कार

422. पद्मश्री पुरस्कार से सम्मानित होने वाली प्रथम भारतीय अभिनेत्री कौन थीं?
A. स्मिता पाटिल B. नरगिस दत्त
C. मीना कुमारी D. मधुबाला

423. निम्नलिखित में से किस उद्देश्य के लिए निर्मल ग्राम पंचायत (NGP) पुरस्कार दिया जाता है?
A. ग्रामीण स्वास्थ्य संवर्धन
B. ग्रामीण क्षेत्रों में शिक्षा संवर्धन
C. ग्रामीण क्षेत्रों में सैनिटेशन संवर्धन
D. ग्रामीण क्षेत्रों में कम्प्यूटर के उपयोग का संवर्धन

424. निम्नलिखित में से किस पूर्व प्रधानमंत्री के नाम पर लोक प्रशासन में उत्कृष्टता का पुरस्कार भारत सरकार द्वारा स्थापित किया गया है?
A. जवाहर लाल नेहरू
B. लाल बहादुर शास्त्री
C. इंदिरा गाँधी
D. राजीव गाँधी

425. नीरजा भनोत पुरस्कार निम्नलिखित में से किस हेतु दिया जाता है?
A. साक्षरता को प्रोत्साहन
B. साहित्य के क्षेत्र में उत्कृष्टता
C. सिनेमा के क्षेत्र में उत्कृष्टता
D. महिला उत्थान हेतु कार्य करना

अन्तर्राष्ट्रीय संगठन

426. संयुक्त राष्ट्र संघ के महासचिव की नियुक्ति किसके द्वारा की जाती है?
A. महासभा
B. सुरक्षा परिषद्
C. अन्तर्राष्ट्रीय न्यायालय
D. सुरक्षा परिषद् की सिफारिशों पर महासभा

427. संयुक्त राष्ट्र चार्टर के अन्तर्गत मानवाधिकार के प्रोन्नयन के लिए आयोग गठन करने की शक्ति निम्नलिखित में से किसको है?
A. महासभा
B. आर्थिक और सामाजिक परिषद्
C. न्यासिता परिषद्
D. महासचिव

428. अन्तर्राष्ट्रीय न्यायालय के सदस्यों को चुना जाता है–
A. पाँच वर्षों के लिए
B. तीन वर्षों के लिए
C. नौ वर्षों के लिए
D. दो वर्षों के लिए

429. विश्व स्वास्थ्य संगठन (डब्ल्यू॰ एच॰ ओ॰) का मुख्यालय कहाँ स्थित है?
A. लन्दन B. जेनेवा
C. पेरिस D. वाशिंगटन

430. 'वाल स्ट्रीट' का नाम किससे सम्बन्धित है?
A. ब्रिटेन का समाचार-पत्र केन्द्र
B. यू॰एस॰ए॰ का वित्तीय केन्द्र
C. चीन की विशाल दीवार
D. फ्रांस की एक प्रसिद्ध सड़क

431. संयुक्त राष्ट्र संघ महासभा की प्रथम महिला अध्यक्ष कौन थी?
A. विजयलक्ष्मी पंडित
B. एनी बेसेन्ट
C. इंदिरा गांधी
D. सरोजिनी नायडू

432. विश्व व्यापार संगठन (W.T.O) का मुख्यालय (Headquarter) स्थित है–
A. दोहा में B. जिनेवा में
C. रोम में D. न्यूयॉर्क में

433. अन्तर्राष्ट्रीय अम्ल वर्षा सूचना केन्द्र स्थापित किया गया है–
A. बर्लिन में B. ओस्लो में
C. ओसाका में D. मैनचेस्टर में

434. यूनेस्को का मुख्यालय निम्नलिखित शहर में स्थित है?
A. वाशिंगटन B. पेरिस
C. मांट्रियल D. वियना

435. संयुक्त राष्ट्र संघ का मुख्यालय कहाँ पर स्थित है?
A. वाशिंगटन B. न्यूयॉर्क
C. फिलाडेल्फिया D. लन्दन

436. इंटरनेशनल ओलम्पिक कमेटी का मुख्यालय कहाँ पर स्थित है?
A. लॉसाने (Lausanne), स्विट्जरलैण्ड
B. लॉस एंजिल्स
C. मास्को
D. न्यूयॉर्क

437. '8 मई' किस रूप में मनाया जाता है?
A. वर्ल्ड स्टैन्डर्डस् डे
B. वर्ल्ड टेलीकम्यूनिकेशन डे
C. वर्ल्ड रेडक्रॉस डे
D. कॉमनवेल्थ डे

438. निम्नलिखित में से किस संगठन ने 2 अक्टूबर को 'अन्तर्राष्ट्रीय अहिंसा दिवस' घोषित किया है?
A. वर्ल्ड काउंसील ऑफ चर्चेज ने
B. यूनेस्को ने
C. संयुक्त राष्ट्र सामान्य सभा ने
D. वर्ल्डपीस फोरम ने

439. अंकटाड (The United Nations Conference on Trade and Development) का मुख्यालय निम्नलिखित स्थानों में से कहाँ पर स्थित है?
A. वियना B. पेरिस
C. रोम D. जिनेवा

440. संयुक्त राष्ट्र का कौन-सा अंग (Organ) विश्व संसद समझा जाता है?
A. जनरल असैम्बली
B. इन्टरनेशनल कोर्ट ऑफ जस्टिस
C. सिक्योरिटी कॉंसिल
D. ट्रस्टीशिप कॉंसिल

441. डब्ल्यूटीओ ने किसका अधिग्रहण किया?
A. आईएमएफ B. गैट
C. आईएफसी D. आईबीआरडी

442. निम्नलिखित पेट्रोलियम उत्पादक देशों में कौन 'ओपेक (OPEC) का सदस्य नहीं है?
A. अल्जीरिया B. नाइजीरिया
C. इण्डोनेशिया D. रूसी फेडरेशन

443. निम्नलिखित में से कौन-सा देश आसियान (ASEAN) का सदस्य नहीं है?
A. इण्डोनेशिया B. श्रीलंका
C. मलेशिया D. फिलीपीन्स

444. विश्व में वह कौन प्रथम राष्ट्र है जिसने आधिकारिक रूप से परिवार नियोजन कार्यक्रम को अपनाया?
A. चीन B. भारत
C. जापान D. कनाडा

445. भारत में बेरोजगारी के आँकड़े किस संगठन द्वारा एकत्रित एवं प्रकाशित किए जाते हैं?
A. ट्राइसेम (TRYSEM)
B. वित्त आयोग
C. यू॰एन॰ओ॰ (UNO)
D. नेशनल सैम्पल सर्वे ऑर्गेनाइजेशन (NSSO)

446. डब्ल्यू॰ टी॰ ओ॰ है–
A. वैधानिक संस्था
B. सलाहकारी संस्था
C. गैर-वैधानिक संस्था
D. उपर्युक्त में से कोई नहीं

447. तिरुवनन्तपुरम में स्थित है–
A. इसरो (ISRO) केन्द्र 'आइजेक' (ISAC)
B. विकास तथा शैक्षिक संचार यूनिट 'डेकू' (DECO)
C. विक्रमसाराभाई अन्तरिक्ष केन्द्र (VSSC)
D. अन्तरिक्ष उपयोग केन्द्र 'सैक' (SAC)

448. संयुक्त राष्ट्र के अनुसार वैश्विक समुदाय सामान्यतः कुछ समस्याओं का सामना कर रहा है जो किसी न किसी तरह लगभग सभी देशों को प्रभावित कर रही हैं। निम्नलिखित में से कौनसी इनमें से एक समस्या नहीं है?
उपर्युक्त कथनों में से कौन-सा/से सही है/हैं?

A. आतंकवाद
B. अन्तर्राष्ट्रीय वित्तीय आर्किटेक्चर
C. ग्लोबल वार्मिंग
D. गरीबी

449. बुंदाला (Bundala) जीव-मंडल आरक्षित क्षेत्र जो यूनेस्को के मानव तथा जीव-मंडल (मैन एण्ड बायोस्फिअर-M-AB) तन्त्र में सम्मिलित किया गया है, कहाँ स्थित है?

A. रूस B. भारत
C. श्रीलंका D. बांग्लादेश

450. दावोस जहाँ विश्व आर्थिक फोरम का वार्षिक सम्मेलन आयोजित होता है, कहाँ स्थित है?

A. फ्रांस B. जर्मनी
C. स्विट्रलैण्ड D. लक्जमबर्ग

कम्प्यूटर

451. निम्नलिखित में से कौन-सा यूनीवर्सल गेट है?

A. NAND–गेट
B. OR–गेट
C. AND–गेट
D. NOT–गेट

452. कम्प्यूटर की भाषा में एक मेगाबाईट में कितने बाईट होते हैं?

A. 1,00,000 B. 10,00,000
C. 10,24,000 D. 10,48,576

453. WAN जोकि कम्प्यूटर से सम्बन्धित है, इसका पूरा नाम है–

A. Wide Area Network
B. Wine Area Network
C. Woll Area Network
D. Wide Allen Network

454. मैन (MAN) है–

A. एक लागत B. एक कम्पनी
C. एक नेटवर्क D. एक देश

455. एक कम्प्यूटर क्रमादेश समूह है–

A. द्विआधारी संख्याओं (Binary numbers) का
B. सामान्य पाठ्यांशों (Ordinary texts) का
C. अनुदेशों (Instructions) का
D. उपर्युक्त में से किसी का नहीं

456. विश्व का प्रथम इलेक्ट्रॉनिक कम्प्यूटर था–

A. UNIVAC
B. ENIAC
C. EDVAC
D. उपर्युक्त में से कोई नहीं

457. आँकड़ा–संसाधन का परिणाम क्या है?

A. डाटा B. सूचना
C. कम्प्यूटर D. प्रिन्टर

458. कम्प्यूटर परस्पर संचार कैसे करते हैं?

A. यादृच्छिक अभिगम स्मृति के द्वारा
B. जालक्रम द्वारा
C. कुन्जीपटल द्वारा
D. रोम द्वारा

459. ई-मेल है–
A. एक पत्र को पोस्ट ऑफिस द्वारा भेजना
B. एक संदेश को कम्प्यूटर द्वारा भेजना
C. एक पत्र को कोरियर द्वारा भेजना
D. उपर्युक्त में से कोई नहीं

460. ISP का तात्पर्य है–
A. इण्टरनेट सर्विस प्रोवाइडर
B. इण्टरनेशनल सर्विस प्रोवाइडर
C. इण्टरनल सर्विस प्रोवाइडर
D. उपर्युक्त सभी

461. एक संचार प्रणाली की बैण्ड चौड़ाई का तात्पर्य है–
A. इसकी आँकड़ा संचरण क्षमता
B. कम्प्यूटर जालक्रम की चौड़ाई
C. कम्प्यूटर के मॉनिटर की विकर्णीय लम्बाई
D. उपर्युक्त में से कोई नहीं

462. कम्प्यूटर वायरस एक–
A. मानवीय वायरस है, जो कुन्जीपटल के व्यक्ति द्वारा छुए जाने पर, कम्प्यूटर में प्रवेश करता है
B. ऐसे कीटाणुओं का समूह, जो कम्प्यूटर पर आक्रमण करता है
C. एक सॉफ्टवेयर क्रमादेश, जो प्रयोज्य डाटा को नष्ट कर देता है
D. उपर्युक्त में से कोई नहीं

463. वेन (WAN) के कार्य में सामान्यतः सम्मिलित है–
A. उपग्रह (Satellite)
B. स्तम्भ विलम्ब (Frame delay)
C. ए॰टी॰एम॰ (A.T.M.)
D. उपर्युक्त सभी

464. सहायक स्मृति है–
A. स्मृति खाँचा (Memory Slot)
B. विस्तारित स्मृति (Extended Memory)
C. द्वितीयक स्मृति (Secondary Memory)
D. गुप्त स्मृति (Cache Memory)

465. आधुनिक अंकीय संगणक युक्त है–
A. अत्यधिक उच्च गति से
B. अधिक स्मृति से
C. उच्च परिशुद्धता से
D. उपर्युक्त सभी से

466. निम्न में से कौन-सी द्वितीय स्मृति युक्ति है?
A. प्रिन्टर B. सी॰पी॰यू॰
C. पेन ड्राइव D. माउस

467. ''स्पाम'' (Spam) किस विषय से सम्बन्धित शब्द है?
A. कम्प्यूटर B. कला
C. संगीत D. खेल

468. निम्नलिखित में से कौन-सी कम्पनी एक IT/ सॉफ्टवेयर कम्पनी नहीं है?
A. इन्फोसिस B. विप्रो
C. रोलेक्स D. NIIT

469. आठ बीट्स का समूह कहलाता है–
A. मेगाबाइट
B. जिगा बाइट
C. बाइट
D. इनमें से कोई नहीं

470. याहू, गूगल एवं एम॰ एस॰ एन॰ हैं–
A. इन्टनेट साइट्स
B. कम्प्यूटर ब्रैंड
C. स्विट्जरलैंड में बनने वाली घड़ियाँ
D. शनि ग्रह के छल्ले (Rings)

471. कम्प्यूटर के सन्दर्भ में ALU का तात्पर्य है–
A. एलजेब्रिक लॉजिक यूनिट
B. अरिथमेटिक लॉजिक यूनिट
C. एलजेब्रिक लोकल यूनिट
D. अरिथमेटिक लोकल यूनिट

472. असेम्बलर का कार्य है–
A. बेसिक भाषा को यन्त्र भाषा में परिवर्तित करना
B. उच्चस्तरीय भाषा को यन्त्र भाषा में परिवर्तित करना
C. असेम्बली भाषा को यन्त्र भाषा में परिवर्तित करना
D. असेम्बली भाषा को उच्चस्तरीय भाषा में परिवर्तित करना

473. एक लोकप्रिय विन्डोइंग इन्वायरमेण्ट 'विण्डोज-3 माइक्रोसॉफ्ट द्वारा निर्गत की गई है–
A. 1985 में B. 2000 में
C. 1995 में D. 1990 में

474. किसी व्यवस्था के कम्प्यूटरीकरण में आवश्यकता होती है–
1. उसको करने की दृढ़ इच्छा शक्ति की
2. सम्बन्धित वित्तीय संसाधनों की
3. जनशक्ति के प्रशिक्षण की
4. एक अत्याधुनिक संरचना की

नीचे दिए गए कूट से सही उत्तर का चयन कीजिए–

कूट :
A. 1 और 2 B. 2 और 3
C. 1, 2 और 3 D. सभी चारों

475. कम्प्यूटर–
1. आँकड़ों के भण्डारण वाली एक सक्षम युक्ति (Capable Device) है।
2. आँकड़ों का विश्लेषण करने के लिए सक्षम है।
3. पूर्ण गोपनीयता (Secrecy) बनाए रखने में सक्षम है।
4. कभी-कभी वाइरस द्वारा आक्रमित (Attacked) होता है।

नीचे दिए कूट में से सही उत्तर का चयन कीजिए–

कूट :
A. 1 और 2 B. 1, 2 और 3
C. 1, 2 और 4 D. सभी चारों

विविध

476. राज्य प्रतीक के फलक के नीचे देवनागरी लिपि में उत्कीर्ण शब्द 'सत्यमेव जयते' निम्नलिखित में से किस उपनिषद् से लिए गए हैं?
A. कठोपनिषद B. प्रश्नोपनिषद
C. मुंडकोपनिषद D. ईशोपनिषद

477. किस नगर को 'भारत की सिलिकन घाटी' कहा जाता है?
A. मुम्बई B. बेंगलुरु
C. हैदराबाद D. चेन्नई

478. संसार की सबसे बड़ी कंक्रीट संरचना माना जाने वाला 'थ्री गॉर्जिज डैम' निम्नलिखित में से किस देश में स्थित है?

A. चीन B. ताइवान

C. मलेशिया D. थाइलैंड

479. किसी भौगोलिक क्षेत्र को अनुसूचित क्षेत्र घोषित करने का संवैधानिक अधिकार निम्नलिखित में से किसको है?

A. राज्यपाल को B. मुख्यमंत्री को

C. प्रधानमंत्री को D. राष्ट्रपति को

480. मौसम मानचित्र में समदाब रेखाओं का अन्तराल क्या होता है?

A. 5 मिलीबार B. 4 मिलीबार

C. 3 मिलीबार D. 1 मिलीबार

481. अदृश्य निर्यात (Invisible export) का अर्थ होता है–

A. सेवाओं (Services) का निर्यात

B. प्रतिबन्धित सामान का निर्यात

C. अलिखित सामान का निर्यात

D. तस्करी से सामान का निर्यात

482. धान के खेत से निकलने वाली गैस है–

A. इथेन B. मिथेन

C. नाइट्रोजन D. उपर्युक्त सभी

483. सोयाबीन में नाइट्रोजन स्थिरीकरण (Fixing nitrogen) के लिए जिम्मेदार बैक्टीरिया है–

A. राइजोबियम लैग्यूमिनोसैरम

B. राइजोबियम जैपोनिकम

C. राइजोबियम फैजियोलाई

D. राइजोबियम ट्राइफोलाई

484. फसल लोगिंग विधि है–

A. भूमि उर्वरता मूल्यांकन की

B. फसलोत्पादन के लिए पोषक तत्वों की आवश्यकता जानने के लिए पौध विश्लेषण

C. फसलों के नुकसान को जानने की

D. उर्वरकों की उपयोगिता परीक्षण की

485. मणिपुर की राजधानी कहाँ है?

A. कोहिमा B. इम्फाल

C. गंगटोक D. आइजोल

486. निम्नलिखित में से किस देश की मुद्रा 'क्रोन' है?

A. इथियोपिया B. नीदरलैण्ड

C. वियतनाम D. डेनमार्क

487. भारतीय राष्ट्रीय कैलण्डर का प्रथम माह कौन-सा है?

A. माघ B. चैत्र

C. अषाढ़ D. बैशाख

488. निम्नलिखित में से अकबर के किस हिन्दू दरबारी ने 'दीन–ए–इलाही' ग्रहण किया?

A. भगवान दास

B. टोडरमल

C. बीरबल

D. राजा मानसिंह

489. 'कादम्बरी' किसके द्वारा लिखा गया?

A. बाणभट्ट B. कौटिल्य

C. हर्ष D. कालिदास

490. दिल्ली भारत की राजधानी किस वर्ष बनी?

A. 1911 में B. 1917 में

C. 1919 में D. 1930 में

491. 'पिछड़े वर्गों का उत्थान' किसका मुख्य कार्यक्रम था?
A. आर्य समाज
B. रामकृष्ण मिशन
C. प्रार्थना समाज
D. सत्यशोधक समाज

492. 'चन्द्र समुद्र' का क्या मतलब है?
A. चन्द्रमा पर एक गहरा अंधेरा मैदान
B. चन्द्रमा के प्रकाश से प्रदीप्त होने वाला एक विशाल जल खंडपिण्ड
C. पृथ्वी पर एक समुद्र जो चन्द्रमा के गुरुत्वाकर्षण के कारण ऊँची लहरों का अनुभव करता है
D. चन्द्रमा पर एक छोटा समुद्र

493. सारे संसार में रात और दिन बराबर होते हैं, जब सूर्य होता है–
A. ध्रुव रेखा पर
B. कर्क रेखा पर
C. विषुवत् रेखा पर
D. मकर रेखा पर

494. सीमान्त गांधी का वास्तविक नाम क्या है?
A. मोहनदास करमचन्द गांधी
B. इन्दिरा गांधी
C. राजीव गांधी
D. खान अब्दुल गफ्फार खान

495. मनुस्मृति का सम्बन्ध है–
A. अर्थशास्त्र से
B. राजनीतिशास्त्र से
C. चिकित्साशास्त्र से
D. विधि से

496. कम्प्यूटर में इस्तेमाल होने वाले वाले IC चिप्स किसके बने होते हैं?
A. सिलिकन
B. क्रोमियम
C. सिलिका
D. आइरन ऑक्साइड

497. यूरो-III क्या है?
A. यूरोपीय मुद्रा
B. यूरोपीय देशों का समूह
C. यूरोपीय फिल्म समारोह
D. प्रदूषण नियन्त्रण मापदण्ड

498. 'भारत की कोकिला' (नाइटिंगेल) के रूप में कौन प्रसिद्ध है?
A. आशा भोंसले
B. बेगम अख्तर
C. सरोजिनी नायडू
D. विजयलक्ष्मी पंडित

499. भारत में हिन्दी के बाद सबसे अधिक बड़ी भाषाई इकाई है–
A. बंगाली B. उर्दू
C. तेलुगु D. मराठी

500. इस्लाम धर्म की स्थापना हुई–
A. 7वीं शताब्दी ई॰ में
B. 5वीं शताब्दी ई॰ में
C. तीसरी शताब्दी ई॰ पूर्व में
D. 5वीं शताब्दी ई॰ पूर्व में

501. भारत का प्रथम उर्वरक संयंत्र कहाँ लगा था?
A. ट्राम्बे में B. नागल में
C. आलवे में D. सिन्दरी में

502. 'सत्य के साथ मेरे प्रयोग' (My Experiments with Truth) नामक पुस्तक का लेखक कौन है?

A. श्री अरविंद
B. बी.जी. तिलक
C. महात्मा गांधी
D. विनोबा भावे

503. 'आज हमें पाकिस्तान या आत्महत्या में से एक चुनना है', किसने कहा था?
A. महात्मा गांधी
B. सरदार पटेल
C. अबुल कलाम आजाद
D. गोविन्द वल्लभ पंत

504. द्विखण्डिता' पुस्तक का लेखक कौन है?
A. तरुण गोगोई
B. रफीक जकारिया
C. तस्लीमा नसरीन
D. रामचन्द्र गुहा

505. 'आगुमैंटेटिव इंडियन' पुस्तक का लेखक कौन है?
A. वी० एस० नायपाल
B. विक्रम सेठ
C. शशि थरूर
D. अमर्त्य सेन

506. ओलिव रिडले एक प्रसिद्ध–
A. क्रिकेटर है
B. कछुए की जाति है
C. घास जैसी वनस्पति है
D. ओलिव पेड़ का दूसरा नाम है

507. वह एकमात्र पक्षी कौन-सा है, जो पीछे की ओर उड़ता है?
A. गौरैया
B. कोयल
C. साइबेरियन सारस
D. गुंजन पक्षी

508. मौसमी गुब्बारे में कौन-सी गैस भरी जाती है?
A. हीलियम B. हाइड्रोजन
C. वायु D. नाइट्रोजन

509. वायुमण्डल में हाइड्रोजन क्यों नहीं पाई जाती?
A. यह अतिज्वलनशील होती है
B. यह सबसे हल्की गैस होती है
C. पौधे इसका अवशोषण कर लेते हैं
D. यह तुरन्त ऑक्सीजन के साथ मिलकर पानी बना देती है

510. परमाणु बम का आविष्कार किसने किया था?
A. मैडम क्यूरी
B. पियरे क्यूरी
C. ऑटो हान
D. अल्बर्ट आइंस्टीन

511. निम्नलिखित में से किस एक कार्बनिक यौगिक की गंध फलों जैसी होती है?
A. ऐल्कोहॉल B. ऐल्डिहाइड
C. एस्टर D. ईथर

512. सुदूर-संवेदी युक्ति में एक अन्तःनिर्मित स्रोत होता है–
A. एक्स-किरण का
B. गामा-किरण का
C. पराबैंगनी किरण का
D. अवरक्त किरण का

513. इलेक्ट्रिक हीटर की कुंडली बनाने में किस सामग्री का प्रयोग किया जाता है?
A. कॉपर B. लोहा
C. चाँदी D. नाइक्रोम

514. विश्व स्वास्थ्य संगठन के अनुसार एक स्वस्थ मानव प्राणी की मानक श्रव्य क्षमता की रेंज होती है–
A. 45-50 डेसिबल
B. 200-250 डेसिबल
C. 5-10 डेसिबल
D. 2000-2500 डेसिबल

515. यदि पृथ्वी के वायुमण्डल में कार्बन डाइऑक्साइड न हो, तो भू-पृष्ठ का तापमान–
A. वायुमण्डल में ऑक्सीजन की मात्रा पर निर्भर करेगा
B. वर्तमान से अधिक हो जाएगा
C. वर्तमान से कम हो जाएगा
D. वही रहेगा

516. जोनास साल्क ने किसके लिए वैक्सीन का आविष्कार किया था?
A. पोलियो B. हेपेटाइटिस
C. टाइफॉइड D. हैजा

517. कैंसर एक ऐसा रोग है जिसमें दिखाई देता है–
A. अनियंत्रित कोशिका विभाजन
B. अनियंत्रित कोशिका स्फीति
C. अनियंत्रित कोशिका शोथ
D. अनियंत्रित कोशिका विरूपण

518. मोहर लगाने में काम आने वाली लाख का उत्पादन कौन करता है?
A. तना B. मूल (जड़)
C. कीट D. पक्षी

519. चारकुला (Charkula) मौसमी लोक नृत्य है–
A. उत्तर प्रदेश का
B. मध्य प्रदेश का
C. झारखण्ड का
D. ओडिशा का

520. प्रसिद्ध संगीतज्ञ 'गिरजा देवी' संबंधित हैं–
A. लखनऊ घराने से
B. आगरा घराने से
C. बनारस घराने से
D. ग्वालियर घराने से

521. रात्रि दृष्टि वाले कैमरा (Night Vision Cameras) निम्नलिखित में से किस एक का उपयोग नहीं करते हैं?
A. प्रवर्धित प्रकाश
B. इन्फ्रारेड ग्राही
C. वस्तुओं का ऊष्मा विकिरण
D. वस्तुओं से X-किरण विकिरण

522. पुच्छल तारे (Comet) की पूँछ की दिशा सदैव होती है–
A. सूर्य की ओर
B. सूर्य से दूर
C. उत्तर-पूर्व की ओर
D. दक्षिण-पूर्व की ओर

523. निम्नलिखित जीवों में से किस एक ने अन्तरिक्ष (Space) में प्रथम यात्रा की?
A. चूहा B. कुत्ता
C. बंदर D. बिल्ली

524. भारतीय राष्ट्रीय उपग्रह प्रणाली ने सरल बना दिया है–
A. दूरसंचारण को
B. दूरदर्शन प्रसारण को
C. चक्रवाती चेतावनी को
D. उपर्युक्त सभी को

525. 'सोनार' का उपयोग अधिकतर किया जाता है–
A. डॉक्टरों द्वारा
B. इन्जीनियर्स द्वारा
C. अन्तरिक्ष यात्रियों द्वारा
D. नौ संचालकों द्वारा

उत्तरमाला

1	**2**	**3**	**4**	**5**	**6**	**7**	**8**	**9**	**10**
A	D	C	D	C	C	A	D	A	C
11	**12**	**13**	**14**	**15**	**16**	**17**	**18**	**19**	**20**
D	D	C	B	D	C	B	D	A	A
21	**22**	**23**	**24**	**25**	**26**	**27**	**28**	**29**	**30**
A	B	C	D	C	D	D	B	B	A
31	**32**	**33**	**34**	**35**	**36**	**37**	**38**	**39**	**40**
D	D	B	C	B	B	C	D	A	D
41	**42**	**43**	**44**	**45**	**46**	**47**	**48**	**49**	**50**
C	C	D	C	D	B	C	B	C	C
51	**52**	**53**	**54**	**55**	**56**	**57**	**58**	**59**	**60**
D	B	B	B	B	B	B	A	A	C
61	**62**	**63**	**64**	**65**	**66**	**67**	**68**	**69**	**70**
B	A	A	B	C	A	B	C	C	B
71	**72**	**73**	**74**	**75**	**76**	**77**	**78**	**79**	**80**
D	A	D	C	A	C	B	A	A	B
81	**82**	**83**	**84**	**85**	**86**	**87**	**88**	**89**	**90**
A	C	B	B	B	C	C	B	D	C
91	**92**	**93**	**94**	**95**	**96**	**97**	**98**	**99**	**100**
B	C	D	D	C	A	A	D	B	C
101	**102**	**103**	**104**	**105**	**106**	**107**	**108**	**109**	**110**
C	D	A	C	C	A	B	C	B	D
111	**112**	**113**	**114**	**115**	**116**	**117**	**118**	**119**	**120**
D	A	A	D	D	C	C	B	A	B
121	**122**	**123**	**124**	**125**	**126**	**127**	**128**	**129**	**130**
A	D	C	B	C	C	A	B	B	C
131	**132**	**133**	**134**	**135**	**136**	**137**	**138**	**139**	**140**
A	B	B	D	B	B	B	C	B	A
141	**142**	**143**	**144**	**145**	**146**	**147**	**148**	**149**	**150**
C	A	B	D	A	B	B	D	C	D
151	**152**	**153**	**154**	**155**	**156**	**157**	**158**	**159**	**160**
C	C	D	C	C	D	B	D	B	D
161	**162**	**163**	**164**	**165**	**166**	**167**	**168**	**169**	**170**
B	B	C	B	C	A	B	B	B	D

171	**172**	**173**	**174**	**175**	**176**	**177**	**178**	**179**	**180**
A	C	A	B	A	C	A	B	C	A
181	**182**	**183**	**184**	**185**	**186**	**187**	**188**	**189**	**190**
C	D	B	A	A	A	D	D	B	D
191	**192**	**193**	**194**	**195**	**196**	**197**	**198**	**199**	**200**
A	D	A	C	A	A	B	D	A	A
201	**202**	**203**	**204**	**205**	**206**	**207**	**208**	**209**	**210**
C	C	C	C	B	C	D	A	B	B
211	**212**	**213**	**214**	**215**	**216**	**217**	**218**	**219**	**220**
D	C	C	B	D	C	A	D	B	C
221	**222**	**223**	**224**	**225**	**226**	**227**	**228**	**229**	**230**
B	C	B	C	B	A	A	C	B	A
231	**232**	**233**	**234**	**235**	**236**	**237**	**238**	**239**	**240**
C	A	B	B	A	D	B	B	C	C
241	**242**	**243**	**244**	**245**	**246**	**247**	**248**	**249**	**250**
D	D	B	B	C	B	C	A	B	D
251	**252**	**253**	**254**	**255**	**256**	**257**	**258**	**259**	**260**
D	D	B	D	D	D	C	C	B	C
261	**262**	**263**	**264**	**265**	**266**	**267**	**268**	**269**	**270**
D	C	A	C	C	A	B	A	A	C
271	**272**	**273**	**274**	**275**	**276**	**277**	**278**	**279**	**280**
B	A	D	A	C	B	C	B	D	A
281	**282**	**283**	**284**	**285**	**286**	**287**	**288**	**289**	**290**
C	A	B	B	B	B	A	A	A	B
291	**292**	**293**	**294**	**295**	**296**	**297**	**298**	**299**	**300**
B	B	D	B	C	C	C	C	C	B
301	**302**	**303**	**304**	**305**	**306**	**307**	**308**	**309**	**310**
B	B	B	D	B	B	D	A	C	C
311	**312**	**313**	**314**	**315**	**316**	**317**	**318**	**319**	**320**
A	A	B	D	A	C	B	C	A	A
321	**322**	**323**	**324**	**325**	**326**	**327**	**328**	**329**	**330**
D	C	A	B	C	B	D	D	D	B
331	**332**	**333**	**334**	**335**	**336**	**337**	**338**	**339**	**340**
D	C	B	C	B	A	A	A	C	A
341	**342**	**343**	**344**	**345**	**346**	**347**	**348**	**349**	**350**
A	C	B	B	C	D	A	B	A	B
351	**352**	**353**	**354**	**355**	**356**	**357**	**358**	**359**	**360**
B	C	B	B	D	B	A	B	B	D

361	362	363	364	365	366	367	368	369	370
D	A	C	B	B	A	B	B	B	A
371	**372**	**373**	**374**	**375**	**376**	**377**	**378**	**379**	**380**
A	D	C	B	C	B	B	D	C	D
381	**382**	**383**	**384**	**385**	**386**	**387**	**388**	**389**	**390**
A	B	A	A	A	B	A	C	D	A
391	**392**	**393**	**394**	**395**	**396**	**397**	**398**	**399**	**400**
B	D	C	A	B	B	B	A	B	C
401	**402**	**403**	**404**	**405**	**406**	**407**	**408**	**409**	**410**
C	B	A	C	C	A	D	D	C	C
411	**412**	**413**	**414**	**415**	**416**	**417**	**418**	**419**	**420**
D	D	A	B	A	D	A	C	C	C
421	**422**	**423**	**424**	**425**	**426**	**427**	**428**	**429**	**430**
A	B	C	B	D	D	B	C	B	B
431	**432**	**433**	**434**	**435**	**436**	**437**	**438**	**439**	**440**
A	B	B	B	B	A	C	C	D	A
441	**442**	**443**	**444**	**445**	**446**	**447**	**448**	**449**	**450**
B	D	B	A	D	D	B	B	C	C
451	**452**	**453**	**454**	**455**	**456**	**457**	**458**	**459**	**460**
A	D	A	C	C	B	B	B	B	A
461	**462**	**463**	**464**	**465**	**466**	**467**	**468**	**469**	**470**
A	C	D	B	D	C	A	C	C	A
471	**472**	**473**	**474**	**475**	**476**	**477**	**478**	**479**	**480**
B	A	C	D	D	C	B	A	D	B
481	**482**	**483**	**484**	**485**	**486**	**487**	**488**	**489**	**490**
A	B	A	B	B	D	B	C	C	A
491	**492**	**493**	**494**	**495**	**496**	**497**	**498**	**499**	**500**
D	A	C	D	D	A	D	C	C	A
501	**502**	**503**	**504**	**505**	**506**	**507**	**508**	**509**	**510**
D	C	D	C	D	B	D	A	B	C
511	**512**	**513**	**514**	**515**	**516**	**517**	**518**	**519**	**520**
C	D	D	C	C	A	A	C	A	C
521	**522**	**523**	**524**	**525**					
A	B	B	D	D					

www.ingramcontent.com/pod-product-compliance
Ingram Content Group UK Ltd.
Pitfield, Milton Keynes, MK11 3LW, UK
UKHW021705190726
13853UKWH00001B/423

9 789388 642262